江西财经大学财税与公共管理学院

## 财税文库

# 地方财权划分
# 与经济增长研究

黄思明　著

中国财经出版传媒集团

经济科学出版社

Economic Science Press

图书在版编目（CIP）数据

地方财权划分与经济增长研究/黄思明著.—北京：
经济科学出版社，2020.11
ISBN 978-7-5218-2150-5

Ⅰ.①地…　Ⅱ.①黄…　Ⅲ.①地方财政—财政管理—
研究—中国②区域经济—经济增长—研究—中国
Ⅳ.①F812.7②F127

中国版本图书馆 CIP 数据核字（2020）第 238906 号

责任编辑：顾瑞兰
责任校对：刘　昕
责任印制：王世伟

**地方财权划分与经济增长研究**

黄思明　著

经济科学出版社出版、发行　新华书店经销
社址：北京市海淀区阜成路甲 28 号　邮编：100142
总编部电话：010-88191217　发行部电话：010-88191522
网址：www.esp.com.cn
电子邮箱：esp@esp.com.cn
天猫网店：经济科学出版社旗舰店
网址：http://jjkxcbs.tmall.com
固安华明印业有限公司印装
710×1000　16 开　14.5 印张　220000 字
2020 年 11 月第 1 版　2020 年 11 月第 1 次印刷
ISBN 978-7-5218-2150-5　定价：66.00 元
（图书出现印装问题，本社负责调换。电话：010-88191510）
（版权所有　侵权必究　打击盗版　举报热线：010-88191661
QQ：2242791300　营销中心电话：010-88191537
电子邮箱：dbts@esp.com.cn）

# 总　序

习近平总书记在哲学社会科学工作座谈会上指出，一个国家的发展水平，既取决于自然科学发展水平，也取决于哲学社会科学发展水平。坚持和发展中国特色社会主义，需要不断在理论和实践上进行探索，用发展着的理论指导发展着的实践。在这个过程中，哲学社会科学具有不可替代的重要地位，哲学社会科学工作者具有不可替代的重要作用。

习近平新时代中国特色社会主义思想，为我国哲学社会科学的发展提供了理论指南。党的十九大宣告："经过长期努力，中国特色社会主义进入了新时代，这是我国发展新的历史方位。"中国特色社会主义进入新时代，意味着近代以来久经磨难的中华民族迎来了从站起来、富起来到强起来的伟大飞跃。新时代是中国特色社会主义承前启后、继往开来的时代，是全面建成小康社会、进而全面建设社会主义现代化强国的时代，是中国人民过上更加美好生活、实现共同富裕的时代。

江西财经大学历来重视哲学社会科学研究，尤其是在经济学和管理学领域投入了大量的研究力量，取得了丰硕的研究成果。财税与公共管理学院是江西财经大学办学历史较为悠久的学院，学院最早可追溯至江西省立商业学校（1923 年）财政信贷科，历经近百年的积淀和传承，现已形成应用经济和公共管理比翼齐飞的学科发展格局。教师是办学之基、学院之本。近年来，该学院科研成果丰硕，学科优势突显，已培育出一支创新能力强、学术水平高的教学科研队伍。正因为有了一支敬业勤业精业、求真求实求新的教师队伍，在教育与学术研究领域勤于耕耘、勇于探索，形成了一批高质量、经受得住历史检验的成果，学院的事业发展才有了强大的根基。

为增进学术交流，财税与公共管理学院推出面向应用经济学科的"财税文库"和面向公共管理学科的"尚公文库"，遴选了一批高质量成果收录进两大文库。本次出版的财政学、公共管理两类专著中，既有资深教授的成果，也有年轻骨干教师的新作；既有视野开阔的理论研究，也有对策精准的应用研究。这反映了学院强劲的创新能力，体现着教研队伍老中青的衔接与共进。

　　繁荣发展哲学社会科学，要激发哲学社会科学工作者的热情与智慧，推进学科体系、学术观点、科研方法创新。我相信，本次"财税文库"和"尚公文库"的出版，必将进一步推动财税与公共管理相关领域的学术交流和深入探讨，为我国应用经济、公共管理学科的发展做出积极贡献。展望未来，期待财税与公共管理学院教师，以更加昂扬的斗志，在实现中华民族伟大复兴的历史征程中，在实现"百年名校"江财梦的孜孜追求中，有更大的作为，为学校事业振兴做出新的更大贡献。

江西财经大学党委书记

2019 年 9 月

# 前　言

在"全球冠状病毒疫情"的背景下，我国不仅面临中美贸易摩擦、欧洲局势不稳、人民币汇率低迷等国际问题，还面对出口贸易额下降、金融风险加大、房地产库存量增加、钢铁等产能过剩、政府债务加剧膨胀等国内问题。为了摆脱这一系列经济上的困境，刺激经济增长，改善财政效益，应该加紧对促进区域经济增长的最优财政分权的研究。党中央强调："加快建立现代财政制度，建立权责清晰、财力协调、区域均衡的中央和地方财政关系。"基于此，作为国家治理的重要手段的财政政策，地方财政分权与经济增长研究是本书研究的中心。

本书首先梳理了国内外相关文献，阐明了"地方财权划分与经济增长"这一研究的背景及意义、研究思路与方法等。国内外学者对此的相关研究可谓层出不穷，为我国优化财政分权提供了宝贵的经验，但鉴于各国经济、政治、法律等国情不同，国外的经验成果不能完全照搬照套，完善地方财政体制以促进区域经济增长于我国仍是任重道远。

其次，本书对地方财权划分理论和区域经济增长理论进行了梳理。该部分先从亚当·斯密的税收与经济增长理论、凯恩斯的税收与经济理论、供给学派税收与经济增长理论三方面阐述税收与经济增长理论；再简要分析经济与税收相互作用的关系；进一步梳理财政分权理论，其中包含蒂布特的"以足投票"理论、奥茨的分权定理、马斯格雷夫的最优财政社区理论、布坎南的俱乐部理论以及第二代财政联邦主义；界定地方财权划分理论，包含对地方财政与转移支付的基本理论、财政政策促进经济增长的作用机理以及地方财权划分的基本原则的阐述；最后，对地方财政体制与政府层级进行分析。

上述理论对接下来分析研究我国各省份地方财权划分体制奠定了基础。本书收集和整理了各省份1993年以来的省以下财政体制文件，总结了现行我国地方财权划分的主体形式，并对各省份的地方财权划分数据进行进一步分析。分税制改革以来，我国中央与地方财权划分也在不断发展完善，取得了促进地方财政实力增强、财权与事权更加匹配、转移支付制度和预算管理制度日益健全等良好成效。该部分通过对我国地方财权划分的主体形式和特征分析，可以加深读者对我国各地财权划分的理解。通过对地方财权划分机制进行比较分析，不仅呈现出不同发展水平地区的财权划分机制的特点，也发现部分地区存在税收划分机制和税收分成模式落后、地方主体税种缺失、省级政府对税收分成方式改革较为被动等问题。

进行上述分析后，本书第4章到第10章从七个方面进一步作分析，研究地方财权划分对经济的作用机制，这七个方面分别是：工业企业规模与发展偏好、财政自给与经济增长、创新科技与研发投入、税收负担与经营绩效、政府行为与税收努力、群组效应与经济增长、土地财政与供应策略。各章先提出相关问题和假说，再采用实证检验、回归分析等方法进行验证，最后得出结论和启示，并提出有关建议。这些研究结果表明，税收集权会激励地方政府扩大本地工业企业规模，会减少欠发达地区的整体福利水平，增值税税收分成的减少在不同时期会对区域的专利数量有不同的影响，税收负担对不同类型企业的经营绩效有不同程度的抑制作用等。这些研究结果为本书最后提出的一系列政策建议提供了有力支撑。

"十三五"期间，我国面临新的重要发展机遇和复杂的国际环境，省级政府对省以下各级政府的宏观调控能力要求也日益紧迫。本书在最后总结归纳了几点政策建议：推进地方财政体制改革，加快地方政府的转移支付制度改革，完善地方财政激励政策；加快地方政府事权与支出责任划分，建立权责相匹配的地方财政体制；平衡地方财政收支体系，加强税收征管系统信息化建设，尽快培育地方主体税种，以及调整地方财政支出结构；创新市场与地方政府协作方式，优化市场资源配置，提升政府宏观调控能力；加快区域协调发展，优化省与市、县财政分配关系；坚定不移地减税降费，刺激经济增长；设立财政生态文明建设奖励补贴机制，使生态环境得到改善并实现绿色发展。

　　本书主题的选择具有交叉性、前沿性，考虑政府的财权配置，构建新形势、新特点下较为系统的财政分权影响机制，聚焦中下层级政府的财政体制研究，探究动态匹配效应视角下的地方政府间财权划分政策改革。同时，实现跨学科研究视角，糅合财政学、微观经济学、管理学等学科理论与方法，采用文献分析、规范分析、数理分析、实证分析、实地调研、多学科综合分析等相结合的研究方法，进行科学、系统、全方位的研究，避免实证研究的内生性、样本偏差等缺陷。限于作者自身水平和其他因素，本书也存在一些不足之处，有待进一步的完善和改进。

　　本书的撰写工作感谢史静、高原、吕昕彤、刘兵、马宏志等同志的参与。

黄思明

2020 年 9 月

# 目　录

# 第1章

# 导　论

在"全球冠状病毒疫情"的新形势背景下，财政成为坚决打赢疫情防控阻击战的坚实后盾，强政府已成为共识。地方政府面临着中小企业生存困难、居民消费锐减等带来的"财政收入下降"和防疫防控等"财政刚性支出"的双重压力，财权与事权的不平衡加剧，财权与事权的匹配效应、划分及优化路径在当前环境下正成为迫切需要进行改革的重要命题，也是构建更加完善的要素市场化配置体制机制的必然选择。党的十九届四中全会通过《中共中央关于坚持和完善中国特色社会主义制度推进国家治理体系和治理能力现代化若干重大问题的决定》，指出："优化政府间事权和财权划分，建立权责清晰、财力协调、区域均衡的中央和地方财政关系，形成稳定的各级政府事权、支出责任和财力相适应的制度。"党的十九大明确提出了"建立权责清晰、财力协调、区域均衡的中央和地方财政关系"的要求，2016 年 8 月，国务院发布了《国务院关于推进中央与地方财政事权和支出责任划分改革的指导意见》是我国事权划分的顶层指导意见，地方财权的划分应是下一步改革的重点。我国作为发展中国家，具有其自身特殊的国情：中央—省—市—县—乡五级权政及复杂的政府间财政关系。政府间的财政制度是行政发包制，将任务一层一层下达基层，指标一级一级分解。2020 年 8 月，财政部公布的《2020 年上半年中国财政政策执行情况报告》中也提出，疫情冲击导致税基减少，以及为支持疫情防控保供、企业纾困和复工复产采取减免税、缓税等措施。2020 年中央对地方转移支付达到 83915 亿元，比上年增加 9500 亿元，增长 12.8%，增量和增幅为近年来最高。其中，安排特殊转移支付 6050 亿元，支持地方财政应对疫情影响弥补减收增支和县级"三保"缺口；均衡性转移支付、县级基本财力保障机制奖补资金增幅均达 10%，老少边穷地区转移支付增幅达 12.4%。延长阶段性提高地方财政资金留用比例政策，对中西部和辽宁省延长执行到 2020 年年底，由此再增加的地方留用资金约 550 亿元，全部留给县级使用。国家发行 1 万亿元抗疫特别国债，为支持地方基础设施建设和疫情防控，纾解企业困难，激发市场活力，利息由中央财政全额负担，本金由中央和地方共同偿还。① 近年来，经济下行叠加减税降费，财政收支矛盾持续凸显，"保工资、保民生、保运转"再度成为重要内容。财政在经济社会发展中起至关重要的作用，改革、发展、稳定均离不开财政，甚至财政行为就是改革、发展和稳定。改革要付出艰难代价，调整体制机制和触动的利益群体，需要财政赎买。理顺政府与市场、政府与社会、中央与地方关系，更是直接关系到利益分配和各利益主体的积极性。中国仍处发展中阶段，城镇化的进程需要大量的基础设施建设，财政在稳增长中发挥了重要作用。稳定的国际国内大局亦需要强大的国防、外交和公安，同样需要财政。然而，财政收入增速持续下行，减税对经济增长和税基扩大的作用不明显，民生社会福利、三大攻坚战、高质量发展转型升级等刚性支出易上难下。与此同时，中国面临的内外部环境问题如人口红利消失、土地能源等生产要素成本攀升、宏观杠杆率高企、贸易保护主义抬头等导致经济增速下行，难以对冲矛盾。

我国区域发展不均衡，地区间的经济社会差异较大，地方政府无法充分发挥职能。地方政府也不能供给有效的、与本地居民偏好相匹配且多样化的公共服务，无法实行一套统一且有效的地方财政管理体制。财政部在 1994 年针对完善地方财政管理体制提出了很多指导性建议，各省级政府先后按照中央对地方的分税制财政管理体制框架，调整了本省的地方财政管理体制。当前，我国局部地区的县乡财政运行存在着较大难题，我国的财政体制改革也在省直管县、乡财县管等方面进行了有益的探索。但就目前现状而言，地方政府如何进行自我管理与充分发挥地方政府的行政能力？地方政府如何在地区间实施制度创新？省级政府如何处理自由空间的分级管理的分权性制度安排？这些问题的

---

① 数据来自中经网统计数据库。

考量有助于地方政府之间借鉴效仿和创新体制与机制。因此，厘清地方财权划分，制订科学合理的财政体制规则以补偿市场失灵、有效发挥市场资源配置的决定性作用，从而优化宏观调控，实现市场与政府的双轮驱动、促进经济增长就成为本书研究的中心内容。

# 1.1　研究背景及意义

中央和地方财政关系是政府间权责划分的基本组成部分，是现代国家治理的重要方面。以习近平同志为核心的党中央高度重视中央和地方财政关系问题，作出了一系列重大判断，提出了一系列明确要求。习近平总书记在党的十八届三中全会上指出："财政是国家治理的基础和重要支柱，科学的财税体制是优化资源配置、维护市场统一、促进社会公平、实现国家长治久安的制度保障"，要求"加快形成有利于转变经济发展方式、有利于建立公平统一市场、有利于推进基本公共服务均等化的现代财政制度，形成中央和地方财力与事权相匹配的财税体制，更好发挥中央和地方两个积极性。"习近平总书记在党的十九大报告中强调："加快建立现代财政制度，建立权责清晰、财力协调、区域均衡的中央和地方财政关系。"党的十九届四中全会进一步要求："优化政府间事权和财权划分，建立权责清晰、财力协调、区域均衡的中央和地方财政关系，形成稳定的各级政府事权、支出责任和财力相适应的制度。"习总书记关于中央和地方财政关系的重要指示，高屋建瓴、内涵丰富、意义深远，是习近平新时代中国特色社会主义思想在经济领域的重要内容，也是在财税领域的具体体现，为我们加快完善中央和地方财政关系指明了方向，提供了根本遵循。当前，我国经济发展面临着来自内外两方面的压力，经济的可持续快速发展难度越来越大。在改革逐渐发展到"深水区"阶段时，自党的十八届三中全会至今，紧紧围绕着"财政是国家治理的基础和重要支柱"这一主体思想理念，新的创新理论正在产生，建设与经济增长相适应的现代财政制度正作为各项改革的领头兵。

## 1.1.1　研究背景

从外部因素看，当前全球政治经济形势比较严峻：中美贸易摩擦、欧洲局势不稳、大宗商品价格暴跌及人民币汇率持续低迷；从内部因素看，中国的出口贸易额持续下降、金融风险不断加大、房地产库存量增加、钢铁等产能过剩、金融杠杆增加、政府债务加剧膨胀。在大宗商品进口价格下降、工业生产变得缓慢、企业效益下降等世界经济震荡影响的背景下，促进区域经济增长的最优财权划分是各国在经济发展与政府构建中普遍关注的问题。因此，各级政府间财政关系的调整紧紧围绕着财政的集权与分权展开。财政联邦主义思想因受凯恩斯国家干预理念的深刻影响，变成了全球的热点话题，致使发达国家在财政联邦主义体制基础上不断改进政府间税收结构；同时，发展中国家及转轨制国家则希望用财政分权改革方式建设新的中央与地方政府之间的财政关系，以此来加速经济发展、改善财政效益、刺激经济增长。

我国于2014年6月审议通过了《深化财税体制改革总体方案》，此方案体现出了中央对财政体制改革与财政工作的重视。目前，财政体制改革主要围绕以下三个方面：设立事权与支出责任相匹配的制度、积极完善预算管理制度、积极改良税收制度。新《预算法》颁布实施的同时，公开透明预算制度、跨年度预算控制方式、地方政府债务管理以及转移支付制度等现代预算制度正在踏疾步稳的建立完善。然而，关于地方政府的事权边界、税权划分等体制改革却进行得较为艰难。《中共中央关于全面深化改革若干重大问题的决定》（以下简称《决定》）是在党的十八届三中全会上审议通过的，《决定》指出要"建立事权和支出责任相适应的制度"。此制度的提出直接促成了对于分税制的进一步探究：严格遵循事权与支出责任相对应的主要思路，合理合规划定事权，更深层次地厘清各级政府之间财政分配关系，以此激发各级政府的积极性。遵循《深化财税体制改革总体方案》的要求，政府间财政关系的改革思路是对中央政府与地方政府二者之间的财政关系进行调节，维持中央收入与地方收入二者之间格局稳定不变，在此基准上，更深层次梳理中央与地方收入之间的划分关系，合理合规厘清政府间事权与支出责任，促使权力与相关责任、花钱与办理事情之间相互匹配，建设事权与支出责任相对应的匹配制度。《关于推进中央与地方财政事权和支出责任划分改革的指导意见》是国务院在2016年8月16日下发的，此文提出必须要加快划分地方财政事权与支出责任的步伐。若要对地方财政事权与支出责任进行界定，其重要前提是厘清地方政

府间的财力配置具体情况，省级政府划分地方各级政府相应的支出责任要有理有据，如可以依据地方财政与事权划分、相对应的财政体制、基层政府的财力具体情况等。从财政政策来看：继承中国式财政分权体制的优势、解决体制改革中凸显出来的问题、激发各级政府积极性三个方面是新时期如何调整经济结构与推动经济平稳向上增长的主要关键点，是贯彻落实我国治理能力现代化的整体体现。中国式财政分权特征下，经济增长速度下滑，受结构性减税与普遍性降费等因素的影响，我国财政收入增速也同比下降。

党的十九大报告中明确提出深化财税体制改革的重大目标和主要任务，同时指出需要从全局及战略的高度加速建立现代化财政制度。所以，传承中国财政分权体制的优点，找到体制改革中凸显出的问题，激发各级政府的积极性是新时期加快调整经济结构和推动经济平稳增长的关键，同时也是贯彻落实现代化国家治理的重要体现。中国特色下的地方财政能否持续有效地激励经济增长，使得地方政府在区域间加强统筹协作，更好地发挥"国家治理的基础和重要支柱"作用，以促进区域经济增长，成为研究我国财税体制改革中一个颇具意义的命题。

财政政策是发挥重要作用的宏观调控手段，在加快转型经济、增加人民收入、调整国家消费结构、扩大人民消费需求等方面发挥积极作用。地方政府的财政体制在经济发展中有很显著的推动作用，地方政府的"援助之手"支持本地工业企业积极发展，吸引外部资金投入，甚至影响着企业投资与经营管理方向。《关于2014年深化经济体制改革重点任务的意见》中提出，"要规范政府借债融资制度，控制地方政府债务额度，进行分类预算管理"。在经济增速与财政收入增速同时下降、"营改增"、地方主体税种缺失及地方债务控制和土地收入下降等背景下，地方财政收入及分配问题正成为当前迫需进行改革的一个重要问题，如何完善地方财政分权制度是国家及各省级政府将来所面临的决策问题。基于此，作为国家治理的重要手段的财政政策，地方财政分权与经济增长研究是本书研究的中心。

表1-1为财政部2019年公布的数据，从中可以看出，我国在2019年的一般公共预算收入为190382.23亿元，与2018年相比增加3.8%，增长率与2018年同比下降了2.4%。在一般公共预算收入中，中央一般公共预算为89305.41亿元，与2018年相比增加4.5%；地方本级一般公共预算收入为

101076.82 亿元，与 2018 年相比增长了 3.2%。

表 1-1　　　　　　　　　**2019 年我国财政收入情况**

| 项目 | 预算数（亿元） | 增速（%） |
|---|---|---|
| 全国一般公共收入 | 190382.23 | 3.80 |
| 中央一般公共收入 | 89305.41 | 4.50 |
| 地方本级一般公共收入 | 101076.82 | 3.20 |
| 全国一般公共收入中的税收收入 | 157992.20 | 1.02 |

资料来源：中经网统计数据库。

　　从公共财政收入与 GDP 增速比较来看，全国公共财政收入增速在 2007 年达到峰值，近年来跟公共财政支出和国内生产总值增速相比较，低于公共财政支出增速与国内生产总值增速，详见图 1-1。进一步比较中央财政收支与地方财政收支，通过数据我们发现，2010 年以后中央财政收入略低于地方财政收入，中央财政支出与地方财政支出相比较低，详见图 1-2 和图 1-3。

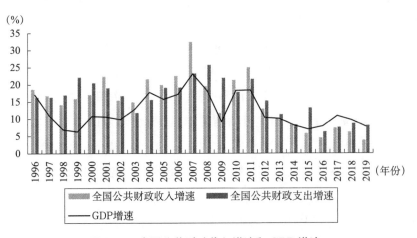

**图 1-1　全国公共财政收入增速和 GDP 增速**

资料来源：中经网统计数据库。

　　我国的财政管理体制框架是既包含了中央对省、省级政府对省以下各级政府，又涵盖了地市、县及乡镇的一个整体的财政关系，因此一套财政管理体制不可能"一竿子到底"适用各级政府，所以省级政府在处理地方政府间的财政关系的时候，呈现出较多样化，既要使辖区范围里的财力得到均衡，同时又要兼顾均衡划分地方政府间的支出责任、财政收入和转移支付制度。当前，我国的地方政府间财政收入划分主要有三种：总额分成、税收分成（即分税制）及定额

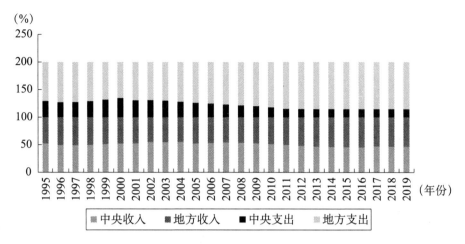

**图 1-2　中央与地方财政收支占比**

资料来源：中经网统计数据库。

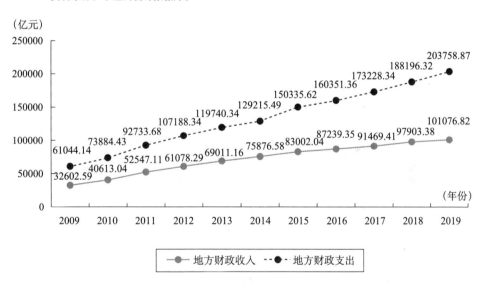

**图 1-3　地方公共财政收入与支出对比**

资料来源：中经网统计数据库。

分成，即为把增值税、企业所得税、个人所得税作为主体税种在省及市、县间实施税收分成，而如山西等资源为主省份也有以资源税为税收分成的主体税种，分成比例从 5% 至 75% 不等（张立承，2011）。地方财政支出则囊括了公共品提供的多数方面，基本公共服务的提供都由省及市、县进行参与，且由地方政府供给教育、卫生、医疗、社会保障、环境保护等基本民生公共品，见表 1-2。

**表 1－2　　　　　　　我国政府间事权和支出责任划分框架**

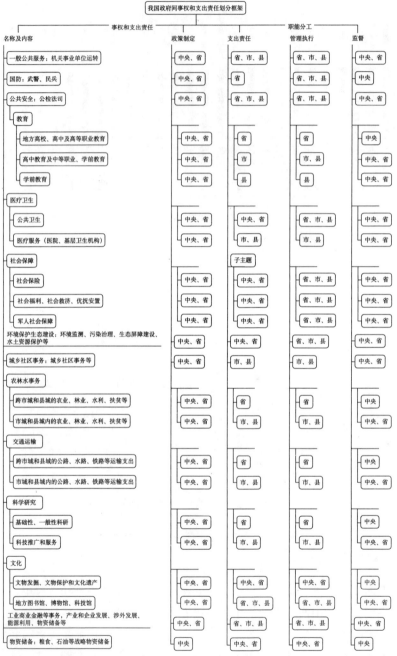

| 名称及内容 | 政策制定 | 支出责任 | 管理执行 | 监督 |
|---|---|---|---|---|
| 一般公共服务：机关事业单位运转 | 中央、省 | 省、市、县 | 省、市、县 | 中央、省 |
| 国防：武警、民兵 | 中央、省 | 省 | 省、市、县 | 中央 |
| 公共安全：公检法司 | 中央、省 | 省、市、县 | 省、市、县 | 中央、省 |
| 教育 | | | | |
| 　地方高校、高中及高等职业教育 | 中央、省 | 省 | 省 | 中央 |
| 　高中教育及中等职业、学前教育 | 中央、省 | 市 | 市、县 | 中央、省 |
| 　学前教育 | 中央、省 | 县 | 县 | 中央、省 |
| 医疗卫生 | | | | |
| 　公共卫生 | 中央、省 | 中央、省 | 省、市、县 | 中央、省 |
| 　医疗服务（医院、基层卫生机构） | 中央、省 | 市、县 | 市、县 | 中央、省 |
| 社会保障 | | 子主题 | | |
| 　社会保险 | 中央、省 | 中央、省 | 省、市、县 | 中央、省 |
| 　社会福利、社会救济、优抚安置 | 中央、省 | 中央、省 | 省、市、县 | 中央、省 |
| 　军人社会保障 | 中央、省 | 中央、省 | 省、市、县 | 中央、省 |
| 环境保护生态建设：环境监测、污染治理、生态屏障建设、水土资源保护等 | 中央、省 | 中央、省 | 省、市、县 | 中央、省 |
| 城乡社区事务：城乡社区事务等 | 中央、省 | 市、县 | 市、县 | 中央、省 |
| 农林水事务 | | | | |
| 　跨市域和县域的农业、林业、水利、扶贫等 | 中央、省 | 省 | 省 | 中央 |
| 　市域和县域内的农业、林业、水利、扶贫等 | 中央、省 | 市、县 | 市、县 | 中央 |
| 交通运输 | | | | |
| 　跨市域和县域的公路、水路、铁路等运输支出 | 中央、省 | 省 | 省 | 中央 |
| 　市域和县域内的公路、水路、铁路等运输支出 | 中央、省 | 市、县 | 市、县 | 中央 |
| 科学研究 | | | | |
| 　基础性、一般性科研 | 中央、省 | 省 | 省 | 中央 |
| 　科技推广和服务 | 中央、省 | 市、县 | 市、县 | 中央、省 |
| 文化 | | | | |
| 　文物发掘、文物保护和文化遗产 | 中央、省 | 中央、省 | 中央、省 | 中央 |
| 　地方图书馆、博物馆、科技馆 | 中央、省 | 省、市、县 | 省、市、县 | 中央、省 |
| 工业商业金融等事务：产业和企业发展、涉外发展、能源利用、物资储备等 | 中央、省 | 省、市、县 | 省、市、县 | 中央、省 |
| 物资储备：粮食、石油等战略物资储备 | 中央 | 中央、省 | 中央、省 | 中央 |

注：因为考虑了逐渐实施"省直管县"财政体制与行政体制，将来市县级财政会处于同级，所以本章里面的市县级事权与支出责任划分范围大体一致。

从图 1-4 可以看出，营业税 2016 年之前一直占据地方税主体税种的榜首地位，约占地方总税收收入 33% 左右。"营改增"后，营业税被逐步废止，增值税在地方总税收中占据较大比重，2017 年以来增值税占地方总税收收入的比重保持在 41%。

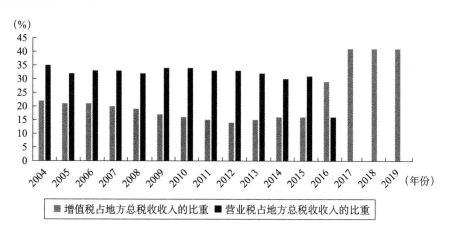

**图 1-4 增值税、营业税占地方总税收收入的比重**

资料来源：中经网统计数据库。

## 1.1.2 研究意义

中央和地方财政关系包括三个方面：一是收入划分，也就是以税收为主体的政府收入在政府之间如何安排；二是财政事权和支出责任划分，也就是事该由哪级政府干，钱该由哪级政府出；三是转移支付制度，事和钱都分清楚之后，政府间的财力盈缺如何调节，如果地方收入不能满足干事的需求，如何通过科学规范的转移支付得到弥补。在此基础上，通过建立预算管理制度，明确财政收支活动的基本规则，保障财政发挥职能作用，促进中央和地方各级政府分工协作、有序运转、有效履职。在现代财政制度形成过程中，中央和地方财政关系的改革发展打下了明显的时代烙印。针对地方财权划分与地方经济增长展开研究具有较强的学术价值和应用价值。

学术价值：通过理论推演、文献梳理与现实考察，阐释地方政府间经济增长与财权划分政策改革的理念与目标；运用基于准自然实验的倾向得分匹配、双重差分法和空间计量分析方法，评估我国地方财权的交互动态匹配效应及影响路径、机理，有效发挥我国地方财权划分的激励效应，提升使用价值并扩展应用路径。

应用价值：聚焦"新冠疫情""减税降费"等背景下的地方财政体制改革研究，为有效提升地方财政资金使用效率、减轻基层财政困难提供决策参考。选用微观计量模型，对地方的财政收支数据进行动态倾向得分匹配效应检验及实证分析，并采用政策模拟模型解决微观数据可得性、数据质量等问题。

## 1.2　国内外文献综述

本节根据目前对省财政体制的研究情况，当前涉及财政分权的理论研究大致可以分为以下几类。

### 1.2.1　财权划分

财权划分是一种制度性安排，它是影响长期经济增长率的内生机制，传统的财政联邦主义理论对于税收在差异性级次的政府间分配的基本主张是：地方政府对辖区范围内经济单位与要素进行不同处理，重点关注流动性较弱的纳税，把流动性较强的征税权移交上级政府部门。

蒂布特模型将税收看作居民消费公共品的价格，因此税种的设置需考虑居民的流动性。奥兹（Oatas，1979）用内生经济增长模型验证了财权划分对于提高长期经济增长率是有益的，站在制度变迁的视角探究了财权划分与经济增长二者之间的关联。以内生经济增长模型作为基础，税收主要是通过税负对劳动、资本的供给策略的影响进一步对经济的增长情况产生影响。第一个提出"攫取之手"与"援助之手"存在于地方与中央政府的财政资源分配关系中的是奥尔森（Olson，1979），他指出税收竞争影响着区域的实际税负，其对公共服务质量结构产生影响，进一步会对区位策略产生影响。梳理我国学术界相关文献：财权划分提供给地方政府很大的支持，鼓励其发展经济，政府之间的财政竞争对于中国经济高速发展起了推动作用。财权划分影响经济增长的机制主要分为两种：一种机制是地方信息资源优势远大于中央政府，从一定程度上推动资源合理化配置与提高公共服务的供给水平，促进区域经济的快速发展；另一种机制则是财权划分对于地方政府而言，是为汲取更多流动性要素用政策策略进行一系列财政竞争的行为。目前，国内理论与实证界对地方政府财税体制的相关问题进行了对应研究及深入分析。财政体制体现政府间的财政关系，界定政府层级相应职责及其相匹配的财权财力的制度，其中包括国民经济管理涉及的各层级政府间具体职责界定与划分收支制度，本书探究此制度对各级政府行为产生的效应，针对我国目前的社会经济发展目标提出相应政策建议及对策。

虽然地方财政体制的研究是探究省对市、县的财政体制安排，但这项研究应置放于中央与地方分权的宏观整体框架下，我国经济的增长速度由高速转变为中高速，产业从中低端迈向中高端，消费需求和需求主体都在变化，城乡区域之间的差距不断变小，居民收入所占比重不断增加，投资驱动转向创新驱动，市场机制在市场经济条件下，可以用价格、供求关系、竞争的影响，极大限度促使各生产要素投入运用，提高资源配置效率，调节私人品的供求关系，通过"货币投票"实现优胜劣汰，有效利用资源禀赋。但是市场存在下面的失灵问题：外部正负效益及收入公平分配问题并不能被处理，市场本身就存在盲目性、短期性、滞后性等缺点，信息不完善、垄断、买卖方对于商品知识的不对称等，这些问题不利于市场发挥自身功能。有效性与无效性在市场里是共存的，可以用财政政策的设计矫正负外部性失灵。

学者们研究财权划分基本上是站在政府间财权划分对地方政府行径影响的视角上，关于划分中央与地方政府间的财政收入或者是地方政府划分下级政府的收入相关问题，学者们认为财权划分有益于促进各个层级政府进行有效激励，更深层次提升资源配置的效率，并且可以刺激地方创新制度与技术（Oates，1995），促进完善公共治理水平（Shah & Qureshi，1994），一定程度上帮助减少腐败（Seabright，1996），最终的目的是促进经济增长（Oates，1993；Lin & Liu，2000；Akai & Sakata，2002）。有学者如普鲁多姆（Prudphomme，1995）的观点是，在其他条件既定情形下，缺少监督下的财权划分很有可能使得资源在某些地域集中，扩大财权在地方政府间的差异，公共部门集权则会实现资源地区平等化，将资源从发达地区移动到落后地区。还有学者认为，集权体制也许会忽略在政治上并不重要的地区的公共品需求，使不平等的公共资源配置现象更加明显。众多学者认为，区域差异化的公共资源配置影响经济增长主要在于差异的程度如何，适当程度必然有激励示范的积极作用，刺激经济增长，差距过大就会对社会稳定与经济平衡产生一定程度的影响，因此，应转变地方政府行径从而影响经济发展。2000年以来，财权划分理论的研究有所拓宽，深入到财权划分与区域经济发展的关系、社会福利、制度安排、公共管理效率等更加宽泛的领域，更加关注财权划分与社会、国家发展的紧密联系，包括各国政治制度、经济制度、社会经济发展阶段的差异等（吴一平，2008；Martinez-Vazquez & Ncnab，2002）。近年来，国内外学者对财权划分理论深入研究，将其和国家社会的发展联系得更紧密，视角成熟化的同时，方法和研究的角度变得多样化。学者的研究内容不再仅仅是财权划分与经济增长的关系、财权划分对公共服务所带来的影响，而是更加重视每个国家的政治经济制度、各国社会经济发展阶段的不同之处，研究视角也拓展到财权划分与区域经济发展、社会福利、制度安排、公共管理效率等更广泛的领域。

## 1.2.2 财权划分与经济增长

### 1.2.2.1 财权划分与经济增长

财政政策是宏观调控的主要方法，其对宏观经济的稳定和持续、有效发展具有重大影响。以财权划分为主题的研究成果中，探讨比较多的是财权划分与经济增长之间的关联，也有部分文献聚焦财权划分对经济稳定的影响。对于财权划分和经济增长之间的关系，国内外学者一直致力于矫正假设、更新数据、研究方法，但是因为缺少一个合理的理论框架，无法最终建立一个有意义的模型，经验分析也就无定论。

有的学者研究结果得出财权划分与经济增长之间为正相关。耶尔马兹（Yilmaz，2000）针对1971～1990年单一制国家（17个）和联邦制国家（13个）的财政支出指标进行了分析，最终得出的结论认为：单一制国家地方政府的财政分权对人均GDP增长的促进作用相比联邦制国家来说更为显著。林和刘（Lin & Liu，2000）运用生产函数回归分析省级1970～1993年的数据，最终得出的结论是财权划分会推动经济的向上发展，推动我国经济飞速发展的关键因素是农村进行的改革、非国有部门的发展以及资本积存。雅佳和斯卡塔（N. Akai & M. Sakata，2002）分析了美国的州政府与联邦政府之间的财政关系，选取了美国 1992～1996 年的数据，得出的结论是地方与联邦政府的收入支出的比率与 GDP 之间呈现出正相关的关系。利米（A. limi，2005）选取发达、发展中国家共 51 个，研究分析这些国家 1997～2001 年财政支出的分权与其占 GDP 增长幅度百分比的面板数据，得出的结论是财权划分有正向促进经济增长的作用，通过数据分析来看，特别是财政支出方面的分权显著有益于经济的向上增长。乔宝云（2002）实证分析了中国 28 个省份 1985～1998 年的数据，结论是适当的财政分权有益于提升经济发展，因为财政分权意味着舍弃平均分配财政资源，所以公平和效率不可兼得，政府必须进行取舍。张晏和龚六堂（2004）实证量化分析中国 28 个省份 1986～2002 年的数据，得出的结论是财政分权在实行分税制改革之后更加显著促进经济增长，同时表现出跨时与地区差别。在 20 世纪 90 年代中期，财政分权跟随分税制的实施而实施，财政分权在大的程度上加速了地方政府的"援助之手"到"攫取之手"之间的变换，使得地方政府的效率变得低下，从而引起预算收入减少及降低经济增长速度。汤玉刚等（2011）将政府间税收竞争置于横纵相交的财政框架下，基于收入分权的角度，描绘出了分权横向竞争结果，考虑到横向竞争存在于地方政府间，则认为纵向竞争更能有效地阐释政府间税收分权本质，并站在一个新的视角上去认识 1994 年实行分税制改革以来税收的增加超过 GDP 这一现象。恩科洛波和祖拉夫斯克（Enikolopov & Zhuravskaya，2003）选取发达国家共 21 个、发展中与转型国家共 70 个，量化分析这些国家 1975～2000 年的财政收入，得出的结论是在显著性水平为 5% 的时候，人均 GDP 增长率是很低的。蒂班（Thieben，2003）分析了 25 个 OECD 国家 1973～1998 年的财政数据，得出的结论是财政分权和经济增长之间是弓形关系，分权程度太高抑或是太低都不益于提升经济的增长。

### 1.2.2.2　财政分权理论指标研究

关于财政分权的研究成果众多，实证结论也有很多，各研究学者的结论也不一样，有一些甚至是相反的结论，造成这种结果的原因是多方面的，但其中很重要的一个原因是出于对财政分权的理解不一样，各国实际国情不同，选取数据也不一样，不同学者权衡财政分权度所使用的指标也不一样。财政分权度指标是财政分权实证研究里的核心变量，其选取对于最后所得出的结论具有实际意义。传统财政联邦主义理论基本上都是州、联邦收入或支出比上整体总财政收入或支出，用此比例来度量国家财政分权的程度，但其中有政府转移支付的影响因素，因此要把分子、分母中包含的转移支付份额一起删除掉。此方法数据获取比较容易，所以被很多文章采纳应用（Zhang & Zou，1998）。

可是这种相对简单直接的方法所计算得出的分权度具有一定局限性（Oates，1972）。这个方法所阐述观点是，某个地方收入或支出的数额越大，那么其财政分权的程度就会越高，但是实际结果并非如此，简单地认为财政分权与某个地方财政收入、支出状况是等价关系并不合适，因为人口规模数量、地区经济发展水平状况等很多因素都左右着该地方的财政收入、支出规模。此方法也相对笼统，仅仅考虑了收入或支出，没有对地方收入或支出作出界定，哪些项目受中央政府影响，哪些项目由地方政府掌控，无法权衡地方政府自主权程度。

有些学者采用非财政指标的核算方法，例如，用地方政府雇用人数比上整个政府雇用人数作为比重（Zimmmermann，1973；Bahl，1999），地方政府层级数目的多少（Arikan，2004），地方司法管制范围内的人口规模数量（Oates，1985），政府雇用员工所拿的财政工资与相应地区财政收入之比（Zhang，1996），运用独裁和民主政治的分权指数（Mohannad & J. Vernon，2005）。上述方法权衡财政分权度是否合理还有待于进一步深入探讨，各个国家实际情况不同，国情不一样。

近几年，研究财政分权的国内外学者设计改进了权衡财政分权程度的指标。为了消除人口和地区规模的影响，很多学者采用了人均指标，用省级人均财政支出比上全国人均财政支出的比例数值来度量财政分权（胡书东，2001；乔宝云，2002；殷德生，2004；周业安和章泉，2008）。考虑到中国预算外资金和制度外收入的影响，有一些学者选择预算内人均指标，使用预算内人均财政支出指标，算出各省份和中央此数值的比值大小来度量财政分权度（傅勇，张晏，2007；傅勇，2010）。部分学者把预算内收入和支出较大者与对应的预算外收支项目结合再比上全国预算内外总支出（刘金涛等，2007）。此外，还有一些学者选择用财政分成率来衡量财政分权程度。马（Ma，1997）选择使用省级政府预算收入里留存下的平均份额来表示财政分权度，金和钱等（Jin，

Qian & Weingast，1999）采用地方分成比例权衡中国财政分权，但我国是统收统支的财政体制，省级政府大小开支须得中央准许，无实际意义的分权，还有就是马（Ma）采用平均分成率，但是边际分成率对省及以下政府行为有所影响（殷德生，2004）。林毅夫、刘志强（2000）使用了一个新的指标，即省政府本省预算收入的边际分成率，来权衡财政分权，局限就是影响财政分权的因素众多，中央政府可以用成立地方经济特区、准许投资项目等许多办法改变地方政府的政策与行径，那么在模型里检验与体现这些因素变得相对困难了。

在上述几种指标设计方法中，并没有一种方法是特别完善的，除了数据获取上的限制之外，最重要的原因还是财政分权本身就是一个复杂而系统的工程。但是，我们若回归到财政分权主要是给地方政府一些自主掌控的收入和支出，我们能从收入和支出角度选取权衡财政分权指标，而选用收入还是支出作为分权度衡量标尺，又要依据研究目的和对象不同来思考。研究国家的财政分权发展趋势还有不同国家和地区的分权水平相互比较，应当首要选取财政收入类指标；研究财政分权对刺激经济发展、对公共物品供给、对政府治理状况等的影响，需要用到财政支出类指标。财政分权不是简单单一维度的范围界定，不仅划分财政收支，也要划分税收权，这是对政府间财政关联最大的体现。此外，财政分权在一定程度上反映了整个社会的价值体系，其中包含了民主、公平和正义，正如林肯所说是"民有、民治、民享"的，所以对财权划分的分析不应该仅仅局限在定量研究上，也应该考虑定性评估，如地方官员的选举、财政预算的执行等。设计财政分权度指标，需要综合考虑研究的最终目标、对象、背景等，有时也可以选多个指标综合分析财政状况。

### 1.2.2.3　财权划分与公共品供给研究

传统的财政联邦主义认为，经济稳定和分配收入是中央政府首要职责，要在中央与地方政府间垂直分配资源配置机能，财政分权理论亦是如此。伯德等（Bird et al.，2002）指出，怎样在中央与地方之间划分配置资源和实现职能所必需的财政收入是财政分权理论所进行研究的主要内容。地方性的公共物品、受益范围只在某个限制区域不被市场内部化，而就其外部性而言存在地区性效益不断增多的自然垄断行业，这些研究为划分地方政府职能贡献了基础依据。研究财权划分与各种公共品供给间的关联，结论亦是如此。萨卡尔（Sarkar，

2000）研究得出，财权划分会刺激经济增长，实现家庭、个人的收入增多，使贫困状况减少，享受更好的医疗卫生服务水平和获得更好的教育机会。通过对多个国家的样本经验研究最后得出结论，分权政策会刺激各个国家很大程度上扩大基本社会需求的支出数额，如教育、医疗卫生、健康、司法等（Faguest，2000；Crook，2003）。法格斯特（Faguest，2004）研究玻利维亚 1991～1996 年数据得出，分权政策会对国家的人力资源资本与社会服务投资方式产生影响，对教育服务、卫生、水利资源和城市建设相关的支出会大大增加，这个结论同时证实了"分权有益于支出模式更加注重供给各种与减贫有关联的服务"的推测（Bird & Vaillancourt，1998；Crook，2003）。罗巴利诺和皮卡索（Robalino，Picazo & Vortberg，2001）认为，分权增多了教育的产出；因肖斯特（Inchauste，2000）则以为，财权划分不论刺激教育支出增加多少，教育支出的增加都无法保障更好的教育成效。乔宝云等（2005）基于小学义务教育视角进行研究，再次验证了地区间财政竞争对社会福利的影响及其机制，认为财权划分会导致地方政府间产生财政竞争，且缺少对教育经费的投入。地方政府因为财政资源有限，为了招商引资、发展经济，会优先考虑将资源用到基础设施建设等方面，给教育的经费就少了。平新乔和白洁（2006）研究了财权划分下相应激励政策对地方公共品供给满足地方实际需求的敏感度的影响，得出财政激励政策可以很明显地改变公共品供给的结构与公共支出的"偏差"。傅勇（2010）研究分析了分权下财政体制和政府治理对非经济性公共品供给的影响，结果发现，分权会显著地使基础教育的质量下降、城市公用设施的供给下降。教育、公共卫生、具有强正外部性的环境等公共品，同样会由于分权滋生的"搭便车"行径受到威胁（罗伟卿，2010）。王永钦、张晏等（2007）的观点是地方政府用市场化、私有化来推卸本来属于自身的责任，地方政府夸张地认为公共服务效率低下全是地方官员考核制的增多引起的。我国属于 M 型经济结构，地方政府受分权体制的影响，很长时间不重视供给教育、科技、医疗卫生、社会保障等公共品问题，仅仅在意 GDP 发展速度的提升，最终结果是地方政府形成了"注重基本建设、轻视人力资本投资与公共服务"的公共支出结构（傅勇，张晏，2007）。平新乔、白洁（2006）研究得出分权体制下的财政激励政策很明显地使公共品供给结构发生变化。邓可斌、丁菊红

（2009）认为财政分权能很强劲地加速"硬"公共品供给，例如基础设施供给，抑制"软"公共品供给，如医疗、教育、卫生等的供给。陈硕（2010）研究省级面板数据，得出相对多的公共品供给与相对高的财政分权之间具有一定关系。

## 1.2.3　地方财政体制

财政体制是管理政府间财政关系，明确各科层组织应负责的具体职责及财权财力相对应所形成的制度，是划分各层级政府的职责与收支的制度。学者们致力于分析制度对各级政府行为所形成的效应影响。巴尔和林（Bahl & Linn，1992）、伯德和沃利克（Bird & Wallich，1995）的观点是，财政分权下收支权力转变的历程也许能加剧政府间的竞争，改善效率，更多地提供公共服务。竞争刺激地方政府革新制度，辖区有竞争优势，优良的制度政策造就优良制度环境有益于经济增长。在有限的资源与经济活动状况下，地方政府相互之间的竞争可能会产生零甚至负数结果（Martinez-Vazquez & McNab，2002）。公共品本身所具有的外部性可能会使得处于竞争中的地方政府对于该类公共品的供给过少（Break，1967；Strumph，1997），不宜于经济增长与发展。

### 1.2.3.1　地方财政权利划分

财政分权复杂化地方政府间的财政关联，使各个地区间以及上下级之间协调失灵隐患加大，这些也许会对财政改革和调整宏观经济产生不利影响，不利于保持宏观经济稳定（Prudphomme，1995；Tanzi，1998）。学者们普遍认同财政分权不合理会使得宏观经济不平稳，致使经济落后并衰退。伊斯特利（Easterly，2000）研究分析了阿根廷和巴西在 20 世纪 80 年代末期到 90 年代初期的经济危机后得出结论，两个国家的经济和财政政策在这个时期大体上是朝好的方向发展，所以应是债务危机而不是分权政策承担所有责任。麦克卢尔、休厄尔和施潘（Mclure，1995；Sewell，1995；Spahn，1997）认为财政分权与宏观经济稳定之间并不存在实质性的关联。

2000 年以来，对于财政分权理论的研究向着更成熟的视角变化，多样化研究方向把财政分权与社会国家发展更紧密地联系在一起。学者的研究内容不再仅仅是财政分权与经济增长的关系、财政分权对公共服务供给的影响，而是对于各个国家的政治制度、经济制度、社会经济发展阶段的差异更加有所注重，同时，研究角度也扩展到财政分权与区域经济发展、社会福利、制度安排、公共管理效率等更广泛的领域。尽管大部分对省财政体制的分析建立在规范理论分析的基础上，但目前也出现了一些对省财政体制的实证研究，这为我国的省财政体制改革提供了一些启发。席鹏辉等（2014）对福建省财政体制改革进行了研究，发现地方财政分权有利于地方政府减少非税收入，规范地方政府行为，同时，其研究还发现，省财政分权有利于县级公共产品的提供，但是也扩大了各县域之间的发展差距，不利于省级政府的宏观调控，这一观点也得到了林阳衍等（2014）的验证。可以看出，省财政体制不仅仅会影响财政收入结构，也将对财政支出结构甚至经济行为产生实际影响，因此，以省财政体制改革为背景，研究其对政府收支活动的实际影响，进而发现政府行为与市场发展的关系，是一个可行的研究思路。

地方财政体制的具体制度分析和实证效应检验并没有得到足够的重视。具体来看，目前对地方财政体制的分析主要是提出相应改革思路框架，没有对各省份的地方财政体制探讨研究及对比分析归纳。1994 年实施的分税制改革仅仅是调整纠正了中央与省级政府之间的财政分配关系。地方财政体制是财政体制不可或缺的部分，未引起足够重视和相应管理，这与时下经济背景有关系。当下市场经济飞速发展，市场经济对政府行为的要求渐渐显露出不规整的地方财政体制的不足之处。中国每个地区的发展状况特点各异，地方财政体制不能仅依靠由上到下的中央对地方政府的财政制度建设。中央对省财政体制基本一致，而各个地区因地制宜，针对自身经济发展特点选取相应的地方财政体制。然而，目前理论界缺乏对不同的地方财政体制类型的制度分析，其中，实证效应检验的匮乏导致无法有效分析和研究地方财政体制，地方财政体制改革必然对地方政府的活动有影响，这种影响也会传到经济活动上面，实证研究分析政府和市场经济活动反应可以为剖析地方财政体制贡献足够的证据支撑。我国地方财政为教育医疗等公共服务提供支持的体制下，教育、公共卫生、环境等公共品因分权体制滋生的"搭便车"行径受到威胁（罗伟卿，2010）。王永钦、张晏等（2007）的观点是地方政府用市场化、私有化来推卸本来属于自身的责任，地方政府认为公共服务效率低下全是地方官员考核制的增多引起的。我国属于 M 型经济结构，地方政府受分权体制的影响，很长时间不注重供给教育、科技、医疗卫生、社会保障等公共品问题，仅仅在意 GDP 发展提升速度，结果地方政府形成"注重基本建设、轻视人力资本投资与公共服务"的公共支出结构（傅勇，张晏，2007）。

美国财政学家马丁和塞利格曼（Martin & Seligman，1986）认为划分税收要遵循三个重大原则：（1）效率原则（efficiency），用征税效率高低作指标来划分中央税与地方税，所得税归于中央，征税效率高，同时用此指标来决定税收收入具体归属；（2）适应性原则（suitability），用税基范围的广或狭划分税种，税基广的由中央征收；（3）恰当原则（adequacy），用税负公平与否当作判断标准，使所有人税负平等的税权归属中央，只涵盖地区还有一些人的税种归属地方。塞利格曼（Seligman，1986）提出将税负公平与否及公平度作为重点划分依据，有助于更明了划分税种、理解税收属性、更促进政府发挥税收杠杆作用、促进税收公平及提升征收效率。

美国学者迪乌（Diu，1961）把税收、税种划分与经济发展三者结合研究，指出要用经济与经济利益的增长来划分税种，税收的归属要考虑是否能实际刺激经济向上发展。加拿大学者杰克（Jack，1987）基于政府构成的政治学与行政管理角度提出划分税收的五个原则：（1）税收的划分应该要尽量保持中性；（2）税收制度尽可能简洁有利于提升税收效率；（3）各级政府要尽量做到运用政策工具使税收与事权相互匹配；（4）各级政府要对应税收与事权之间的关系；（5）尽可能做到各地居民的税负是公平的。诺雷加德（Norregaard，2001）的意见观点不同，他指出地方税的主体税种的特点如下：（1）税基应该具有非流动性同时税源是稳定的；（2）用受益原则课税；（3）税源在不同地区间是有差异的，地方政府征收管理的税收行政效率相对比较高。英国学者大卫（David，1992）的观点与此相对应，他的观点是地方政府在征收时应做到不征高额累进税、流动性比较大的税种、易转移至非本地居民身上的税种和本地居民不能直接察觉的税种。威尔逊（Wilson，1999）描述了美国进行彻底分税的路径方法：三级政府主体税种分别是所得税、销售税和财产税，由此每级政府税种收入都比较稳定。奥茨（Oates，1999）认为，要在中央与地方政府之间合理有据分配公共税收职能，指出地方政府主要收入来源可以是财产税。银行专家博德韦（Boadway，2001）等在对主要国家的财政体制进行比较分析后，提出了划分特定税种应遵循的原则，和马斯格雷夫（Musgrave）提议的原则所映射的思想基本相同。外国学者研究地方税体系以及有关方面时，重点研究的是财政分权的基本理论以及税收划分的基本原则。

根据目前对省财政体制的研究情况，可以大致分为以下几类：梁若冰（2014）提出了地方政府财事权不匹配渐渐显露出更多的不足与问题，地方财政处于困境，这种困境逼迫地方政府做出选取分税制结构内可以获得最大地方财政收入的行为以满足公共品供给的要求。周黎安（2004）的观点是中国地方政府内部基本的、长期的激励方式不是行政激励或财政分权激励，而是采取晋升锦标赛模式，所以财政分权也许使得地方政府的政府行为有差异。乔宝云等（2005）指出中国财政分权会对地方公共资源产生影响，将其转移至与教育无直接关系但对优化投资环境有益的投资项目上去。傅勇（2010）把公共品分类为经济性和非经济性两类，指出财政分权不利于后一类公共品的供给。左翔等（2013）认为，垄断土地一级市场是增多地方政府财政收入的一种方法，还发现垄断多的国有土地可以很显著地供给更多的经济性公共品，可以很显著地减少供给非经济性公共产品，如教育、医疗、社会保障等。梁若冰（2009）指出财政分权、土地出让制对于地方政府的土地违法活动具有正向的促进作用。李永刚等（2013）指出，土地财政显著地使公共品供给品质下降，使得经济性与非经济性公共品分别增多与减少。综合上述研究内容可以得出，地方政府财政自主权较多的情况下，会尽量抉择有益于最大化财政收入的经济活动，用这种方式来解决财政收入不抵支出的难题，因此财政匮乏会影响政府行为。地方财政匮乏会对财政收支结构、公共品供给状况水平有大的影响。分税制明晰了中央与地方各层级间针对税收的划分界定与共同享有，但对于地方非税收入无共享制，给"地方政府靠着非税收入提升财力"贡献了政策性条件，而非税收入的规模比例在财政体制下一直变大。从1998年起，我国非税收入与 GDP、税收收入的比值处于持续扩大的过程。

地方税制进行的有关改革。分税制改革至今，国内学术界重点研究了地方税体系，贾康、阎坤（2005）的观点是短期内财政体制改革应该致力于减小基层财政困难、激发地方各级政府积极运用合理方法刺激经济发展、精简机构、增多收入减少支出，从长期角度看，要针对整体分税制财政体制系统化实施整改，界定清楚政府事权，精简财政层级，改进地方税体系，改良转移支付制度，进行相应改革。赵大全、何春玲（2010）指出，西方国家采取的三级政权结构不适用于中国，因为中国国情与其不同，认为中国地方政府要根据自身情况实施包括分税制的不同财政体制。段国旭（2009）认为，要进一步改进地方财政体制，综合发挥出财政体制的动力、调控、平衡机制的作用，更有效地刺激地区间经济资源的有效配置与流动。孙开（2011）指出，地区间差异大的财政省管县实施办法中，应把县级财政作为重点据此来整合地方财政体制，构建适应县级基层政府责任的基础财力长效保证机制，不应削弱市级、乡镇财政的自身特有的功能，构造辖区内与跨辖区内的地方财政转移支付体制，提升整体地方财政体制运作效率。刘俊华（2004）指出，地方政府对财政体制改革的态度决定着改革的进度与成效，在地方财政体制改革中，应优先实施政府职能和行为，防范财政风险等改革。

地方税体系构建的文献。在《中外地方税比较》中，戎生灵（2005）对比分析国内外的地方税收，创新构建了多维地方税理论架构体系，对我国的地方税收实践具指导作用。财政部（2007）出版的《地方税改革与税收政策研究》中，重点探究分析了地方税及其有关体系，系统阐述了地方税体系及有关概念的含义、理论与思路。邓子基（2007）的《地方税系研究》在总结其他学者研究成果的基础上更深层次论述了建设地方税体系里程中所产生的制度、技术及相关问题。刘佐（2011）探究财政体制改革后新时期的地方税体系，探究与民生利益有关的房产税，对房产税改革进行研究。刘尚希（2013）指出，构建地方税首先对地方税应有正确合理的认识，同时分析界定了地方及地方税的内涵。

划分地方税权的有关探讨。谷成（2006）指出，应由最高立法机关来制定财产税相关法律，授予省级人大权力制定实施细则并且监督其实施；省级政府对税率、税目、税收优惠等税权有一些自主权，市级政府应该依据本地实际经济情况来抉择是否开征、停征以及相关详细措施，一定程度上下放财产税立法权。汤贡亮（2008）指出，合理划分中央与地方政府之间税收权对进一步划分中央与地方之间的税收是有益的，有益于各地区选择不同经济发展策略，保证税制统一，在宪法中清晰划定税收立法权的分配。朱丘祥（2008）指出，分税制改革至今，中央政府在整体税权分配中占据主导地位，而税权分配时并未顾及地方政府的相关利益，缺少有关法律及科学事实理论依据，使得地方政府争相夺取税收利润，损害相关利益。汤贡亮、何杨、李俊英（2012）借鉴OECD 成员国的有关经验，提出应将中央政府税权作为主体，给予地方政府一些适当税收管理权，对完善国内地方税体系具有借鉴意义。汤贡亮（2013）认为，全国人大应逐步收回税收立法权，将其法律化，通过规范授权，加强立法监督等加速税收立法改革，有益于经济社会的积极发展。匡小平、刘颖（2013）基于税制改革制度变化从税权划分方法角度，指出地方税制下一步改革应打破僵局，应采取适度分权合理解决中央与地方间划分配置税权有关问题，着重对所得税、财产税等地方主体税种进行培养，强化地方政府财政自给能力，税权配置历程中立法、执法、收入分配等不应该完全集权于中央政府，让更多的地方政府参与其中，详细划分依据如下：像企业所得税、增值税这种全国范围内统一开征的，对宏观经济、社会稳定的影响相对比较大的税种应由中央统一进行立法；如房产税、城镇土地使用税等在全国范围里统一开征且对地区经济发展有较大影响的税种，地方应该在中央制定基本法律法规的框架下，制定税收征管、执法、实施、调整解释等权限的相关细则；有些税种有地域性而且收入受到限制可由各省级人民政府通过省级人民代表大会制定实施。

地方税主体税种选择的有关研究。李波（2006）指出，地方税主体税种可以选择财产税，因其收入来源比较稳定且是受益税，且管理体系也更加透明化，能够与地方政府的支出需求有机地结合在一起，使得地方政府规划本级政府的收支变得更科学合理，将财政收支限制在安全可控的界限内。评估财产价值的方法和程序应由专门机构负责，对逃税的违法行为可以进行很好地防范与掌控。秦蓉（2005）根据我国的经济发展状况，认为应把房产税作为地方税的主体税种之一，地方政府应以经济的发展速度、效益情况、人均额度作为判断依据抉择主体税种。叶少群（2005）的观点是财产税是地方税的支柱，具备以下特点：税基范围广、税收收入规模大、税收弹性居中、税基也相对稳定、符合利益原则。刘蓉（2005）认为，财产税具有下列优点：（1）具有受益性质；（2）地方政府的收入稳定且均衡；（3）有益于提升征管效率，在此基础上提出了改革中国财产税体系的相对比较具体的构想，因此可以作为地方税主体税种。郭庆旺、吕冰洋（2013）指出，地方税制建设在"营改增"下有两方面问题急需处理：政府间财政关系和地方税系重新构建。对地方税系进行完善，首先要弄清楚政府间、政府与市场间、税收与非税收入间的关联。构建地方税主体税种有下面两套方案可以实施：一是零售税加上个人所得税和房产税；二是增值税分成加上个人所得税和房产税。重构地方税系的关键之处在于改变增值税的分成规定或者对零售税实施开征，取消营业税同时改变房产税、个人所得税的归属。

地方税收实证有关文献研究。国内学者主要从直接税、间接税和主体税类、税种两个方面进行实证分析研究税收结构与经济增长之间的关联。在直接税、间接税方面，马拴友（2001）采用最小二乘法（OLS）回归分析中国1981～1988 年的数据，最终结果得出：直接税规模大小占 GDP 的 3.5% 使经济增长最大化，最合理的直接税与间接税之比为 0.45。王定娟（2006）基于弹性学视角探究分析了直接税与间接税之间所具有的关联性，把 GDP 和直接税、间接税收入分别作了皮尔逊分析后得出：直接税、间接税收入与 GDP 间关系是显著正相关的，两种税与经济增长之间呈现良好的互动关系。张荐华、禄晓龙（2013）认为，在现有的税制体系下，直接税只能很有限地帮助提高经济增长幅度，而间接税对经济增长有着正向积极的刺激作用。在主要税类、税种方面，刘溶沧、刘拴友（2002）对中国的劳动、资本收入、消费支出征税的有效税率与经济增长之间的关系影响经济发展进行分析之后，指出中国对资本进行征税会影响经济向前发展而且呈现负效应；对劳动征税，总的效应会减少经济的向上增长；对消费进行征税，对经济增长是不具有影响或稍微有所促进的。李绍荣、耿莹（2005）指出，在现在的税收结构里，增多税收数额能够使得经济总体规模增加，按顺序依次是行为税类、资源税类和所得税类；而使经济总体规模减小税收按顺序依次是财产税类、特定目的税类。流转税类的税收数额对于经济整体规模大小无明显影响。何茵、沈高明（2009）在研究分析时候借鉴了阿诺德（Arnold，2008）的研究方法，重点分析了所得税类、流转税类的具体税种，以及个人所得税、企业所得税、营业税和增值税对我国经济发展状况的影响。结论是对我国经济发展负面影响作用最大的是个人所得税的增加，其次是增值税的增加；相比较来说企业所得税、营业税的增多对经济增长的负面影响作用最小。

地方税体系有关建设。我国一直致力于推进国家治理与制度建设，靳继东（2015）探究分析了国家治理现代化的地方税体系后得出：现有的地方税制度构建较为复杂且牵涉面较广泛，地方税体系构建应把重点放在政策制定的整体性、协同性、系统性方面，地方税制构建应把主体税种的构建作为核心，同时预防由财政引起的风险，平稳地方税收收入，减少地方非税收入。

### 1.2.3.2　地方财政分权研究

对我国地方财政运行出现的困难，国内学者更多将视角放在地方财政分权体制的研究上，贾康、阎坤（2005）的观点是短期内财政体制改革要把重点置于减轻基层财政压力与激起地方积极性上面，合理促进经济发展、精简机构、增加收入节省支出，长期来说需要系统规整整体分税制财政体制。赵大全、何春玲（2010）指出，西方国家采取的三级政权结构不适用于中国，因为中国国情与其不同，并指出中国地方政府要根据自身情况实施包含分税制在内的不同财政体制。段国旭（2009）认为，要进一步完善地方财政体制，要全面综合发挥财政体制的动力、调控、平衡机制的用处，更有效地激励地区间经济资源的配置与流动。孙开（2011）指出，要总结地区间差异大的财政省管县实施办法，从中得出优点，把县级财政作为重点据此来整合地方财政级次，建造适合县级基层政府责任的基础财力长效保证机制。对于省财政体制分析基本上都有规范化的理论分析，现在也有一些针对省财政体制的实证研究，这对省财政体制改革有一些新的启示。席鹏辉等（2014）研究了福建省财政体制改革得出：地方财政分权有益于地方政府减少非税收入，规范政府行为，同时对于供给县级公共品是有益的，拉大各县域之间的发展水平差距，对于省级政府的宏观调控是不利的。林阳衍等（2014）验证了上述观点，认为省财政体制影响财政收支结构，且对经济行为有比较实际的影响，所以在省财政体制改革背景下研究其对政府收支行为的实际影响，更深层次探寻政府行为与市场发展之间的关联，这是一个切实可行的思路。

## 1.2.4 地方财权划分与经济增长

经济发展作为我国发展的重要基础，也是供给侧结构性改革的重点与关键。全球经济现在处于深度调整期，再一次把制造业为核心的实体经济当作经济竞争的主要关键点。党的十九大报告中清晰明确地指出，建设现代化经济体系必须要把重点放在实体经济上。过去的 40 年里我国的工业经济发展迅猛，学者们对"增长之谜"进行一番研究分析后得出，地方政府在工业经济发展中起到了重大刺激促进作用，地方政府的"援助之手"支持工业企业向前发展、吸引外部投入资金资源，还"指挥"企业的投资活动与经营管理。

### 1.2.4.1 财政激励经济增长效应

"激励"地方政府积极推进经济建设的源泉，学者们将其作为要把"税基蛋糕"做得更大由此而产生的"财政激励"。财政激励理论指出，地方政府强烈发展经济归根结底是可支配财政收入的增加，财政激励能有效抑制地方政府对企业的"攫取之手"，基础建设的投入促进经济增长；"财政激励"抑制了政府间区域间协作，带来的努力水平相较"晋升锦标赛"（周黎安，2008）来说更高，财政分权架构下，政府会为了达到最大化的自身利益而最大限度扩大社会福利（乔宝云，刘乐峥，尹训东，过深，2014）。

国外学者很早就税收对经济增长的作用影响等进行了比较全面的研究。经济增长是经济领域研究的核心，学术界对税收于经济增长作用的研究也跟随古典经济学的创建而逐渐起步。亚当·斯密指出，税收对于经济增长的作用主要是在两个方面：能显著增多投资者的期望收益率与降低各阶级可支配收入。凯恩斯（Keynes）学派指出，税收具有调整经济运作的杠杆作用，政府对总需求进行调节须用有效的税负政策来使得短期宏观经济的增长处于稳定。索洛（Solow，1956）和斯旺（Swan，1956）差不多在同一时间段构建了长期经济增长模型，即为索洛—斯旺模型。索洛—斯旺模型的外生变量采用的是财政政策，经过储蓄率达到对经济增长产生影响的目的。美国经济学家迪乌（Diu，1961）首次把税收、税种的划分、经济向上增长之间相互联系在一起，指出划分税种要用经济的增长、利益的获得作为主要权衡标准，税收归属要切实思考其能否有效推动经济向上发展，而且须把这个标准当作主要的切入点。

国外学者基本站在经济增长理论模型视角上实证研究税收收入结构对经济增长的效应。马斯登（Marsden，1983）研究分析美国数据得出，高税率会放慢经济的向上增长。雷诺兹（Reynolds，1985）利用边际税率，斯金纳（Skinner，1987）采用个人所得税和企业所得税来研究分析，最终得出一样的结论。斯金纳（Skinner，1988）研究非洲国家的数据得出，提高个人所得税、公司税、进出口税、销售税使得增长率降低。科斯特和科门迪（Koester & Kormendi，1989）指出，税率与经济增长之间的负相关在加入人均收入水平变量时就不存在了。

国外学者在探寻地方税体系以及有关内容时，重点剖析了财政分权的基础原理以及划分中央与地方税权、设置地方主体税种的基础原则，这对于探究地方税体系的建设有重要指导作用。同时，国内外国情不一样，要充分结合我国具体状况进行有关深入探究。[①]

学术界很早就开始关注税收集权效应，探寻促进地方政府推动经济发展的原因。学者们基本上认同1994年的分税制改革对推动经济的增长有成效，很大程度上加强了中国的宏观调控和收入再分配能力，这可以说是充分的税收集权推动经济向上发展的强有力的经验依据（李永友，2014）。新财政集权理论指出，地方政府实施的税收集权能明显地刺激其为了财政收入最大化的目标进而开展蒂布特竞争（陶然，2009）。现在很多文献是基于省级层面角度来探究税收集权对企业的影响效应，而分析地级市政府税收集权激励效应的经验数据就相对比较少了。实施分税制改革以后，71%的省级政府多次调整了管辖范围内地级市政府主体税种的"税收分成协议"，大体上都向着"税收集权"方向整改，这给予了我们合适的机会去探寻地方政府税收集权对工业企业发展所产生的影响。

地方政府税收分成激励效应的研究方面，谢贞发等（2016）对省级与地级市政府的增值税、营业税税收分成比例的变动对第二和第三产业所带来的影

---

① 常彬斌. 营改增背景下构建地方税体系研究［D］. 安徽财经大学，2014.

响，并对地方政府的财政激励效应进行了实证检验分析。席鹏辉等（2017）选取地方政府的税收分成数据探究与分析工业企业的污染，地方政府尽可能保证税基的扩大，但是这个过程可能会轻易地破坏环境。

### 1.2.4.2　财政竞争效应

财政竞争是财政分权研究的重要领域，学术界关于财政竞争文献的研究主要从财政支出竞争与财政收入竞争两个分支开展。从财政收入维度考虑政府竞争的文献中，税收竞争作为衡量政府收入的重要指标是财政收入竞争的主要方面，受到学者们越来越多的关注。马斯格雷夫（Musgrave，1959）等指出，达到公共品供给效率和分配的公平以及经济的平稳发展，中央与地方政府间的分权是有必要的而且也可以行得通，这种分权可以用税权等财政工具在各级政府间稳定固定下来，如此一来，地方政府就拥有了和征税相关并且独立的权力，税权划分建造了政府间纵横向体制竞争关联。对于税收的纵横向竞争，不论是蒂布特模型、标尺竞争模型，抑或是税收竞争模型，对于同级基层政府间的横向竞争关系都突出强调。但是，有关于纵向体制关系的理论和实证分析还存在很大差别，政治体制与财政体制之间不同使得学者们的认知不一样。奥茨（Oates，1972）指出，纵向政府间关系重点是对横向竞争所带来的外部性与地区间再次分配问题进行协调。金（Keen，1998）指出，中央和基层政府之间争抢税基，尽力最大化本级政府的财政收入。目前，税收竞争的文献通过考察地区间税负的策略反应函数，考察地区间税收竞争存在的内在差异。

中国式财政分权体制下政府之间的税收竞争效应含有以下两个部分：一是地方政府间的非合作博弈所带来的横向"逐底竞争"效应；二是上下级政府在单一政体下的妥协和制度创新的动态博弈关系。学者们探究政府间横向税收竞争关系大部分基于省级层面，度量政府间纵向财政关系借鉴财政联邦主义思想建造相关体系，而进一步进行实证研究。

中国不属于典型意义的财政分权国家，较早时期的学者钱（Qian，1998）提出了"中国式财政分权"。中国受单一制政体影响，其财政分权与垂直政治管理体制是同时存在的，使得基层政府因为政绩考核体制而进行"GDP竞赛"。地方官员为了推动经济的增长速度进行一系列税收优惠竞争活动，彼此间效仿互相攀比，以此来吸引社会资本。所以中国式财政分权影响经济增长方式不是简单地由内生增长模型对生产要素的供给产生影响而开展的，税收增长机制与影响经济增长的方式必须放在政府间横、纵向妥协与制度创新的架构里。

横向税收竞争机构下，基层政府之间会进行横向空间竞争以此取得来自上级财力补助并吸引要素流入，一些学者近些年来也认识到省级及以下政府的空间相互间的关联，但目前已经存在的研究都基于单一水平模型，假设全部样本都相互独立、平等、无制度差异。各个省份实际都在国家财税制度架构下拥有自己的政策制度，省级部门会对同一省份管辖区域内的地级市之间（群组内）的竞争实施一致的统一限制，因此不同省份之间市级税收竞争会比同一省份内的程度要高一些，因此单一水平的线性空间计量模型是不适用的。

## 1.2.5 研究动态评述

通过梳理相关研究财政分权问题的文献，得到以下结论：第一，对于财政分权，应使用多重方式方法进行多方面、多层次的思考衡量。现有的研究方法包含规范分析和实证分析，研究视角为历史与现实相互结合，国际经验借鉴与我国实际国情紧密联系。已经进行或完成的研究不只深入到宏观经济稳定等经济领域，还涉及与政治体制、法律制度等问题，这侧面反映出财政问题不只是经济问题，同时也是一个政治、管理问题，研究处理财政问题不应只局限于财政自身，要拓宽角度。第二，应构建一个合理的理论框架来阐释、分析我国的财政分权问题。有的学者研究中国财政分权问题完全照搬西方财政分权理论，以此分析中国现处的经济状况，并未真正深入考虑我国的特殊国情。传统的西方财政分权理论建立于发达国家的基础上，所以正如巴尔说的那样，中国财政分权最终所带来的"好处"是不可以用传统的分权优点来进行阐释的（Bahl，2003）。另外，有些文献建立在中国具体国情的基础上，中肯地分析了现在的财政分权制度的不足，给出了可行的政策与建议，但因为缺少宏观层面的理论指引，这些政策建议仅适用于划分财权或事权等较低的制度创新层面，可以对中国财政分权制度建设进程进行指导的系统化理论目前还是空缺，这可能正是接下来研究中国财政分权问题的重点和关键。中国是世界上最大的发展中国家，进行政府间财政分权在一定程度上也是合理的。中国的区域范围较大，区域之间差异也较为明显，不同地区的居民对公共品结构的需求也不一样，所以地方拥有更多的自主权可以鼓励激发政府更大活力。中国财政分权改革的时间虽然不长，但取得了较大的改革成效，从高度集中、统收统支的财政管理体制转变成为分级的财政管理体制。因未理清楚各级政府间的职能，民主决策机制也不够完善，财政"缺位""越位""错位"的现象增加，财政分权还未实现制度化、长期化、科学化，使得各级政府间相互推脱事权，因此产生的矛盾不断在基层进行积累，政府行为出现机会主义倾向，市场分割和地方政府预算软化等，财政分权在带来公共品配置效率提高的同时，也带来了不利结果。因此，要合理设定集权与分权的格局，使得财政体制可以和谐有效地运作，并基于本国的经济基础和制度环境基础，规整财政分权，探寻最优分权水平。

就目前文献梳理来看，对地方财政体制的具体制度分析和实证效应检验并未得到足够的重视。具体来看，目前对地方财政体制的分析主要是提出相应改革思路，但是并未对各省份的地方财政体制逐个进行探究，也没有进行对比归纳。1994年实施的分税制改革将中央与省级政府之间新规范的财政分配关系作为构建财政体制不可或缺的部分，而地方财政体制并未得到重视和相应的解决，这个情形与当时所处经济背景条件息息相关。时至今日，飞速进步的市场经济对政府活动的要求使得不规范的地方财政体制渐渐显露出种种弊端，我国地区发展特点不一、发展各不相同，由上到下的中央对地方制度构建不能完全发挥作用，各地区必须因地制宜，契合自身经济发展特点挑选适合自己的财政体制，这和中央对省财政体制是不同的。然而，目前理论界缺乏对不同的地方财政体制类型进行的制度分析，其中，不能有效剖析地方财政体制问题的一个主要原因是缺少实证效应检验，改革地方财政体制必然会对地方政府的行径有所影响，这种影响会进一步传导到经济行为上，实证分析政府与市场经济活动反应，会为分析地方财政体制提供重要证据支持。具体归纳如下：（1）定性角度研究地方财政分权体制文献较多，缺乏系统完整的地方财政分权体制定量研究；（2）国内学者开展的实证研究中，很少有文献沿着"财政分权—政府行为（中间变量）—经济增长"这个研究思路进行研究；（3）财政分权与经济增长的实证研究对财政分权与经济发展之间内生性联系的学理分析关注不够。

# 1.3 研究思路和研究方法

## 1.3.1 研究思路和主要内容

### 1.3.1.1 财权划分政策研究的理论阐释

（1）财政分权的理论基础。梳理地方财政分权领域的基础理论、学术研究史、前沿文献，确定本章的研究脉络，总结归纳国内外学者的研究角度、内容、方法与动态，界定地方财权的核心概念，为进一步研究地方政府间财权的划分政策夯实理论基础。

（2）财权的划分机制。基于地方财政分权的运行机理，阐述事权与财权之间动态交互匹配与传导的机制：财权划分影响经济增长的作用机理与效应；经济增长反作用于财权划分的影响途径与因素；事权与财权反向因果的影响机制理论。

（3）优化地方财权划分的理论阐述。在"新冠疫情""减税降费"等背景下基于"事权与财权"动态匹配视角的地方财政体制改革的目标定位，现实发展进程中，将"新冠疫情"、"减税降费"、现实背景与挑战纳入研究范畴，对地方财政分权的功能进行再定位。

### 1.3.1.2 地方政府间财权划分政策的实践考察

地方（省—市—县）政府间财权划分政策现状。地方财政体制现状的梳理与归纳，总结归纳区域间地方财政体制特点，通过收集数据、查阅年鉴和文件及寻求政务公开等方式较全面收集、分析与阐述关于事权与财权划分的我国地方财政体制现状和地方政府间财权配置现状。

### 1.3.1.3 地方财权划分与经济增长

（1）事权与财权的动态匹配测度。财权分配指标：地市、县本级政府财政收入/上级政府财政收入，省对市、县的税收分成比例；财政自给能力变化

量：事权与财权配置比值的变化量；分样本测度地方政府（市、县）的财政
与财权动态匹配区域竞争、空间与时间异质性；地方政府间财权的结构与偏向
性测度。

（2）动态匹配效应检验。数据来源及描述性统计，使用地市县统计资料、
各省份统计年鉴、省以下财政体制改革文件等追踪调查数据库，依据财政自给
率、财政收入、财政支出、财政支出结构倾向等维度作统计描述与对比分析；
动态匹配效应分析，采用倾向得分匹配分析法对我国的市、县级财权与经济增
长效应进行实证检验；财权划分的正向及反向因果测度及检验，采用财权配置
指标与事权支出指标进行实证检验，分析两因素的内在因果联系及影响效应传
导机制；采用空间计量模型考察区域财权的地理竞争效应；稳健性检验，防止
数据内生性，通过税收分成改革等数据多维度实证检验结论。

#### 1.3.1.4 优化地方财权划分政策的制度保障与对策建议

（1）政策建议。一是中央与地方协调推进财权划分的地方财政体制改革；
二是加快地方政府间支出责任的划分；三是创新地方政府协作方式，健全政府
整体支出责任、财力调控体系；四是紧扣区域协调发展，逐步优化省与市、县
财权分配关系。

（2）制度保障。一是加快地方各级政府的转移支付制度改革，适度加大
赋予省级政府税权，完善地方财政体制激励政策，推动区域经济高质量运行；
二是平衡地方财政收支体系，加强税收征管系统信息化建设，尽快确立并培育
我国地方税种；三是调整地方政府的财政支出结构推进县域经济发展，加速县
域财政体制改革，对地方财政分权体制进行完善，从行政管理、法律法规引
导、价格杠杆、利率和税收的经济政策等多个角度完善对地方政府间财政机制
关系制度的保障；四是创新地方财政分权制度设计，从行政职能、规范立法、
利益分配、组织协作、优化分配制度等角度提出政策建议。

## 1.3.2　研究方法

本书的研究运用多种方法，如理论与实践相结合方法、定性与定量分析相
结合方法、实证分析与规范分析相结合方法，主要采用的方法是下面几种。

### 1.3.2.1　文献整理与分析方法

搜寻、分辨、整理归纳文献，通过研究文献总结出科学合理的方法来对事实进行认知。整体流程分为提出假设、研究设计、搜集文献、整理文献和文献综述。文献法的提出或者假设主要是指根据现有的理论、事实、需要分析整理相关文献或重新归类研究的构思。在本书中，我们整理归纳了国内外关于地方财政体制与经济增长关系的学术研究，且总结已有的文献，了解地方财政体制研究的历史与现状，帮助确定本书研究的理论基础；通过对相关学者的研究文献进行梳理，了解地方财政体制研究的当前学术动态与理论前沿，较全面、系统地了解和掌握当前地方财政体制改革的研究状况，为本章的后续研究奠定了理论基础。经过搜集文献、整理研究方法，对学者们已有的研究成果进行充分了解和借鉴，以此确立本书研究是具有一定前沿性和前瞻性。

### 1.3.2.2　实际调查研究方法

现代地方财政制度的构建，必须密切结合本国的政治体制、行政管理体制，以及经济社会发展实际情况。通过实际调查研究，收集第一手资料，总结、归纳现行税收制度存在的缺陷与不足，构建与市场经济相吻合的现代税制需要解决的突出问题，强化本书研究的针对性、所提出政策建议的可行性和设计方案的科学性。

（1）整群抽样法和分层抽样法。分层抽样法将把调查的市场母体进行分类，分类成特征不一样的次母体，也称之为层，再从每一层里随机进行样本抽取。整群抽样方法根据总体特征将其依据某种标志分类成不一样的群，而后针对抽中的群内的单位进行调查研究。运用上述两种方法，研究分析地方财政体制对财政收支活动所产生的影响。

（2）访谈调研法。访谈调研法是一种定性研究方法，访问方和被访问方对于某一个问题进行直接且面对面的交流与探讨。笔者对重点分析的地区省、市级财政部门进行了走访，深入了解当地财政收支分配的相关情况，并向相关部门负责人进行访谈了解相关数据。

### 1.3.2.3　定性与定量分析方法

定性分析方法是预测分析中一种基本的方法，重点依靠有关人员的实践经验与阅历、主观判断力以及对于事物的分析能力，对事物的本质和其未来发展趋势进行推测分析。此类方法的使用重点是针对那些缺少或没有完整历史资料与数据的有关事项。本书使用了定性分析方法对地方税整体构架"质"的方面进行了相关分析研究，用归纳与演绎、分析与综合、抽象与概括等方法，对所获得的素材加工，通过这些来认识事物的本质，展示其内在的规律变化。

本书构建了多层级的组织分权模型，并对现行税收政策对经济增长、财政收支行为、科技创新等重要方面的影响效应运用 DID 模型、协整分析等方法进行较为准确地分析评价，找出存在的问题，解决本书政策建议的精确性、科学性和可行性问题。

（1）多层级组织分权模型。此模型突出强调分权化作为主导的地方权力与自主管理模式，考虑政府间不同层级组织分权，用合约理论与组织经济学的方法，观察中央既定的财政分权架构下，地方政府间最优分权问题，以此决定分权是否可行与详细操作方法。

（2）固定效应面板数据分析与双重差分法。双重差分模型近年来主要应用在计量经济学中定量评估公共政策或项目实施效果。一般来说，较大的公共政策与普遍科研性研究是不一样的，政策实施组与对照组很难确保样本可以做到完全随机分配。并不是随机分配的政策实施组与对照组进行的试验是自然试验，本书拟合了 1994 年分税制改革以来我国各省份地方财政体制对地方政府行为及其对经济行为的实证效应。本文使用 DID 基本模型 $Y_{it} = \alpha_1 \cdot D_i + \alpha_2 \cdot T_t + \alpha_3 \cdot D_i \cdot T_t + X\beta + \varepsilon_{it}$ 来分析省财政体制变化给政府活动带来的影响，处理以前省财政体制改革的政策效果分析产生的困难问题。在实际进行的实证分析过程中，财政收入情况与经济情况间不仅有比较强烈的反向因果关联，也漏掉了重要的变量问题，所以经济呈现低增长情况下对财政收入下降效应进行的研究，很难处理涉及其中的内生问题。用各省份省以下财政体制的变化作为准自然实验，以此来探寻其对财政收入的影响，进一步对经济变量产生影响。省级政府对市、县政策从省以下集权转向省以下分权时，该省市一级政府财政活动和收支架构也会有所变化，进一步对经济产生影响，用集权或者分权当作财政收支架构的外生工具变量，对经济进行回归与相应分析。

所以工具变量的回归方程如下：

$$\Delta x_{it} = \gamma_1 \cdot z_{it} + X\beta + \eta_{it} \qquad (1-1)$$

$$\Delta y_{it} = \gamma_2 \cdot \hat{\Delta x}_{it} + X\beta + \mu_{it} \qquad (1-2)$$

$$\Delta y_{it} = \gamma_3 \cdot z_{it} + X\beta + \nu_{it} \qquad (1-3)$$

其中，$z_{it}$ 代表的是某个地区分权或者集权，$z_{it}=1$ 代表的是地方财政体制实施集权模式，$z_{it}=0$ 代表的是分权模式；$x_{it}$ 代表的是财政收支架构，上面三个方程式分别对应 2SLS 回归中的第一阶段、第二阶段和简约式。$y_{it}$ 代表的是要考察的经济变量，如探寻政府活动行为给消费带来的影响；$y_{it}$ 代表的是消费变量，若是居民可支配收入，那么 $y_{it}$ 代表的是收入变量。$\gamma_1$ 代表的是某个地区进行集权后，对该地区财政收入架构改变产生的影响，$\gamma_2$ 代表的是财政收入架构改变对经济变量改变产生的影响，$\gamma_3$ 代表的是实施集权后对经济变量改变产生的影响。集权非外生变量，因为每个省份依据每个地方的经济发展水平状况来判定集权或分权，所以要实行安慰剂检验，即将前一年的集权或分权进行回归。

（3）描述性研究法。描述性研究法指通过观察将事物或现象进行描述。描述性研究法是本书采用的研究方法之一，本书针对当前中央与地方财力分配，地方税制结构及当前普遍存在的地方税收入、分配及征管等规律进行描述并解释，并提出新常态下促进区域经济发展的地方财政体制。

### 1.3.2.4 经验总结法

经验总结法是结合理论与实践进行总结归纳、实施验证等工作对研究主题进行经验总结。经验总结法着重解决对与错、现象与本质、必然与偶然，鲜明且正确的观点具有先进性、科学性、代表性。本书用经验总结法对地方财政体制研究的具体情况进行了归纳与分析，使其系统化、理论化，为本书构建科学、合理、有效地促进区域经济发展的地方财政体制奠定基础。

# 1.4　研究结构和体系

本书研究的技术路径如图 1 – 5 所示。

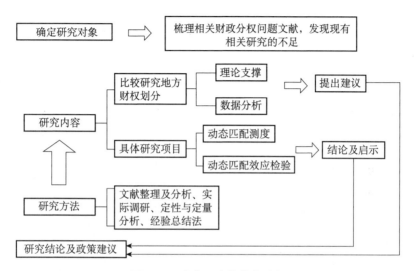

**图 1 – 5　本书研究的技术路径**

本书研究的思路框架如图 1 – 6 所示。

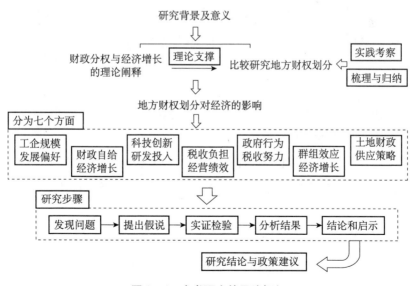

**图 1 – 6　本书研究的思路框架**

# 1.5 创新、研究价值以及不足

## 1.5.1 创新之处

（1）学术思想上具有前瞻性。主题的选择具有交叉性、前沿性，考虑政府的财权配置，构建新形势、新特点下较为系统的财政分权影响机制，聚焦中下层级政府的财政体制研究，探究动态匹配效应视角下的地方政府间财权划分政策改革，提出政策建议。

（2）学术观点上具有新颖性。中央与地方协调推进地方财政体制改革；创新地方政府协作方式，健全政府宏观调控体系；紧扣区域协调发展，逐步优化省与市、县财权分配关系。

（3）研究方法上具有突破性。跨学科研究视角，糅合财政学、微观经济学、管理学等学科理论与方法，采用文献分析、规范分析、数理分析、实证分析、实地调研、多学科综合分析等方式相结合的研究方法，进行科学、系统、全方位的研究，避免实证研究的内生性、样本偏差等缺陷。采用我国各地区省级以下财政体制与县、市的财权指标数据建立相关模型与指标体系，分样本测度地方（市、县）政府的财权动态匹配效应与区域空间异质性，地方政府间财力对支出责任中公共品供给结构的偏向度的定位。

## 1.5.2 本书的不足之处

本书在写作过程里，由于水平和其他因素限制，在某些方面还有所欠缺，有待进一步的改进和完善。

由于地方层级复杂，很多数据如非税收入、转移支付等缺乏完整性和统一性，使得全面分析地方财政分权对政府行为及经济增长等影响因素的研究存在一定困难。

地方财政体制的财权划分不仅包含税收分成还包含了非税收入等其他收入分成，如果能将这些分成数据收集到则可以更好地完善现有的税收分成的指标体系，以代替财政分权指标，更好地诠释其对各方的影响效应。

## 1.6 本章小结

我国具有中国特色的政府架构特殊的中央—省—市—县—乡五级权政，复杂的政府间财政关系。同时，存在着区域间发展严重不均衡，地区间的经济社会差异较大，我国目前还无法实行一套统一且有效的地方财政管理体制。如何完善地方财权划分以促进区域经济增长是未来国家及各省级政府所面临的决策难题，研究这一现实问题具有较强的现实意义。本章梳理了相关文献，阐明了本书的研究背景与研究意义，明确了本书的研究思路与方法，从研究结构和研究路径、研究的创新点与不足多个方面对本书的研究作了详细的介绍，为后续章节进一步开展研究奠定了基础。

# 第 2 章

# 地方财权划分与经济增长的理论分析

成熟的政府财政体制是弥补市场失灵、发挥财政职能的基础保障。从分税制改革至今可以得出,模糊的地方财权划分会致使事权不明及财权不稳,会使地方政府弥补市场失灵的行为成为无效活动,以及出现对市场过度干预等与公共财政理念不相符合的行为,同时也阻碍建设社会主义市场经济的步伐。地方政府是公共品供给的主体,建设合理化、规范化的地方财权划分是促进地方财政体制科学化和法治化的重要方式,是强化分税制改革的重大体现,也是建设社会主义市场经济制度向公共财政制度迈出的重要的一步。对地方财政体制的理论分析必须建立在总结、归纳、比较国内各个地区的地方财政体制发展的基础之上,这其中包含各地区财政体制的成因、对各级政府产生的影响、带来的经济效应等多方面因素,有益于在实践中依据各地区市场化改革进程及时调整地方财政体制,也对经济新常态下促进区域经济增长的我国地方财政体制的探究提供了相应的理论支撑。

## 2.1 财政与经济增长理论

### 2.1.1 亚当·斯密的财政与经济增长理论

经济增长理论是继古典经济学理论之后,经济学研究的又一中心理论。因此,研究经济增长理论深受经济学领域专家学者们的青睐。

亚当·斯密是古典经济学的开拓者,为全球推动经济学的发展贡献了巨大财富。他认为，只有增加生产性工人的数量、提高他们的生产力，一国的劳动和土地价值才会在一年内有所增加。他指出，国家经济的增长不只依赖特定的影响因素，还取决于整个社会中个人与集体的资本与劳动积累的总和。随着时间的推移，社会不断进步，科学技术不断向前发展，国家创新能力突飞猛进，国家经济发展水平也在不断提升。政府制订因地制宜的改革政策，运用变革方法，影响新时代、新政策下各国经济的增长。亚当·斯密通过观察资本积累与税收的情况，摸索出经济增长与税收变动之间的规律：地方政府提高税收征收率，会影响当地居民的实际收入，通过进一步将不同居民阶层的税收负担进行对比，税收负担的增加会降低当地居民的储蓄意愿甚至完全不储蓄，最终将导致社会经济增长的速度减缓。相较于理性的经济人来说（现实生活中不存在理性的经济人，这只是一个假设），理性经济人的动力是使自己能够获得更大的利益，能够做出正确的选择。现实状况是，完全的理性经济人在现实中不存在，且在国家政策的影响下，理性的经济人会选择追逐短期的利益，这种理性投资也被称之为选择性资本积累，而不是资本支出，符合理性经济人追求短期收益的目标。在自由市场经济中，税收会在某种程度上降低预期的回报率，使得居民放弃资本积累的意愿，导致整个国家的经济增长放缓。因此，亚当·斯密提倡政府干预经济的手段主要采用财政政策，政府应大力实施减税降费政策，最大限度地使居民得以积累资本，这一政策在惠及辖区内居民的同时，也充分激发了市场的经济动力，从而促进市场经济的发展。

亚当·斯密的巨著《国家财富的本质与成因》围绕国家如何实现经济增长和稳定发展进行阐述，目的在于为执政者提供刺激经济高速、高效发展的指导性思路。书中，亚当·斯密从政府、个人与企业三方面入手，深入分析了影响社会经济发展的根本原因。他认为：对于政府而言，在其他因素条件不变的情况下，提高纳税人纳税比例，会导致纳税人个人的可支配收入出现下降。在没有足够的货币用于支出的条件下，纳税人会选择降低日常支出和储蓄，进而影响整个国家或地区，使得国家的整体投资储蓄大幅减少，因此，政府的"增税行为"会引致地区资本积累的下降，进而抑制经济增长。

亚当·斯密进一步站在个人和企业的视角上进行观察，他发现，个人或企业的资本积累与投资预期收益有着密切的关系。资本积累的过程中，投资预期收益比投资成本高，此时的资本积累为正值；相反，当投资预期收益低于个人与企业的投资成本时，此时的资本积累为负值。若政府在个人与企业进行投资的阶段施行增税政策，会严重影响投资者对投资项目所预期的投资收益，投资预期效果不好，个人与企业所能获取的资本积累也将减少，会对国家或地区的经济增长产生明显的阻碍。因此，亚当·斯密认为，资本积累是影响经济增长的重要因素。综上所述，亚当·斯密提出，政府应恪守一个经济看守者应尽的义务，大力实施减税政策，不应过度干预社会经济的发展，这样才能实现更高速的经济增长。

### 2.1.2　凯恩斯的财政与经济理论

古典经济学家凯恩斯著有世界三大古典经济学理论之一的《就业、利息和货币通论》，这本书获得了欧洲资本主义社会各界的一致好评。

凯恩斯认为居民的有效需求是由社会总供给决定的，因此，他认为增加居民的有效需求是整个社会经济能够持续增长的重要因素。既定条件下，经济主体进行的消费、投资或政府购买均属于有效需求。凯恩斯理论认为，社会有效需求因为政府税收收入的增加而减少，对国家的经济会造成负面的影响，并据此提出"税收乘数理论"。凯恩斯建议政府应通过适当干预经济，提高对宏观经济的管理效率，通过财政、金融等手段激发社会有效需求，促进辖区的经济增长和居民的充分就业。凯恩斯以及凯恩斯学派从以下四个方面进行了阐述。

第一，政府财税政策的调整是改变经济增长的重要因素。凯恩斯理论认为，政府应构建一个合理的税收体系来引导和刺激消费需求。把富人身上的一部分财富通过征收税收的方式来转移给比较贫穷的人。税收乘数又分为两类：一类是税收变动对税收收入的绝对数的影响；另一类是税率变化对社会的总收入会有一定的影响。税收在某种意义上指对纳税人的一种"罚款"，高税或低税会影响实际投资。另外，税收的变化与国民收入的变化成反比，增加税收会降低辖区内居民的工资水平，使得国民收入以倍数下降，整个经济进入恶性循环，经济的发展也会受到影响，此即所谓"税收乘数效应"。

第二，财政政策是国家调整经济的重要手段。税收不应被看作个人和企业的负担，应被定义为国家调整经济的工具，政府通过税收工具能够很好地避免由于经济波动而产生的对国家经济的损耗。补偿性税收政策能够在国家经济迅速发展的时期，有效地减缓经济的过度扩张；在国家经济低迷的时候，政府可采取停止征税，甚至通过负税收（一定比例的税收返回）来增加居民可支配收入，以此增加经济的活力。经济低迷的时候越要鼓励人们的消费，降低政府征税率；经济高速发展时期，越要通过增加税负适当调节经济。

第三，自动稳定器。此学说是萨缪尔森最早提出来的，他认为累进制的税收制度是经济发展的自动稳定器，税收制度具有弹性，当国家的经济处于低迷的时候，人们的收入会持续减少，若国家不进行税率及税制的调整，国家对于个人和企业的征税所得也会随之降低，国家税收总收入的减少远远超过个人和企业收入减少的总和。同样，经济发展迅速的时候，人们的收入变高，国家税收总收入随之增加，且税收增速大于个人和企业收入的增速。同时，税收还具有乘数效应，个人和企业的收入变量与国家税收总收入的变量之间存在一个倍数的关系，税收的乘数效应能更好地发挥经济的自动稳定器作用。

第四，补偿税收政策。此学说由凯恩斯学派的汉森（Hansen）等提出：国家的税收政策能够有效调节市场，是减少经济波动的一种重要的工具，税收补偿政策在刺激经济中发挥着重要的作用。税收补偿的主要目的是减缓经济萧条时期的经济过度衰退，政府在经济萧条时期停止征税并返还之前征收的一些税款，这样能够避免经济波动对于社会的危害，保证经济平衡的发展。

## 2.1.3　供给学派财政与经济增长理论

供给学派认为，国家征税会减少社会的总供给，进而会对经济增长产生负面影响。供给学派的代表拉弗提出了拉弗曲线，他认为高税率会降低征税基础，从而降低税收总收入，严重影响经济的快速发展。

一般情况下，国家制定的税率越高，政府征收的税款越多。但国家所制定的税率超过一定限度，国家的投资和人们的收入将减少，因此，税率太高会影响到国家的税基，间接使得国家税收收入减少。税收和税率之间存在一个平衡点，若突破了这个平衡点，会造成很严重的影响，当国家的税率在某一点时，税收达到了抛物线的顶峰，此点即为国家的最优税率值；如若继续提高税率，则国家所征税款会减少。

拉弗曲线是介绍政府的收入和税率之间存在关系的曲线。从曲线上我们能够看到税率升高的同时，政府也能够征收更多的税款，但是当税率超过某一个特定税率点的时候，政府能够征收的税款就开始下降，即存在一个最优税率，能够让政府达到最高的收入。著名供给经济学家裘德·凡尼尔斯基（Jude vanilsky）指出："当税率达到最高值时，货币经济中的生产全部都会停止，不像外汇，外汇主要用于逃税。"税收收入与税率呈曲线关系，说明税收负担适度。

## 2.2　财政与经济增长的关系分析

在市场经济条件下，经济发展与财政紧密联系，财政的增长是以经济增长为基础的。经济不正常发展会对财政收入增长有所影响，经济的协调发展需要调控包括税收在内的财政政策和货币政策。国家政府的税收和社会经济之间所具有的关联主要显示在两个方面：财政是由经济决定的，财政反作用于经济。理顺这两方面之间的关系对本书继续研究是至关重要的。

### 2.2.1　经济增长决定税收

经济主要是从以下三个方面影响政府的税收。

（1）市场的经济规模能够决定政府的税收规模。GDP收入有系统核算方法，国家的主体税的税种有生产税净额包括增值税、所得税和企业盈余的劳动报酬等。由于实际上基数大，所以GDP的增长就是代表着国家的经济提升，GDP与税收也是相互影响和作用的关系，我们主要是分析政府的税收和社会的经济两者之间的关系。

投资、消费、出口对税收有着很大的影响。投资是维持现在经济社会发展的关键性因素，投资能够带动税收的增长。消费也是经济社会发展的重要因素，人们的消费能够激活经济市场的活力。国家的出口也能够带动生产，使贸易能够尽可能地提高。

（2）经济结构决定了政府的税源结构，如产业、所有制、区域经济等结构以及经济技术含量等，这些都对税源结构产生影响。

经济发展是收入增长的先决条件，经济发展，尤其是对结构的调整为主线，以及经济结构的一个重要组成部分也需要调整产业结构，只有不断对产业结构进行调节和优化，保证区域经济布局是合理的，保障国民经济不断健康发展，才能扩大地方税收来源，促进税收增多。

（3）经济体制的改革决定了税制的改革。税收分配的实质是通过经济体制改革来确定税收改革。为了有效处理行政权力之间的关系、中央政府和地方政府之间的权力，有必要进一步依据中央税和地方政府的税收管理类别将税收权力进行划分，从而形成一个有效的中央财务管理体系。

## 2.2.2　财政反作用于经济

财政对经济具有一定的影响，这种影响展现在各个经济主体经由税收要素来进行调整。税收对于经济具有两方面的影响：税收和经济之间主要表现为影响和反作用。

（1）政府制定的税收对于市场经济有重要的影响。主体税种是国民总收入的重要来源。主体税种税基广泛，对经济的调节作用具有普遍适用性。非主体税种则更倾向于规范一种或几种经济行为，同时具有组织国民收入的功能。

（2）税率对经济有影响。一国税收政策的核心要素是税率。不同类型的企业和人员适用不同的税率，税率反映一定的变化，明确国有企业和个人的所有权。税率水平表现一个国家对其经济监管的优劣，拉弗曲线证明税率不随税收的增加而上升，但在一定范围内存在一定的影响。因此，经济增长只能靠适当的税率来推动，而高税率则会抑制经济增长。

（3）税收政策对经济增长的影响。我国的税收政策中，当实际税基小于起征点和免征额时，不应向纳税人征收相应的税收。但是，当实际税基大于起征点和免征额时，起征点制度要求纳税人征收全部税款，免税额制度的实质是对超过免税额度的纳税人征税。因此，门槛制度可以保护低收入人群，而豁免制度可以使所有纳税人获得利益。近年来，我国采取减税降费政策促进经济增长的效果显著，我国的税收收入并非减少，仍有一定程度的上升，减税阶段我国宏观税收负担水平也存在一定的上升，为税制改革提供了一定的参考意义。

（4）税负会对资源配置有所影响。市场经济要求市场在资源配置中起决定性作用。税负过多就会降低市场的决定性作用，抑制企业生产积极性，不利于企业的发展和竞争。因此，税收一般用于满足公众的需要。

（5）税收征管对经济增长具有一定影响。税收征管对于税收政策的实施具有积极的意义。若我们的税收征管有效，可以在经济中起到调节作用，达到监管的效果及检验实施的税收政策是否合理有效、有无漏洞，并进一步对税收制度进行调整完善。相反，税收征管如果比较薄弱，那么税收流失就会严重，使得企业间的竞争不公平并且带来经济波动。

## 2.3  财政分权理论

财政分权（fiscal decentralization）又称财政联邦主义，是目前学界研究政府间财政关系的重要理论，其是指中央政府给予地方政府一定程度的税收权力和支出责任范围，使地方政府根据自身情况自行决定预算支出规模的大小和结构。

### 2.3.1  蒂布特的"以足投票"理论

研究财政分权理论的起点是 1956 年蒂布特（Tiebout，1956）发表的经典文献《地方公共支出的纯理论》。在萨缪尔森（Samuelson，1954）对公共支出的概念进行定义的基础之上，蒂布特提出了地方公共支出的新概念，把主流公共品理论中对全国性公共品的分析拓展到对地方性公共品的需求分析，指出居民的流动性会致使地方政府间产生竞争，应进一步提高地方政府供给公共品的效率。蒂布特指出，政府具有三项职能：收入分配、经济稳定与资源配置，应在各级政府之间进行合理的分工。蒂伯特的"用脚投票"理论指，人们在选择地方政府时是存在竞争的，竞争带来的结果是地方政府存有税收与公共品供给的最优点。中央政府不如地方政府贴近于公众，地方公众有权去选择地方公共服务的种类以及数量多少，证明了地方政府存在公共品供给的优势。理性人会考虑自身的利益，在全国范围内寻找能供给更好的公共品的地方政府并且将其与自己缴税之间组成最优组合，最大化自身的效用。在发现这种组合后，他们会相应地转移至该地区，在当地政府的管辖之下生活工作，并且消费当地的公共服务，这即所谓的"用脚投票"。①

## 2.3.2 奥茨的分权定理

奥茨（Oates）在 1972 年出版的《财政联邦主义》中再一次证实了蒂布特模型具有有效性。奥茨指出，让地方政府进行有效的产出并且供给给各自的选民，这和中央向全体选民供给特定而又一致的产出相较是更为有效的，同时，首次将财产税当作地方性公共品融资的主要来源渠道。② 基于奥茨等人在这一领域的先驱性贡献，他们所提出的传统财政分权理论也被称之为 TOM 模型。奥茨在《财政联邦主义》中，通过一系列假定提出了分散化提供公共品的比较优势，即奥茨"分权定理"：对某种公共品来说，如果对其消费涉及全部地域的所有人口的子集，且该公共品的单位供给成本对中央和地方政府都相同，那么让地方政府将一个帕累托有效的产出量提供给他们各自的选民则总是要比中央政府向全体选民提供的任何特定的且一致的产出量有效率得多。因为与中央政府相比，地方政府更接近自己的公众，更了解其所管辖区选民的效用与需求。也就是说，如果下级政府能够和上级政府提供同样的公共品，那么由下级政府提供则效率会更高。

## 2.3.3 马斯格雷夫最优财政社区理论

马斯格雷夫（Richard Musgrave，1959）作为现代财政学之父，指出了分税的七大标准，在中央和地方之间划分了政府三项职能，提出了具体的备受推广的划分原则，将税收在各级政府之间实施分配。对于收入稳定的税种，各个地区的税基不均匀而且流动性大的税种应该划分为中央税，那些流动性较小的、不会轻易转移至非当地居民的税种应该归类为地方税。收益性的税收还有收费可以安排至地方各级政府。税务部门要遵守以下原则：（1）中央政府主体职责是维持社会经济的稳定发展，所以有经济稳定功能的税种应被划分为中央税，由中央负责征收，有的税种税收收入波动较小、征税的周期性相对稳定，要归为地方政府管辖；（2）有收入再分配功能的税种归中央政府管辖，

---

① Tiebout. A Pure Theory of Local Expenditures ［J］. Political Economy, 1956（5）.
② Oates. Tax Policy in the Real World ［M］. Cambridge University Press, 1972.

有益于在全国范围内实现公平；（3）税种在各地区税源分布不均匀，很容易致使地区间税收收入不均衡，应该由中央政府来负责此税种的征收；（4）生产要素流动性弱的税种要划分给层次较低的政府；（5）生产要素流动性较强的税种要划分给中央政府，可以达到有效防止资源扭曲生产要素配置的目的；（6）依附于居住地的税收要划分给地方政府；（7）收益性税收及使用者收费对于所有级次的政府都是适用的。

### 2.3.4 布坎南的俱乐部理论

布坎南1965年所提出的俱乐部理论对地方政府的规模给予了理论支持。布坎南提出"俱乐部"理论来检验地方分权是否合理，进一步探究在外部因素的约束下某一个俱乐部确定自身最优成员的数目。此理论核心内容包含两方面：一是伴随着俱乐部成员规模的增加，边际服务的成本会不断降低；二是伴随着新俱乐部成员参与进来，边际拥挤成本将会上升。所以俱乐部成员的最佳规模数目恰恰就是外部不经济所产生的边际拥挤成本，刚好等于内部经济所节约的边际服务成本，即图2-1中的E点。

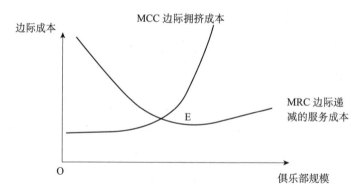

图2-1 布坎南的俱乐部理论

### 2.3.5 第二代财政联邦主义

第一代财政联邦主义备受蒙特诺拉、钱颖一和温格斯特等学家的质疑，这些学者是新公共选择理论学派的代表，他们所主张的理论是市场维护型的财政联邦主义（market preserving federalism），他们讨论政府间财政关系的时考虑引进了政治因素，强调了分权所带来的有益之处，更深层次发展了传统财政分权理论，被称作是第二代财政分权理论。基于公共选择理论的视角，政府并不是仁慈、高效率的最大化社会福利者，相反政府是自私而又贪婪地想要达到最大化税收的。与理论的均衡条件作比较，公共品供给需求的现实均衡机制实际上显得更重要，传统的公共财政理论注重现行政治制度下的理论均衡条件的推导，而公共选择理论关注更多的则是各种结果所带来的政治机制。市场维护型的财政联邦主义对于传统财政联邦主义理论的政府模型假设同样也是反对的，对于公共选择理论的邪恶政府假设也不赞成，其旨在设计政府结构的同时，若也可以考虑与之相应的激励机制，使各级政府都有合适的权利与义务，进而将政治体制纳入市场机制的架构里面，可以很好地维护与促进公共品与服务领域实现有效市场机制。该理论引入企业在机制设计等微观经济学方面的最新成果使得对财政分权进行的研究分析与传统的规范分析相比，更进一步地丰富和完善了财政分权研究的内容，更深层次对财政分权理论进行了丰富与发展。这些理论对财政分权都持有支持态度，因为财政分权对于改进完善不同层级政府的激励是很有帮助的，也可以提升资源配置效率。第二代财政分权理论认为，民选的议会代表、中央和地方政府各级官员之间也形成各种各样类型的委托代理关系，因此有必要设立相对应的激励机制来推动社会福利达到最大化。财政分权的优势与劣势被深刻探讨。钱和温格斯特（Qian & Weingast，1997）指出，分权对于形成"市场保护型"的财政联邦制是有帮助的，在这种体制下中央和地方政府清晰界定相互间的责权利，且地方政府主要负责本地经济的发展。他们认为，这一体制可以促成一种有益于维护市场的地区间的财政竞争，更深层次强化地方政府对于预算的硬性约束。但有学者如古德斯皮德和罗登（Goodspeed，2002；Rodden，2006）则指出，分权所带来的财政援助问题会很大程度弱化地方政府的预算约束。地方政府具有与预算有关联的大多数权力时，考虑到中央政府不会忽视它们可能面临的财政困境（尤其是经济发达、有全国性溢出效应的地区），地方政府会更愿意选择风险性更大的预算政策，在发生地方财政危机时中央政府不得不进行相关援助，进而使地方政府财政平衡的要求名存实亡，不益于全国的经济稳定发展。基于第一代财政联邦主义基础，第二代理论新加入了对财政分权与经济增长相关性的研究，给予财政分权新的政策定义。他们将政治因素纳入对政府间财政关系的讨论中来，使传统财政分权理论得到进一步的深化和发展，被称为第二代财政分权理论。

## 2.4 地方财权划分理论的界定

### 2.4.1 地方财政与转移支付基本理论

#### 2.4.1.1 地方性公共品及供给理论

按照受益范围的不同，把公共品划分为全国性公共品和地方性公共品。对于大部分公共品和服务来说，有其特定的受益区域。也就是说，一定区域内的公共品与服务一般是地方政府供给的，地方政府的基本职能显现在三个方面：一是各级地方政府而不是中央政府，来供给地方性公共品；二是受益范围通常限制于某个区域范围内，而且在区域内受益分布特别均匀；三是本辖区范围内的居民是此公共品的主要受益者。在各级政府中，中央政府要负责的是供给全国性公共品，但是不可以包揽供给其他层次的公共品，否则特别容易使得效率变得低下。

地方性公共品具有"纯"与"准"之分，地方政府供给的公共品数量中，准公共品的份额比重相对较大。以气象预报和社会治安这两种公共品为例，气象预报提供非竞争性的利益给当地的居民，每位居民在气象预报里面所得到的利益，在其他地区的居民的大规模数量迁入本地区的情况下，不会变少或者受到损失，所以气象预报是一种比较典型的纯公共品。相比较来说，地方性公共治安的状况完全不一样，假若越多的居民移入本地，肯定会有更多的治安问题产生，使得警方警力分散，原来的公安系统对当地原有居民的利益将会降低。因此，要辨别"纯"与"准"地方性公共品，主要是观察这种公共品的消费是否会因为居民的人数变多进而产生拥挤。对于确定准公共品的最佳人口数目，可以使用简单的拥挤函数 $A = X/Na$ 来表示。其中，等式左侧表示的是消费，右侧表示的是生产；A 表示的是公共品数量；X 表示的是个人实际消费的公共品数量；a 表示的是人口递增函数的拥挤参数。在图 2 - 2 中，当人口达到 n1 之后，a 即随之增加。

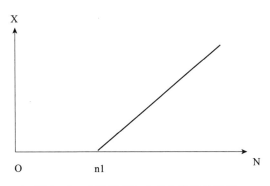

**图 2 - 2　人口数量与准公共产品的提供**

对于确定某个地区内消费准公共品的最佳人数，可以用图 2 - 3 来进行分析。其中，X 轴代表的是地区居民人数，Y 轴表示的是每位居民消费准公共品 Q 的受益或成本。曲线 PB 代表的是伴随着居民总人数的变多，每位居民受益的相应变化情况。PC 则代表的是因居民人数变多每位居民负担成本的相应变化。可以很容易地看出，当曲线 PB 上某一点（M）和曲线 PC 上的点（N）之间的垂直距离最远时，每位居民从公共品中得到的净效益是最大的；与之相对应的，该区域里消费准公共品 Q 的最佳人数是 A。

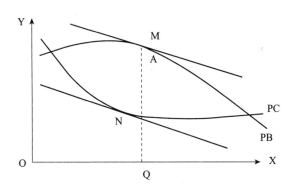

**图 2 - 3　享用准地方公共产品的最佳人数的确定**

### 2.4.1.2　地方性公共品的均衡分析

相对于全国性公共品而言，地方性公共品是各级地方政府负责提供的，能为本区域内居民所受用。地方性公共品有两个特征：一是受益范围大体被限制于本辖区内，且在区域里的分布均匀；二是其外部性相比于全国性公共品要多很多。其第一个特征相对来说较易理解，第二个特征很大程度上取决于两个方面：一方面是因为某个国家的各地区之间的经济、政治、社会、文化联系是紧密的，区域间时常会有人口流动（频繁地短期的人口流动）；另一方面，不是依据公共品受益范围来进行划分、规定行政区域之间的界限，而是历史自然形成的。所以地方公共品的外部性问题较全国性公共品而言是难以避免的。因此，本地区供给的区域性公共品的边际社会收益总和与边际社会成本几乎不相等同，但边际社会受益与边际社会成本相等，基于效率原则要求，边际社会受益与边际社会成本相等。之所以出现"约等于"，是因为本地区供给的地方性公共品的边际社会受益的很小一部分外溢到附近的地区，使得该公共品的边际社会受益与边际社会成本在本地区内存在某种不均衡。

### 2.4.1.3 地方公共品的有效提供

对于地方公共品的有效提供问题，与供给主体的选择密不可分。理论上，中央政府同样能供给地方公共品，考虑效率因素能得到更加清晰的结论。很好理解，地区居民对地方公共品的需求不一样，中央政府若供给地方公共品，就要考虑每个地区的需要，选取合适的"量"，这个"量"尽量考虑到每个地方的综合需求。这个"量"对某个地区或许是有利的，但对于其他地区也许并不合适，所以会带来一系列问题，比如，有益的地区公共品数量太多、供给成本相应也增加，但其他地区供给量却并不充分。适度分权的财政体制下，地方政府相对于中央政府，可以很好地针对本地区居民的消费喜好，供给适量的本辖区内的一般性公共品和服务，并有利于减少供给公共品和服务的成本。

图 2-4 对这种比较进行了说明。图中，横轴 X 代表的是居民人数，纵轴 Y 代表的是居民对公共品的偏好。假如 A、B、C 三个地区对公共品的需求曲线分别用 $U_a$、$U_b$、$U_c$ 来表示，在三个地区的居民人数都是 E 的时候，对公共品的需求量是不一样的。中央政府若统一供给这三个地区的公共品，那中央政府就要整体思考，选取三个地区对公共品的需求量的平均数，把提供这种公共品的水准定为 G。如图所示，G 点距离 $U_b$ 最近，所以满足 B 地区居民的程度是相对比较高。若 G 没有达到 $U_a$，也就是说，它对于 A 地区居民的需求基本不能满足。若 G 超过了 $U_c$，说明 C 地区的公共品是供大于求，会浪费资

源。假若适应地方公共品内在的规定性限制要求，由对本地区居民负责的各地方政府来供给，则能依据需求与可能的变化，尽力向 A、B、C 三个地区供给比较有水准的公共品，相比中央政府来说，更加贴近满足各自地区对地方公共品的喜好与需求。因此，地方政府有可能更有效地提供地方公共品和服务。

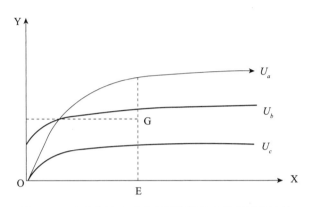

图 2 - 4　中央和地方政府分别提供地方公共品的比较

## 2.4.2　财政政策促进经济增长的作用机理

### 2.4.2.1　财政政策与技术创新的作用机理与效应

技术创新是落实"科学技术是第一生产力"的关键，是国家创新推动发展战略的重要内容。促进创新技术、加快科技成果产业化的步伐已经成为目前世界各国科技政策的新趋势。技术创新是科技与经济密切联系的关键环节所在，促进经济发展方式的变化，强化国家核心竞争力都要依靠科技的进步发展。只有把作为第一生产力重要体现的科技成果应用到广泛的生产实践中去，方能更好地提升我国的经济增长质量，达到经济增长方式两个根本转变的目标。要想将科技成果转变为现实生产力，变成规模效益，既要科技工作者的不断努力，也需要国家出台相应的政策措施，创造有利于成果转化的环境条件，加快成果转化的脚步。技术创新系统工程是比较复杂的，所涉及的范围比较广阔，要科研机构、企业、中介服务和政府多方共同努力才可以有效运行。2015 年 8 月 29 日，第十二届全国人民代表大会常务委员会第十六次会议通过《中华人民共和国促进技术创新法》，在推动科技成果处置、收益权改革，完善职务技术创新的奖励、报酬制度，加强科技成果信息发布，强化企业参与科研组织实施程度等方面都有一系列的突破，意在打通技术创新的各个链条。因此，深入探析技术创新的运行机制，明确技术创新各个子系统的职能分工，是本书研究的前提与基础。近年来，加大政府资金投入，提高科研成果转化率，提升科研创新能力，已经成为国际共识。无论是发达国家还是发展中国家，都纷纷加大了科研投入，促进科研成果转化。为顺应世界潮流，我国也提出了坚持自主创新、加速创建国家创新体系的战略目标。发挥财政的积极促进作用、提升科研成果的有效转化率，是我国创新推动发展战略的重要一环。

### 2.4.2.2 税收政策对消费的影响效应与作用机理

税收政策刺激消费的直接作用。主要有两种：一种是刺激消费的收入效应，是指政府征税后使得居民的可支配收入减少，降低居民的消费能力，使得其对商品的需求减少；另一种为替代效应，是指通过征收增值税、消费税、营业税、关税等来对商品的价格有所影响，重新在不同商品间分配资源。若对某种商品开征消费税，此商品的价格就会变大，居民就会减少消费，商品替代品的消费量就会增加、互补品的消费量就会相应减少。

税收政策刺激消费的间接作用。主要有两个方面：一方面，税收政策会通过替代效应在调节产品结构与相关产业结构中发挥重要作用。政府可以通过选择性的商品税率，抑制对于能源消耗型商品的消费，而相对应地鼓励支持绿色、合理消费，改良消费环境；另一方面，通过对新兴产业进行税收减免，达到扩大消费领域、刺激居民消费的效果。在 GDP 及政府购买和净出口一定的开放条件下，消费和投资二者之间是此消彼长的关系，也就意味着降低投资可以刺激消费增多，相应的增多投资会降低消费。所以，政府能通过实施税收政策在一定程度上对投资进行抑制，间接地刺激消费。

### 2.4.2.3 税收政策对投资的影响效应与作用机理

税收对投资的影响效应和作用机理。《中共中央关于社会发展第十三个五年规划的建议》中明确指出：经济增长的关键任务是投资对经济增长的作用以及优化投资结构。优化企业的投资结构是我国"十三五"规划的重要内容，其对促进经济结构转型有重要影响。税收政策是刺激企业投资、引导投资结构优化和资本使用，并对投资产生潜在影响的重要调节方法，对正处于经济转轨中的中国而言促进企业投资实体经济更加重要。

（1）税收对企业投资结构的偏向效应。实证考察税收激励、流动性约束对企业投资结构性偏离问题的影响。企业的投资支出里有偏向权益性投资的倾向，只是程度不一样，相对于固定资产投资来说，税收激励对企业权益性投资的促进作用影响更大，现金流变多会提升企业的固定资产投资份额，但民营企业的权益性投资对现金流增多并不敏感。理顺技术创新中政府与市场的作用边界，阐明税收作为政策工具的作用机理与效应显得尤为重要。

（2）税收政策对促进企业投资效率的效应。基于委托代理理论，深入探讨了税收政策与企业投资效率两者之间的内在联系，通过选取 A 股上市公司样本，实证检验税收政策和税收征管有益于提升企业的投资效率，税收征管有益于缓解企业避税与企业投资效率之间的相关关系。

### 2.4.2.4　财政科技投入对经济增长的影响效应与作用机理

财政科技投入对经济增长的影响起步于 20 世纪有关新经济增长理论的研究，有的学者提倡鼓励政府发放补贴给相关研发企业并且对其减免税收，且促进更多的社会生产要素投入到技术研发部门，进一步推进经济增长发展和增多社会福利，主要代表学者有阿罗（Arrow，1962）、罗默（Romer，1990）、巴罗（Burro，1990）等。国外的学者逐步将政府科技投入吸纳入经济增长模型中，推测计算其对经济增长所带来贡献率的多少，在探究企业内生技术进步中，格罗姆和拉维库马尔（Glomm & Ravikumar，1994）最早提出将政府财政科技投入当作影响因素归纳到经济增长模型里。帕克（Park，1998）假设政府科技投入对经济增长具有间接的影响作用，使用扩展的罗默内生增长模型探究其通过对外部性产品知识的正向积极作用提升企业的研发效率，对于经济的发展有促进作用。格罗斯曼（Grossmann，2007）利用政府财政科技投入的经济增长模型，实证分析得出：政府财政科技投入对推动经济增长具有明显的作用。吕忠伟（2006）基于对经济增长与财政科技投入的传递函数模型建造的基础上，实证分析了财政科技投入与经济增长间的作用关系，结论是这种影响存有很明显的滞后效应，约为三年的滞后时间。

国内部分学者使用计量经济学的方法，如协整分析方法、格兰杰的因果检验方法等针对财政科技投入对经济增长的推动效应进行了有关实证分析研究。祝云和毕正操（2007）使用计量经济学的协整分析方法实证分析了我国1978～2005年财政科技投入与经济增长之间所具有的关联，最终得出结论是二者间是显著双向因果关系。赵立雨和师萍（2010）使用协整分析法来实证分析我国1989～2007年财政科技投入与经济增长之间所具有的联系，结论得出二者间是长期均衡关系，政府财政科技的投入可以高效率促进经济的增长与发展。张金胜（2011）运用协整分析方法与格兰杰因果分析方法实证分析中国财政科技投入与经济增长之间所存在的联系，最终得出结论是，二者间是明显的双向因果关系，且中国财政科技投入对于经济增长的贡献率高达13.24%。

在探究财政科技投入对经济增长作用强度与时间的关系方面，朱春奎（2004）使用单位根检验、协整检验和误差修正模型实证研究了中国1978～2000年财政科技投入与经济增长之间所具有的关联，得出二者有显著的长期均衡关系，站在短期视角来看，两年的财政科技投入对经济增长有显著推动影响作用。张明喜（2010）选用我国1978～2008年的数据，实证分析研究了财政科技投入对经济增长的影响，最终得出结论，短期弹性是0.212，长期弹性是0.658。王凯和庞震（2010）在VAR模型基础上使用协整分析的有关方法，实证分析我国1978～2008年财政科技投入与经济增长之间所具有的关联，得出财政科技投入可以明显正向推动经济的增长与发展，但是在一定程度上存在时间滞后与边际递减效应。俞立平和熊德平（2011）使用状态空间模型、向量自回归模型、脉冲响应函数、方差分解分析等方法实证分析财政科技投入与经济之间的动态关系，状态空间模型的测算结论是财政科技投入对经济增长的弹性系数并不是稳定的，在正负间不断波动，脉冲响应函数和方差分解的测算结论是财政科技投入对经济增长的作用要分开来看，短期作用并不是很大，长期作用就相对明显。

市场经济下企业是经济发展的主体，技术创新是企业的生命力。新的经济环境下，企业以高新技术调整基础产业结构以求取更大的进步发展，国家提供财政政策以支持其自身发展。对于政府干预技术创新是否具有合理性，阿罗

（Arrow）与纳尔逊（Nelson）最早使用了"市场失灵"理论，系统地研究了技术创新历程里的市场失灵对该领域带来的影响。阿罗指出，技术创新的收益并不是独占性的，而且创新过程是不能被分割开来的，同时本身也具有不确定性的特点，致使资源不仅仅靠市场力量就实现最优配置。依据新制度经济学的相关观点，影响经济增长的主要因素应该是制度，技术向前进步与提升投资等因素并不是影响经济增长的因素，而是经济增长其自身所具备的。该学派主张的基本观点是，制度对资源配置、市场失灵的处理都具有影响效应，良好的制度是推动经济增长的根源。诺斯（North）作为新制度经济学的代表人物，指出正式约束（如法律）与非正式约束（如习俗）构建了经济激励架构。

## 2.4.3 地方财权划分的基本原则

### 2.4.3.1 夏普建议

美国哥伦比亚大学教授夏普（Sharp，1949）根据第二次世界大战战败后日本中央集权型财政体制导致严重的地方财政危机，通过实地调研，提出著名的"夏普建议"，即日本应在明确地方各级政府行政责任的前提下，合理结合地方自有财权对地方各级政府间的财权与事权进行再分配。

夏普教授针对日本的地方财政情况分析得出：地方财政分权的首要基础是在中央与地方间合理划分事权和支出责任，他对地方财政的收入不抵支出、地方发行债务要受到中央政府的要求限制等一系列问题提出了划分地方政府间事权和财权的三项基本原则：（1）须明确划分事权与支出责任。详细划分界定地方政府事权，并且对事权的行政归属进行区分，每级政府都有一定的支出责任，明确各级政府事权的行政归属。（2）达到最优财权事权效率。划分政府间事权与支出责任要多多思考政府规模大小及运行承受力。财力的分配必须和事权的分配相互联系挂钩，把财力分配到能力强且与事权相互匹配的政府层级，努力达到财力与办事的最优效率。（3）下级政府优先原则。要坚持进行地方政府分权化改革，假如相邻的上下层级政府对于同一事权都可以承担，要优先思考两者中偏下一级政府当作此事权的承担者，进而可以促进地方进行自治。"夏普建议"对划分地方政府间支出责任有着比较积极的理论指导意义。

财政分权理论不断完善的过程中，奥尔森和巴斯塔布尔（Olsom & Bastable，2000）等经济学家基于"夏普建议"，对地方财政分权基本原则进行了充实和拓展，进而提出了依据公共服务受益范围对不同政府层级间的支出责任进行划分，达到公共品的受益与成本、负担者能力相一致。①

### 2.4.3.2　政府间分级划分事权的原则及模式

按照行政事权划分理论，政府职能主要包含收入分配职能、稳定职能和资源的配置三项主要职能，其中，维护稳定和调节收入分配职能主要由中央政府负责履行，而地方政府主要履行资源的合理配置。各政府间事权划分的主要原则如下。

以市场经济为基础。以市场经济为基础原则即为合理划分政府与市场边界，当经济出现波动时，市场能够自行有效调节，政府不必干预；当市场无法充分有效调节时，政府才能通过财政或者货币等政策进行干预和调节，以确保市场健康有序地发展。

效率优先原则。当两级甚至多级政府都可以承担该项事务时，哪级政府处理事务的效率更高，则由哪级政府来承担此项任务，而不以政府间上下级来划分。

按照事务的属地原则。按照不同层级政府管辖范围确定事权所属，属于全国范围的事务交予中央政府承担，地方政府事务则交予管辖地区的地方政府承担。②

### 2.4.3.3　事权划分模式

不同政府层级及不同地方在事权和职责划分上存在着比较明显的差异性，我们按照同性的一般规则及公共品提供的性质来看，仍然具有一般规律。

国家层面的公共事务。能够体现整体国家层面的公共支出项目，包括能够体现政府整体利益、全国范围内统筹安排的事务以及对外国际事务等公共项目支出。具体如图2-5所示。

① 张立承. 省以下财政体制研究 [M]. 北京：经济科学出版社，2011：18-20.
② 项怀诚. 中国财政管理 [M]. 北京：中国财政经济出版社，2001.

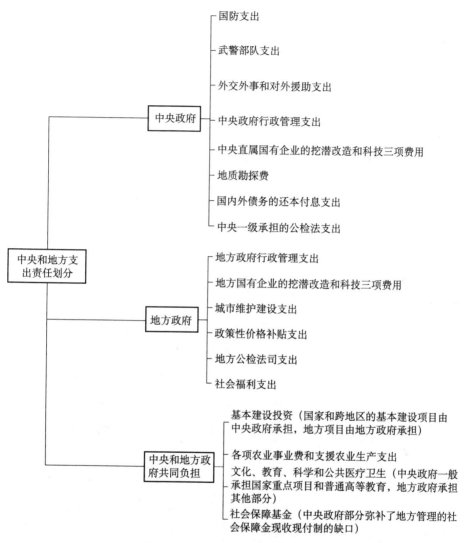

图 2 - 5 中央和地方支出责任划分

## 2.5 地方财政体制与政府层级

政府层级设置是行政管理的重要内容，对于提高政府管理效能有着重要的意义。国家按照其自身的历史文化、国土范围、人口规模数量及密度、交通运行情况、通信技术、经济社会体制、国家结构形式等众多因素，来设置地方行政层级，以此保障国家行政管理稳定、有序、高效地运转。

## 2.5.1 政府层级设置分析

判断最佳行政层级设置应充分考虑是否符合一国具体国情、能否提高行政管理效率、能否推动社会经济发展等因素。就行政层级设置与行政管理效率而言，不同国家地方行政层级设置不一样，地方行政层级设置较少的国家，有多重优势，如较高的稳定性、变动相对较少、可以较好地适应经济社会发展等。地方行政管理层级如果设置过多会存在较多缺陷，如行政人员编制太多、行政机构效率低，官僚主义、地方主义比较等。因此，很少有国家将地方行政管理层级设为四级或四级以上，大部分国家将地方行政层级设置成二级或者三级。

## 2.5.2 地方财政体制与政府层级设置协调

我国的地方税体系自分税制实行以来，在地方税体系形成的过程中，展现更多的是从高度集权为主向适度分权的变化与过渡。此过程中，不仅产生一定意义上实质的分权，同时还需掌握适度的分权，即需要合理解决分税制各个要素在地方税和中央税两种体系之间的有机协调。

划分税收收入时，中央与地方各自的事权应作为主要依据，以此体现事权和财权的统一。然而，从各国的实践来看，地方税（涵盖共享税中的地方分成份额）所带来的税收收入基本小于地方政府为实现其职能所需的所有财力，另一部分来自中央对地方的转移支付。因此，确定地方税收入规模可以使用的标准是：满足地方政府实现其基本职能所需的基本财力。若保持地方政府能够有效运转、供给区域性基本公共品所需的财力，差额部分可以由中央政府提供转移支付。确定中央税收入规模则须达到中央政府实现其各项职能所需要的财力要求，还须依据转移支付与财力均等化目标判断中央对地方政府的转移支付所需的财力规模。

综上所述，保障地方税收入规模与地方政府事权和中央税收入规模实现有机协调，税制架构应分析划分中央税和地方税的依据原则与相应思路。依据以上思路分割税种，体现税种性质的异同和征收的难易程度，还应益于激发中央和地方征管积极性、主动性。从此实现中央税与地方税税制结构间的协调。划分税收权限时，所依据的一个基本原则是在中央有效监督和管理下，给地方适度的税收权。

设置税收征管机构时，分设中央与地方税收征管机构模式，要严格划分批次的征管范围和权限，特别是对于中央与地方共享税的征收管理，可能会出现扯皮、争抢税源、对纳税人重复征管的情况。对于中央与地方税务系统征管的权限、范围及内容等要进行科学合理的划分，提升征管的效率和质量，减少税收征管成本，保障税款准时足额收缴入库。

### 2.5.3　地方财政体制与政府间财权和事权划分

#### 2.5.3.1　政府间财权和事权划分依据

按照社会主义市场经济体制的政府职能界定、政府间职责划分等要求，结合我国实际，中央与地方政府间事权与支出责任划分应遵循以下基本准则。

一是要有益于形成合理的政府与市场边界。界定政府与市场职能的合理界限是一个国家经济是否可以健康发展的重要制约因素，政府对市场的干预应有限度。在市场失灵的情况下，政府有必要介入其中，但也要提防政府过度使用审批权力，造成政府失灵。

二是有助于构建激励相容的事权结构。中央与地方事权划分，主体是中央和地方各级政府，中央和地方政府二者都应具有独立的利益诉求，存有利益矛盾时不能被否认，所以应充分调动起中央与地方政府的积极性，这决定了中央政府在划分政府间事权过程中要负担主要的责任，其大部分支出责任应由中央政府来行使。划分政府间事权要基于我国政府治理的情况，以中央政府为原点，按照激励相容机制来抉择支出责任向地方政府发展延伸。中央政府在确定地方政府的支出责任时需要思考相应的激励相容机制，也就是支出责任与地方政府动机二者间要保持一致，地方政府要有巨大的动机来行使某项事权。激励间若互不相容，应让中央政府来行使事权。假若不能满足激励的相容条件，即便是出于外部性、信息处理、规模经济等这些其他原则，也不能事先考虑转移事权所能取得的收益。

三是有助于公共服务的有效供给。划分事权与支出责任需要保证能有效提供公共品与公共服务，保障所提供的所有公共品或者公共服务都会有相应级别政府来对此负责，防止发生在和公众福利有关的公共项目上，级别不同的政府间相互推脱，这会对居民的福利水平产生影响。此外，划分责任还需行使该支出责任的相关政府最大效率履行自己的职责。站在外部性角度抑或规模经济角度，级别相对较高的政府都要渐渐拓宽直接向居民供给一定的公共服务。对中央政府、省级政府都是一样的。每一级政府，如省级政府这样较高层级的地方政府，应将所有的管理机构渐渐过渡为提供公共服务的重要环节，对于自身的定位，应把自身看作对中央政府政策上传下达的主要环节，同时把自身当作是提供公共品和服务的历程中不可或缺的重要角色。

### 2.5.3.2　地方税权划分

美国著名的财政学家塞里格曼（Seligman，1967）指出，税权划分应遵循效率性、适应性、恰当性三个重要的原则：（1）效率原则（efficiency），就是用征税效率的高低来进行中央税与地方税间的划分，所得税应该划归为中央政府，其征税效率相对比较高，税收收入划分的具体归属要决定于税收征收效率的高低；（2）适应性原则（suitability），对划分税种的一个原则为税基范围的广狭，税基相对比较广的税种要归为中央统一进行征收；（3）恰当原则（adequacy），用税负公平与否来当作分税的标准，出于能让所有人税收公平而设立的税权应该归属于中央，有些税种仅仅涉及地区则应该归为地方。税负公平与否且其公平程度多少也可以作为一项很重要的划分根据。塞里格曼（1986）指出，此项原则可以清晰地对各个税种进行划分，对认识税收的不同属性是有帮助的，也可以让政府更好地发挥税收杠杆作用，促进税收公平地实现和有效地提升税收征收效率。

加拿大学者杰克·明茨（Jack Mintz，1998）站在政府构成的政治学与行政管理方面，提出了划分税收的下列原则：（1）划分税收要尽可能维持税收中性；（2）尽可能简化税制提升工作效率；（3）各级政府运用政策工具尽可能使得税收与事权相互匹配适应；（4）各级政府的税收与事权间的关系要做到相互对应；（5）尽可能使得各地区居民间的税负保持公平。

关于地方税主体税种：诺雷加德（Owens-Norregaard，2001）指出，地方税的主体税种要有下面的几个特征：（1）税基有非流动性，同时税源是稳定的；（2）用受益原则课税；（3）税源在不同地区间是有差异的，地方政府征收管理的税收行政效率相对比较高。他的观点和马斯格雷夫是不一样的。英国学者大卫·金（David King，1992）的观点与此相对应，他认为地方政府在征收的时候应该做到不征高额累进税、流动性较大的税、易转移至非本地居民身上的税种、本地居民不能直接察觉的税。威尔逊（Wilson，1999）描述了美国进行彻底分税的路径，三级政府主体税种分别是所得税、销售税、财产税，由此每级政府税种收入都比较稳定。奥茨（Oates，1999）认为，要在中央与地方政府之间合理分配公共税收职能，他认为，地方政府主要收入来源可以是财产税。

## 2.6　本章小结

本章对经济新常态下促进区域经济发展的地方财权划分政策研究的相关理论和文献进行了梳理。

地方财权划分理论的界定包括三个方面。第一个方面是地方财政与转移支付基本理论：依据地方公共品及供给理论，对地方公共品的均衡进行分析，研究地方公共品的有效提供。第二个方面是财政政策促进消费、投资、技术创新等经济增长指标的作用机理：研究税收政策与技术创新的作用机理与效应以及税收政策对消费的影响效应与作用机理。第三个方面是地方财权划分的基本原则，主要有三个：（1）夏普建议。依据公共服务受益的范围领域对不同政府层级间的支出责任进行划分，进而达到公共品的受益与成本、负担者能力一致的目的。（2）政府间分级划分事权的原则及模式。以市场经济为基础，按照效率优先原则、事务的属地原则。（3）事权划分模式。按照同性的一般规则及公共品提供的性质来划分。地方财政体制与政府层级的设置：每个国家都是按照其自身的历史文化、国土范围、人口规模数量及密度、交通运行情况、通信技术、经济社会体制、国家结构形式等众多因素来设置地方行政层级。区域经济发展的理论应从两方面分析：一是税收与经济增长理论。亚当·斯密提出，政府应做好一个经济看守者应尽的义务，不应过度干预社会经济的发展，实现经济增长的最大化。凯恩斯认为，人们的需求是由供给决定且供给必须是有效的，增加人们的有效需求是整个社会经济能够持续增长的必要因素。传统学派认为，税收和税率之间有一个平衡点，如果突破了这个平衡点，则会造成很严重的影响。二是税收与经济增长的关系分析。经济增长决定税收，税收反作用于经济。以上分析为第 3 章对我国各省份地方财权划分体制的分析研究夯实了理论基础。

# 第 3 章

# 地方财权划分的比较研究

## 3.1 概论

政府间财政事权主要按照三个原则进行划分：一是受益范围原则。如果某项支出对区域外的地方产生影响，具有一定外部性，就应当由更高级次的政府承担。二是信息复杂程度原则。信息获取和处理越复杂、越可能造成信息不对称，越应由地方特别是基层政府负责。三是调动积极性原则。财政事权划分要充分体现权责匹配，有利于各级政府积极主动履行职责和激励相容，实现总体利益最大化。为避免扭曲市场并调动地方积极性，主要按照税种属性划分各级政府收入。通常将体现国家主权的税种划为中央收入，如关税、进口环节税收等；将税基较为稳定和地域化属性明显的税种划为地方收入，如房产税、市政税等；将税基流动性较强、地区间分布不均衡的税种划为中央收入或中央按较高的比例分享，如增值税、企业所得税等。主要税种通常作为中央收入或共享收入，共享时中央占比一般较高。

按照收入和财政事权划分基本原则，形成中央财政事权有限但财力相对集中、地方财政事权较多但收入有限的格局，产生纵向的财政不平衡。同时，地区间经济发展差异较大，按统一规则划分收入后，地区间财政收入不均，形成横向的财政不平衡。为此，需要运用政府间转移支付加以调节。从国际通行做法看，转移支付通常包括一般性转移支付和专项转移支付两类，前者属于无条件拨款，后者需要按规定用途使用。一般性转移支付主要用于对地方事务的补助，专项转移支付主要用于中央委托事务、中央和地方共同事务以及需要引导和鼓励的地方事务。也有国家对教育、卫生等涉及基本民生的中央和地方共同事务，实施介于一般性和专项转移支付之间的分类转移支付模式。总体上看，各国转移支付制度和转移支付方式的选择，与本国历史、经济、政治、文化等具体国情紧密关联，既有共同遵循，也有个体差异。

我国的政府架构包含中央、省（自治区、直辖市）、市（地区、自治州）、县（自治县、县级市）、乡（民族乡、镇）五级政权，按照"一级政权、一级财权"的配置原则，财政体制也相应划分为五级。省以下财政体制是国家财政体制的重要组成部分，是中央对地方财政体制的延伸与扩展，同时也是贯彻落实国家财政治理的"一线平台"（贾康，2008）。我国地域辽阔，各省份在资源禀赋、区位环境等多方面存在较大差异，"一竿子"到底的财政制度显然不适合我国地方政府发挥财政效能及地方经济建设。1994 年分税制改革以来，中央与地方政府间财政管理体制逐步建立与完善，而各省份的财政管理体制则由本省根据"省情"，比照中央与地方的财政机制配置"颇具特色"的省以下财政体制，并通过"税收分成"对本省的税收收入按照不同模式在省级与地市（直管县）级政府间进行划分。我国地方政府具有显著的"中国式"分权特色：在高度政治集权和财政相对分权的框架下，地方政府拥有的只是"征收权"，即不完全税权，故税收收入的划分是地方税收分权的主要组成部分（白彦峰，2010）。在五级政府设置背景下，省以下政府的制度框架是奠定地方分税制顶层设计的基石（邓子基、唐文倩，2012）。党的十八届三中全会进一步强调政府的事权与支出责任要相匹配，在"营改增"全面完成后，地方主体税种空缺、财力配置成为当前待解决的重要问题。政府的层级决定了财政的层级，财权与事权的合理划分迫切需要改革我国的省以下财政体制，缓解基层财政困难。2016 年 8 月 16 日，国务院下发了《关于推进中央与地方财政事权和支出责任划分改革的指导意见》，明确提出要加快省以下财政事权和支出责任划分，省级政府要按照财政事权划分原则合理确定省以下政府间财政事权，根据省以下财政事权划分、财政体制及基层政府财力状况，合理确定省以下各级政府的支出责任。地方政府间的"税收分成"是省以下财政体制的核心环节，关系着地方政府间收入分配与财力配置。"一省一式"的省对地、市级政府的税收收入划分方案考量着省级政府在处理分级管理体制下的分权性制度协调能力，且对地、市级政府进行自我管理，以及地方政府的行为能力、制度创新异质性与辖区内要素流动性等经济问题的分析与中央及省级政府层面的政策问题存在着明显差异，因此，地方财权划分制度的研究能够较好地从一个侧面反映政府与市场的关系和政府间的财政关系，对研究中央与地方财政关系和地方政府间财政关系具有重要的意义。

财政分权在学界被普遍认为是当前经济发展中关于政府职能能否充分发挥的关键性问题，政府间财政分权和政府与市场间分权构成了财政分权的两个"面"，其中，政府间财政分权问题决定着政府行为方式，进而影响着经济增长，其重要性不言而喻。学者们对政府间财政分权的关注度普遍较高，但研究的视角多从中央与省级政府层面的财政分权角度入手，如中央与省级政府间财政收入分配、地方税结构、中央与地方税制设计（张晏、龚六堂，2004；刘金涛、杨君和曲晓飞，2007；周业安、章泉，2008）等问题，而对于省级政府对下级政府的财政体制设计、税收收入划分等问题则关注不多，究其原因，是省以下财政体制变化数据较难收集和整理。目前，官方公开的省以下财政体制的数据只有财政部 2006 年发行的《中国省以下财政体制（2006）》，2006~2015 年的各省份省以下财政体制数据只有靠手工收集，给具体分析省以下财政体制带来了较大困难。也有一些学者对省以下财政体制政策开展研究，对于省以下财政体制整体统筹分析及研究起步较晚，且研究视角多置于对省以下财政体制的研究。学者们对于省以下财政体制研究多基于宏观分析政策制定，通过收集各省份印发的本省财政体制文件对地方财权划分制度、转移支付制度及财政收支状况展开研究（贾康等，2005；崔运政，2011；邓子基，2012；张立承，2012；徐绿敏，2015）。本书与上述研究不同的是主要做了以下几方面工作：收集和整理了各省份 1993 年以来的省以下财政体制文件，总结了现行我国地方财权划分的主体形式，并将各省份的地方财权划分数据进行进一步分析，通过纵向与横向比较分析，进一步提出政策建议。

# 3.2 中央与地方财权划分

## 3.2.1 我国中央和地方财权划分的发展

新中国成立后，我国中央和地方财政关系大体经历了统收统支、包干制、分税制三个阶段。其中，1994 年实施的分税制财政体制改革，是我国政府间财政关系领域一次具有深远影响的制度变革，为建立符合社会主义市场经济基本要求的政府间财政关系制度框架奠定了基础。

### 3.2.1.1 收入划分方面

分税制改革将关税、进口环节增值税和消费税、国内消费税等维护国家权益及实施宏观调控所必需的税种划为中央税；将国内增值税、企业所得税等同经济发展直接相关的主要税种划为中央与地方共享税，其中，企业所得税按企业隶属关系划分；将营业税（已取消）、契税等适合地方征管的税种划为地方税，并充实地方税税种，增加地方税收入。

此后，根据经济形势发展变化和宏观调控需要，不断调整完善相关收入划分。其中，2002 年实施的所得税收入分享改革，打破了按企业隶属关系划分收入的做法，企业所得税和个人所得税统一由中央与地方按 60∶40 的比例分享，并明确中央因改革集中的收入全部用于对地方主要是中西部地区的均衡性转移支付，这有利于推进政企分开和地区间基本公共服务均等化。党的十八大特别是党的十八届三中全会以来，结合全面推开营业税改征增值税改革，对中央和地方收入划分做了一些重大调整。实施增值税五五分享改革，将原属地方收入的营业税（目前已改为增值税）以及中央和地方按 75∶25 比例分享的增值税，统一调整为中央和地方按 50∶50 的比例分享。将环境保护税作为地方固定收入，调动地方加大生态环境保护积极性，支持打好污染防治攻坚战。完善增值税留抵退税分担机制，均衡地区间负担水平，确保对企业应退尽退，落实好更大规模减税降费政策。

经过上述调整完善，逐渐形成了目前的中央与地方收入划分格局：中央固定收入包括进口环节增值税和消费税、关税、国内消费税、车辆购置税、船舶吨税、海洋石油资源税、证券交易印花税等；中央与地方共享收入包括国内增值税、企业所得税、个人所得税；地方固定收入包括环境保护税、房产税、城镇土地使用税、城市维护建设税、土地增值税、资源税、印花税、车船税、耕地占用税、契税、烟叶税、教育费附加等。

### 3.2.1.2　财政事权和支出责任划分方面

在分税制改革中，中央与地方财政事权和支出责任划分基本沿袭了改革前的格局，除国防、外交、重大基本建设外，主要按照隶属关系确定支出范围。随着公共财政体制的确立和不断完善，基本养老保险、义务教育、医疗卫生等领域中央和地方财政事权和支出责任划分改革方案相继出台，采取"一事一议"的方式划定支出责任，并主要根据各地区财政状况实行不同补助比例，东部地区多自行承担，中西部地区中央补助较多。

党的十八届三中全会对全面深化改革作出部署，明确提出要深化财税体制改革、建立现代财政制度。2014 年 6 月 30 日，中央政治局会议审议通过的《深化财税体制改革总体方案》确定了财政事权和支出责任划分改革的基本原则和总体要求；2016 年 8 月，国务院印发《关于推进中央与地方财政事权和支出责任划分改革的指导意见》；2018 年 1 月，国务院办公厅印发《基本公共服务领域中央与地方共同财政事权和支出责任划分改革方案》。此后，教育、医疗卫生等分领域改革也相继展开，初步形成了中央和地方财政事权和支出责任划分框架。

### 3.2.1.3　转移支付方面

分税制财政体制改革后，逐步建立健全了较为规范的转移支付制度。在一般性转移支付和专项转移支付基础上，为与财政事权和支出责任划分改革相衔接，2019 年新设共同财政事权转移支付，暂列一般性转移支付项，修订预算法再作了调整。

一是一般性转移支付。包括均衡性转移支付、老少边穷地区转移支付、重点生态功能区转移支付、资源枯竭城市转移支付、县级基本财力保障机制奖补资金等，主要用于均衡地区间财力配置，保障地方日常运转和加快区域协调发展。2019 年，一般性转移支付占转移支付总额的 47%。①

　　二是共同财政事权转移支付。包括城乡义务教育补助经费、学生资助补助经费、就业补助资金、困难群众救助补助资金、基本公共卫生服务补助资金、城镇保障性安居工程资金等，主要是配合财政事权和支出责任划分改革，用于履行中央承担的共同财政事权的支出责任，保障地方落实相关政策所需财力，提高地方履行共同财政事权的能力。2019 年，共同财政事权转移支付占转移支付总额的 43%。②

　　三是专项转移支付。包括文化产业发展专项资金、可再生能源发展专项资金、城市管网及污水治理补助资金、农村环境整治资金等，主要用于保障中央决策部署的有效落实，引导地方干事创业。2019 年，专项转移支付占转移支付总额的 10%。③

　　为贯彻党中央、国务院决策部署，2020 年中央财政建立了特殊转移支付机制。纳入特殊转移支付机制管理的资金包括中央财政通过新增赤字 1 万亿元和抗疫特别国债 1 万亿元安排的预算资金。这部分资金属于一次性支出，在保持现行财政管理体制不变、地方保障主体责任不变、资金分配权限不变的前提下，按照"中央切块、省级细化、备案同意、快速直达"原则进行分配，确保资金直达市县基层、直接惠企利民，支持基层政府扎实做好"六稳"工作，全面落实"六保"任务。

　　经过上述收支划分和转移支付调节，以 2019 年数据测算，中央和地方收支情况如下：全国财政收入中，中央本级收入占 46.9%，地方本级收入占 53.1%。全国财政支出中，中央本级支出占 14.7%，地方本级支出占 85.3%。中央财政可支配收入中，用于对地方转移支付的部分占 67.9%，用于安排中央本级支出的部分占 32.1%。地方财政总支出中，来源于本级收入的占 63.5%，来源于中央转移支付的占 36.5%。④

　　省以下财政体制是中央和地方财政关系的延伸，是政府间财政关系的重要组成部分。单一制国家的省以下财政体制多由中央政府直接管理，以巩固中央权威，确保政令畅通；联邦制国家由于实行财政分权，州和地方政府的财政关

---

①②③　数据来源：中经网统计数据库。

④　中经网统计数据库。

系通常由各地自行确定。根据国情需要，我国省以下财政体制实行统一领导、分级管理的基本原则，由省级政府在中央指导下，结合本地实际自行确定。

## 3.2.2　我国中央和地方财政关系改革发展的成效

分税制改革以来，我国中央和地方财政关系的改革发展取得了明显成效，特别是党的十八大以来，从国家治理的高度将其作为全面深化改革的一项重点工作加快推进，调动了各方面积极性，为我国经济社会发展营造了更加公平有效的环境，为决胜全面建成小康社会提供了坚实的财力保障。

### 3.2.2.1　地方财政实力显著增强

一是财政实力显著增强。分税制改革奠定了财政收入的稳定增长机制。1994～2019 年，全国财政收入增长了 36 倍，目前 1 个月的收入比 2000 年全年收入（13395 亿元）还要多；国内生产总值（GDP）增长了 28 倍，从世界第 10 位上升到第 2 位；财政收入占当年 GDP 的比重由 15% 提高到 19%。[①]　实现了经济快速发展与政府财力增强的良性循环，为落实党和国家各项决策部署，推进经济社会事业发展，应对错综复杂的国内外形势提供了坚实保障，也为现阶段应对经济下行压力，实施大规模减税降费创造了条件。二是中央收入比重明显提高。分税制改革扭转了中央收入比重逐步下滑的局面。1993 年，中央财政收入占全国财政收入比重仅为 22%，分税制改革提高到 55.7% 后，经过多次分配格局调整，目前中央财政收入占比 47% 左右[②]，基本保持在合理区间，为充分发挥我国集中力量办大事的社会主义制度优势提供了有力保障。三是地方发展经济的积极性有效调动。增值税、所得税等主体税种由企业所在地政府按比例分享，提高了地方政府服务企业的积极性，推动了经济发展。

从中央与地方财政收入分享方面看，我国共享收入占比较高，主要是立足于地区间差异较大的国情。从财政收入分布上看，税收收入主要集中在东部地区。以 2019 年为例，东部地区九省市占国土面积 8.8%，占总人口的 35.6%，税收收入占全国税收收入的比重为 58.4%，增值税、企业所得税、个人所得

---

①②　数据来源：中经网统计数据库。

税占全国税种收入的比重高达62%。① 实施中央和地方大规模共享收入的做法，既体现了应对地区间发展不平衡的客观需要，也通过共同做大"蛋糕"，实现中央与地方"共赢"、东部地区与中西部地区"共赢"。这与传统市场经济国家的安排有所不同，具有中国特色社会主义的分配特点，是中国特色政府间财政关系的成功实践。

### 3.2.2.2　财权与事权相匹配

财政事权和支出责任划分逐步清晰，事权与支出责任相适应的制度基本建立。

一是主要领域的责任划分基本明确。按照党的十八届三中全会确定的改革方向，首先将义务教育、基本就业服务、基本养老保险等涉及人民群众基本生活和发展需要、需要优先和重点保障的八大类18项基本公共服务事项，纳入事权和支出责任划分改革范围，逐项明确中央与地方的支出责任分担方式和具体比例。同时，结合政府支出分类，按照统一的原则和标准加快明确分领域财政事权和支出责任划分。截至目前，医疗卫生、科技、教育、交通运输、生态环境等分领域改革方案已经出台。以往中央与地方财政事权和支出责任划分不够清晰的局面得到了明显改变。

二是共同财政事权的功能作用有效发挥。推进财政事权和支出责任划分改革过程中，合理确定共同财政事权范围，确立以基本公共服务为主体的中央和地方共同财政事权框架，并以共同财政事权转移支付作为支撑，符合我国实际情况和国家治理需要，有利于发挥中央和地方两个积极性，保障相关政策的落实。

三是基本公共服务保障标准体系初步建立。逐步明确主要基本公共服务项目的支出标准以及中央与地方分担办法，建立健全中央与地方共同财政事权清单管理制度。制定了义务教育公用经费保障、城乡居民基本养老保险补助、基本公共卫生服务等9项统一的国家基础标准，并引入合理增长机制，确保共同财政事权落实和财政可持续。同时，加强了对地方标准的管理和控制，明确了各地在确保国家基础标准落实到位的前提下，按程序报备后可因地制宜实施高

---

① 数据来源：中经网统计数据库。

于国家基础标准的地区标准，高出部分所需资金自行负担。

在各级财政之间，界定较多的共同财政事权，是为了应对发展不平衡不充分的需要。考虑到我国各地人均一般公共预算收入在区域间分布严重不平衡，以财政事权为基础，形成共同负担机制，对具体共同财政事权事项分地区实行差异化政策，以弥补均衡性转移支付计算方式上的不足，更有利于基本公共服务均等化，更有利于满足人民日益增长的美好生活需要。2019 年，共同财政事权转移支付占转移支付的比重为 43%，纳入共同财政事权的支出责任，在全国范围内得到了更高水平的均等化。总体上看，各地人均一般公共预算支出得到较好平衡。

### 3.2.2.3　转移支付制度逐步完善

转移支付制度逐步完善，基本公共服务均等化加快推进。一是转移支付力度不断加大。1994～2019 年，中央对地方转移支付增加了 125 倍，年均增长 21.3%，高出同期中央财政支出增幅 4.7 个百分点，占地方财政支出的比重从 15% 提高到 36.5%，有效均衡了地区间财力差异。[①] 二是转移支付体系基本健全。总体上形成了以财政事权和支出责任划分为依据，以一般性转移支付为主体，共同财政事权转移支付和专项转移支付有效组合、协调配套、结构合理的转移支付体系。特别是设立共同财政事权转移支付，按照各地财力状况确定转移支付比例，既保障了相关领域政策的有效落实，又体现了财力均等化的导向；既维持了中央和地方财力格局基本稳定，保护了东部地区增加收入的积极性，又促进了区域协调发展，实现了多元政策目标的有机统一。三是专项转移支付制度逐步完善。分税制改革以来，专项转移支付的作用总体上是积极有效的，但专项转移支付项目多、立项随意性强、部门自由裁量权大、负面反映也不少。近年来，国家立足于完成党中央部署的重要工作任务，增强国家重大战略任务财力保障，调整专项转移支付的使用范围和方向，并压减不符合上述目标的专项转移支付项目，效果逐步显现。从实践情况看，支持打好三大攻坚战，进一步加大对山水林田湖草生态保护修复、黑臭水体治理以及雄安新区建设、海南全面深化改革开放、东北振兴等方面的投入力度，集中财力解决重点

---

① 数据来源：中经网统计数据库。

地区的突出问题，取得了显著成效。

### 3.2.2.4　省以下财政体制初步规范

省以下财政体制初步规范，基层财政保障能力有所增强。分税制改革以来，各地参照中央做法逐步建立健全省以下财政体制。明确划分地方各级政府收入范围，注重调动基层政府发展经济的积极性。规范省以下政府间财政事权和支出责任划分，将部分适合更高一级政府承担的财政事权和支出责任上移，强化省级政府在义务教育、医疗卫生、社会保障等基本公共服务领域的支出责任，提高民生支出保障水平。建立较为规范的地方转移支付制度，引导财力向下倾斜，着力增强县乡政府提供基本公共服务能力，促进省内地区间基本公共服务均等化。在注意处理好与现行行政管理体制和其他经济管理权限关系的基础上，积极推进"省直管县"和"乡财县管"财政管理方式改革，减少财政管理层级，提高财政资金使用效率。

### 3.2.2.5　预算管理制度日益健全

预算管理制度日益健全，科学化、规范化水平逐步提升，在通过分税制改革理顺中央和地方财政关系基础上，着力推进预算管理改革。全面取消预算外资金，将所有政府性收支纳入预算管理。建立由一般公共预算、政府性基金预算、国有资本经营预算、社会保险基金预算组成的政府预算体系。改进预算管理和控制，建立跨年度预算平衡机制。建立部门预算管理制度，实现一个部门一本预算，完整反映部门收支状况。清理规范重点支出挂钩事项，促进财政资金统筹使用。健全预算标准体系，推进预决算公开，不断加大"三公"经费公开力度。加强预算绩效管理制度建设，有序推进预算支出绩效评价工作。实行国库集中收付制度改革，将所有财政资金纳入国库单一账户体系管理。建立健全以政府债券为主体的地方举债融资机制，妥善化解地方政府债务风险。经过努力，初步建立了与社会主义市场经济体制和公共财政相适应的预算管理制度体系，预算管理科学化、规范化水平不断提高。

同时，随着经济社会发展和国内外形势变化，与新时代发挥财政在国家治理中的基础和重要支柱作用、推进国家治理体系和治理能力现代化的要求相比，现行中央和地方财政关系仍存在一些不相适应的方面。主要是：地方税和直接税体系有待健全；部分领域中央与地方财政事权划分还不够清晰，共同财政事权需要进一步规范，中央财政事权和支出责任需要加强；转移支付结构不尽完善，转移支付管理的有效性仍需提高；部分地区省以下财政事权和支出责任划分改革进程偏慢，符合"三保"要求的制度保障还不够健全；有利于基本公共服务均等化、可及性的体制机制仍需完善；地方政府债务管理和风险防范工作需要加强等。

## 3.3　我国地方财权划分的主体形式与特征分析

### 3.3.1　目前我国地方财权划分的主体形式

我国现行地方财权划分主体形式分为税种分成、隶属关系分成、总额分成、增量分成、增量与税种分成相结合、增量与总额分成结合六种形式。图3－1报告了目前我国省级政府与地市级政府分成形式分布，根据我国现行的省以下财政体制数据，税种分成和增量分成为目前省以下财政体制中税收分成的主体形式，占总比的87%，而余下四种形式则分布较平均，占4%左右。（1）税种分成是当前我国省以下财政收入分成的主要形式。税种分成即主体税种的分税制：分别以增值税、营业税①、企业所得税、个人所得税为分成的主体对象；以耕地占用税、资源税、城市维护建设税、城镇土地使用税、土地增值税、房产税、契税作为分税的补充税种②。具体分成比例按照各省份的不同情况，由各省份自行制定。各省份按不同比例对税收收入进行分成，以分税种为主体形式共22个省份，占总数的70.97%，省与市、县级政府分成比例在10%～60%之间；税种分成中完全无地区差异的省份占税收分成所有省份的80.95%，按照区域与经济发展水平差异在省内按照不同比例划分的省份占总数的19.05%。（2）增量分成。增量分成是仅次于税种分成，被省级政府较为广泛使用的方式，分成办法是指对增值税、营业税、企业所得税（含企业所得税退税，下同）、个人所得税、资源税、房产税、城镇土地使用税、土地增值税、耕地占用税和契税收入比核定的，上一年度年收入按基数增长计算省与

---

① 本章收集的数据为1995～2015年的数据，"营改增"还未完成，因此这里仍然以营业税为地方税主体税种。

② 个别资源类大省以资源税为主。

市、县收入共享部分。以增量分成形式划分收入的省份分别是河南、江苏、山东、湖北、辽宁五省，占总数的16.13%。其中，湖北省只对耕地占用税、资源税、城市维护建设税、城镇土地使用税、土地增值税小税种增量部分按省与市、县1：9分享，山东省以各税种的总额增量部分按照省与市、县15：85的比例分享，其余三省均以主体税种的增量部分作为分享基础，江苏省的省以下税收分成模式以"总额分成"为基础，但对主体税种的收入进行了增量共享。（3）增量与总额分成相结合。浙江省以除杭州之外的城市采用增量分成2：8，而杭州则采用总额分成的办法。在省以下财政体制中，一些省份实行主体税分税制为主，将主体税种收入在省市之间进行了明确划分。浙江对各地一般预算收入超过核定基数的增量按一定比例实施省市分成，云南对昆明、玉溪、曲靖等收入大市超过核定的一般预算收入基数部分实行不同比例的集中。一些省份以简单"分税"为辅，以财力结算体制为主；还有一些省份则继续沿用了财力结算体制。（4）总额分成。福建省自2002年以来，省以下财政体制一直未改革，采取总额分成的办法实行分成，对各市地方一般预算收入实施省留成20%的办法。（5）增量与税种分成相结合。青海省对资源税和增值税进行分成，分成比例分别为5：5和4：6，而对企业所得税和个人所得税实行增量部分3：7。（6）隶属分成。江西省目前仍然沿用1994年分税制改革以前按照隶属关系划分财政收入的方式进行税收分成。表3-1报告了1994~2013年以来的各省份税收收入划分机制数据。

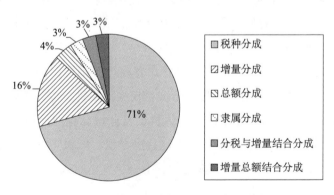

**图3-1 省以下税收收入分成形式分布**

资料来源：根据各省份有关财政体制文件整理得到。

表 3-1　各省份税收收入划分机制（1994～2017 年）

| 划分形式 | 省份 | 现制年份 | 增值税 | 营业税 | 企业所得税 | 个人所得税 | 耕地占用税 | 资源税 | 城市维护建设税 | 城镇土地使用税 | 土地增值税 | 房产税 | 契税 |
|---|---|---|---|---|---|---|---|---|---|---|---|---|---|
| 无差异 | 北京 | 1999 | 5:5 | 5:5 | 5:5 | | | | 5:5 | 5:5 | 5:5 | | |
| | 广东 | 2010 | 8:17 | 5:5 | 5:5 | 5:5 | | | | 5:5 | 5:5 | | |
| | 广西 | 2004 | 2:8 | 4:6 | 1:3 | 2:3 | | | | | | | |
| | 贵州 | 2013 | 2:3 | 2:8 | 2:8 | 2:8 | | 2:8 | 2:8 | 2:8 | | | |
| | 河北 | 2009 | 5:5 | 1:9 | 5:5 | 1:3 | | | | | | | |
| | 黑龙江 | 1994 | 1:3 | 1:3 | 3:7 | 3:7 | | 1:3 | | | 5:5 | | |
| | 湖南 | 2010 | 5:5 | 5:5 | 4:6 | 4:6 | | | | | | | |
| | 吉林 | 2005 | | 1:9 | 1:3 | 1:3 | | | | | | | |
| | 内蒙古 | 2012 | | | 5:5 | 5:5 | | 13:7 | | | | | |
| | 宁夏 | 2003 | | | 5:5 | 5:5 | | | | | | | |
| | 山西 | 2007 | 3:7 | 3:7 | 3:7 | 3:7 | 3:7 | 3:7 | | | | | |
| | 陕西 | 2004 | 3:7 | 3:7 | 5:5 | 5:5 | | 3:7 | | | | 3:7 | |
| | 上海 | 2011 | 7:13 | 7:13 | 5:5 | 9:11 | 5:5 | | | 5:5 | | 2:8 | |
| | 四川 | 2014 | | | 7:13 | | | | 5:5 | | | | |
| | 天津 | 2003 | 1:3 | 5:5 | 5:5 | | | 3:7 | | | 6:4 | | |
| | 西藏 | 2004 | | | | | | 3:1 | | | | | |
| | 新疆 | 2004 | | | | | | | | | | | |
| 税种分成 | 安徽 | 2003 | | | 2002 年起中央及省投资新建企业的企业所得税地方分享部分，省市 5:5 | | | | | | | | |
| 差异 | 甘肃 | 2009 | 兰州、嘉峪关、金昌、白银、酒泉五市及所属省直管县省级分享 40%，其余不参与分享 | 3:7 | 5:5 | 5:5 | | 5:5 | | | | | |

续表

| 划分形式 | 省份 | 现制年份 | 增值税 | 营业税 | 企业所得税 | 个人所得税 | 耕地占用税 | 资源税 | 城市维护建设税 | 城镇土地使用税 | 土地增值税 | 房产税 | 契税 |
|---|---|---|---|---|---|---|---|---|---|---|---|---|---|
| 税种分成（差异） | 云南 | 2005 | | | 6:4 | 6:4 | 3:7 | | 卷烟企业收入：昆明40%、曲靖10%、玉溪25% | | | | |
| | 重庆 | 2004 | 主城区6:4，郊区县2:8，对黔江、酉阳、石柱、秀山、彭水5个区（自治县），市不参与分成 | | | | | | 主城区6:4，郊区县2:8 | 下划市区 | | 主城区6:4，郊区县2:8 | |
| | 海南 | 2012 | | 省与海口市分享比例为：省分享45%，海口市分享55%；省与其他市、县分享比例为：省分享25%，市、县分享75% | | | | | 省与三亚市、洋浦分享比例为：省分享35%，三亚市、洋浦分享65% | | | | |
| 隶属关系 | 江西 | 2003 | | 增值税、营业税一直属于地市，1994～2002年对增值税增量、土地增值税等小税种进行4:6分成，2003年后取消小税种的分成 | | | | 4:6 | | | | | |
| 增量税种分成 | 青海 | 2011 | 5:5 | | 增量3:7 | 增量3:7 | 增量3:7 | | | | | | |
| 增量、总额 | 浙江 | 2012 | | | 财政收入增量部分2:8，与杭州总额分成 | | | | | | | | |
| 总额分成 | 福建 | 2002 | | | 总额分成 | | | | | | | | |
| 增量分成 | 河南 | 2009 | 增量2:8 | | 增量3:17 | | 增量2:8 | | | | | | |
| | 湖北 | 2011 | | | | | | | 增量1:9 | | | | |
| | 江苏 | 2014 | | | 四个税种增量财力增量集中按40%予以返还 | | | | | 个人所得税、房产税、城镇土地使用税、土地增值税和契税等增量集中30%返还 | | | |
| | 辽宁 | 2010 | 省对各市当年上解省财力增量按40%予以返还 | | | | | | | | | | |
| | 山东 | 2013 | 对增值税、营业税、企业所得税（含企业所得税退税、下同）、个人所得税、资源税、房产税、城镇土地使用税、土地增值税、耕地占用税和契税按收入比核定的2012年收入基数增长分成。2013年以后中石化胜利油田石油增值税和资源税收入比2012年基数增长部分，由省与产油区政府按照7:3的比例分成 | | | | | | | | | | |

资料来源：根据各省份有关财政体制文件整理得到。

## 3.3.2　分税种特征分析

"营改增"结束前，增值税、营业税、企业所得税、个人所得税四大主体税种是地方政府省以下级政府税收分成的主要税种，税种分享过程中以流转税为主要分税对象的省份占总体比例达 51.6%，以所得税为主要分税对象比例为 48.38%；而以耕地占用税、资源税、城市维护建设税、印花税、城镇土地使用税、土地增值税、房产税、契税八大税种为分税对象进行了划分的省份占总数的 25%。图 3 - 2 报告了我国省以下税种分成的均值、极值及变异系数。

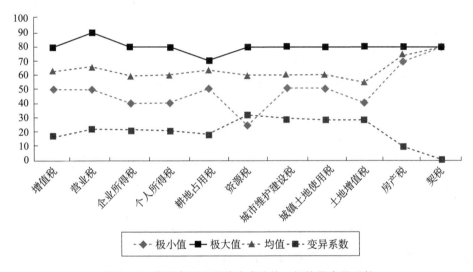

**图 3 - 2　我国省以下税种分成均值、极值及变异系数**

资料来源：根据各省份有关财政体制文件整理得到。

### 3.3.2.1　增值税

增值税作为共享税虽然在 2016 年中央与地方分享比例为 75∶25，但增值税税收收入占地方税收收入在 2002 ~ 2008 年一直维持在 20% 左右，2008 年以后增值税占比逐步下降到 15% 左右。[①] "营改增"全面完成后，中央与地方分享比例调整为 50∶50，增值税占地方税收入比率逐步增加。除福建、辽宁、浙江等以总量分成和增量分成作为税收分成形式的省份外，河南省的财政体制

——————————

①　数据来源：地方财政统计资料和地市县财政统计资料。

改革文件明确规定河南省与下辖市、县实行增值税的增量分成，省与市县分成比例为2：8；增值税在绝大多数省份都采取省与市、县共享的方式，增值税市、县分成比例现状呈逐步增加的趋势，基本增值税的"大头"都留在市、县，省本级增值税留存占比总体偏少。有19个省份与市、县实行了增值税税收分享，市、县分享比例为40%~80%，比例均值为58.87%。市、县分成比例在50%~70%之间的省份占总数的60%，市、县分成比例在50%以下的省份占总数的10%，市、县分成比超过70%的占30%。按东、中、西部区域来看，增值税市、县分成比与区域经济和财政收入呈现负相关关系，即经济较发达地区由于政府财政收入较多，增值税总量大，可以维持日常性政府开支，故省级分成比例高，东部地区省与市、县分成比例集中在5：5左右；而中部和西部地区特别是欠发达省份则普遍将增值税大部分留给市、县，市、县普遍分成比在60%~80%，以解决基层政府财政困境，支持地方建设。

### 3.3.2.2　营业税

营业税已经退出"历史的舞台"，目前已完全纳入增值税的征税范畴。但营业税在2016年之前却是地方税收收入的主要来源。2002~2015年，营业税占地方税收收入的均值为32.56%，占比在2004年达到峰值34.71%。对比省与市、县营业税和增值税的税收分享比例，绝大部分省份基本相似，但内蒙古与河北两省份分别在最后一次省以下财政体制改革中调整市、县级政府营业税的分享比例至90%，市、县税收分享比例均值为60.71%。

### 3.3.2.3　企业所得税

根据收集到的数据整理得到企业所得税税收分成样本15个，其中，选择企业所得税增量分成的省份样本数为3个，分别是安徽、河南和云南三省。其中，河南、云南两省的省与市、县级政府分别是按照增量部分3：17和3：7进行分成，安徽则是对中央及省投资新建企业的企业所得税地方分享部分实行省市分享比例5：5。海南与重庆两省按照主城区和其他城区分享比例设定实行差异化的税收分成政策，江西则是依旧按照企业隶属关系划分税收收入。15个样本市、县级政府分享比在50%~80%，均值为60.33%，中位数为50%。

### 3.3.2.4　个人所得税

所得税省与市、县分成是在2002年国务院下发的《国务院关于印发所得税收入分享改革方案的通知》①后，省级政府分别修订或制定本省的财政体制改革文件，将所得税纳入共享税种，参与省与市、县的税收分成。省与市、县的个人所得税的分成样本数量为 18 个，详见图 3 - 3，除云南省制定的个人所得税市、县分成比例低于 40% 外，其余各省份的市、县分享比值均处于50% ~80% 范围内，均值为 60.38%，中位数为 55%，个人所得税市、县留存比例普遍高于企业所得税。

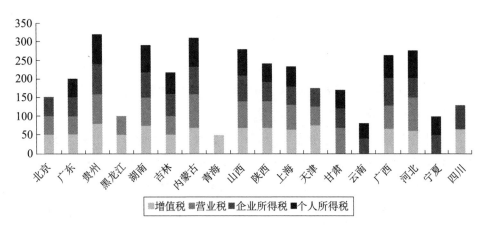

**图 3 - 3　市、县与省四大主体税种分成比例**

资料来源：根据各省份有关财政体制文件整理得到。

### 3.3.2.5　小税种

　　资源税、城镇土地使用税、房产税、契税、印花税、土地增值税、城市维护建设税和耕地占用税八个小税种均有省与市、县分成共享。

　　资源税是在省以下财政体制中省与市、县分享比例最大、参与分享的省级政府最多的税种，九个省份将其纳入了分享范围，各市、县的分成比例均值为62.86%。且呈现出以下特点：（1）区域化集中分布。参与分享资源税的省份集中在中、西部城市，而东部城市则无一参与分享，且中部与西部省份为 1：2，西部省份占总分享省份的 66.7%。（2）分布集中在资源类省份。参与分享的山西、内蒙古、新疆、湖南、青海等省份无一例外全部为矿产、有色、稀土类

---

　　① 国务院 2001 年 12 月 31 日下发了《关于印发所得税收入分享改革方案的通知》决定从 2002 年1 月 1 日起实施所得税收入分享改革。

资源丰富的省份。（3）省级政府分成比例与资源税税收收入呈现正相关。矿产资源丰富、资源税税收收入多的省份，其省（市、自治区）参与资源税税收分成比例越高。新疆和内蒙古在其他税种未分享的情况下对资源税实行省与市、县共享，且自治区政府分享比例均超过50%，省与市、县分享比例分别是3∶1和13∶7；这与两省份资源禀赋有着密切关联，两省份具有较多的资源禀赋。（4）分成比例呈现差异化。省与市、县分成比例不集中，呈现差异化，且波动区间较大，分成比例最低为25%，最高为80%，离散值较大。（5）资源税分成比例与其他税种呈现反向变化趋势。资源税省级政府分成比例较高的省份在其他税种中省级政府分成比例偏低，有的省份甚至不参与分成。如新疆和西藏，其不参与增值税、营业税等税种税收收入分成，这也与该省份工业化水平低、企业数量少、经济欠发达有关。

城市维护建设税五省份参与分享市、县收入，平均分享比例为57.5%，其中，云南2005年在省以下财政管理体制改革中对卷烟企业实现的城市维护建设税分成比例分别为：昆明40%、曲靖10%、玉溪25%。

耕地占用税税收收入仅山西、云南和上海三省份参与了分成，市、县分成比例分别为：70%、70%和50%，其余省份均不参与分成，收入全部留给地、市。

城镇土地使用税和土地增值税两税有北京、广东和黑龙江、西藏四省份参与分享，呈现东部发达地区比较集中的态势。而湖北和江苏两省则按照增量分成，先将增量集中至省份再分别按增量部分1∶9和2∶8的比例与市、县进行收入划分。

房产税只有陕西和上海、江苏三省参与分享，江苏对房产税和契税采取增量集中分成模式，与市、县按照2∶8比例划分。

## 3.4 地方财权划分机制的比较分析

### 3.4.1 体制创新与省际区域经济发展水平呈现正相关

我国目前的地方政府间税收分成方式呈现出区域差异化特性。按照东、中、西部划分，选择增量分成与总额分成两种税收分成方式的省份主要集中在东部，且属经济发展有活力的区域。"一省一式"的财政体制在区域划分中存在着共性问题。中、西部地区的个别省份在财政体制上呈现出较落后的状态，与绝大部分实行"分税"管理体制的省份采用比例分成方式不同的是，仍然沿用"划分税种、核定征收"的管理体制，即按照企业的隶属级次来划分税收收入；而东部地区及发达省份的财政体制改革次数和创新性做法多，与中、西部地区相比较，改革更为彻底和全面。

### 3.4.2　地方税收分成模式按重点企业、行业税收收入异质性划分

部分省份在制定地方财政体制时考虑个别地市、县具体情况差异，作出了有增有减式的市与市之间的不同分成安排政策。从体制的变迁来看，地方财政体制逐步"细腻化"，减少了"一刀切"的方式。省级政府对辖区内财力不同的地级市（直管县）采取差别化对待，政策制定向财政收入较低的市、县倾斜，有效激励和支持了个别贫困市、县经济，以达到均衡发展。

### 3.4.3　增收激励方式逐步多样化

部分省份为有效激励市、县增加财政收入，在原有税收分成比例不变的基础上建立增收激励，即省与地、市级政府间税收分成的主体形式仍为税种分成，但辅助以多种增收激励方式等措施，其中包含增长总额分成、增长增幅分成返还、"两保两挂"、"两保一挂"的激励政策和固定补助结合的补助方式，以激励市、县合理化地增加财政收入。

### 3.4.4　省级政府改革本省的税收分成方式为被动接收式

地级市政府隶属于省级政府，故在税收收入分成安排上没有完全的话语权，基本依照省级政府制定政策实施。在中央的垂直集中管理体制下，省级政府在制定地方税收收入划分机制和税收分成模式、比例及变革时均显"被动"，基本依照中央的要求制定实施，省级政府主动修改本省税收分成比例的意愿偏弱，更多的是在中央财税体制变革后，相应地进行税收分成比例的调整，或是中央要求进一步完善或改革各省份的地方财政管理体制后，各省份才进一步修改。各省份对地方税收收入划分机制的改革变化基本步调与中央要求

保持较高一致性。我国31个省、自治区、直辖市（不包括港、澳、台地区，下同）现行地方财税体制基本仍然沿用2003年、2004年制订的体制，各地税收分成改革时间主要集中在1994年、2002年和2010年，地方政府紧紧围绕着国家下发的《国务院关于实行分税制财政管理体制的决定》《国务院关于印发所得税收入分享改革方案的通知》《关于完善省以下财政管理体制有关问题的意见》《关于调整和完善县级基本财力保障机制意见》等文件要求，各地省政府的各省财政体制变革方案也多以这几个国家层面文件为指导，制定本省的税收分享比例变革。

### 3.4.5　财政政策制订精细化

财政体制制订更趋细腻化，呈现更加细致化趋势。对区域发展不平衡、资源禀赋不同的地区采取差异化的税收分成管理模式逐步成为趋势。部分省级政府对民族地区、贫困县等采取帮扶等多项措施，具体如采用税收返还、奖补、不参与分成或省级政府参与分成比例降低等措施促进地方发展及平衡收支。（1）激励措施逐步增加。原有的扁平化的地方财政管理体制逐步呈现特色，省级政府对原有税收返还按各地增长率1∶0.3左右施行增值税和消费税的两税返还。（2）区域统筹发展增加激励奖补政策。即省级区域内统筹发展，增加激励奖补资金与各设区市对所辖县（市）年度财政补助资金挂钩，奖补系数比例分为两类三档。（3）地方财政税收收入增长奖补机制。将全省各市、县分为两大类：一类是欠发达地区（含部分海岛地区，少数困难市、县），实施三档激励补助政策、两档激励奖励政策；另一类是发达地区和较发达地区，实施两档激励奖励政策。（4）进一步划分了省与市、县政府的非税收入。部分省级政府增加了对政府非税收入的分成划分，要求各市也相应地制订本市财政管理体制，且具体划分市与各辖县收入与支出分成。

## 3.5　我国地方税权划分机制分析

### 3.5.1　地方税收分成制度需要顶层设计

国家出台省以下财政体制统一性的指导文件。虽然我国各省份财政状况、经济发展环境和资源禀赋情况各异，全国不可能统一施行同一套省以下财政体制管理体系，但目前我国仍缺乏一个全面、专业、详尽的省以下财政管理体制的指导性文件，针对我国当前的省以下财政体制普遍状况，提出有针对性的解决办法。应由中央政府设计和出台一个统一且规范化的省以下分税制财政体制方案或实施意见，作为各省份根据本省省情制订地方税收收入划分机制的基本依据，规范地方收入划分。

### 3.5.2　创新税收分成模式与激励机制

摒弃落后的分成方式。部分省份仍沿用1994年分税制以前的省以下财政管理办法，即按照企业隶属关系划分省级政府与地级市、县间财政收入，这与当前的经济发展不相匹配，也不利于企业的发展。

税收分成激励形式多样化。省以下财力分配方式可以采取更多的激励形式，如增收激励机制、以奖代补、增收返还及增长幅度超出部分返还等多种形式，以鼓励市、县级政府"良性增收"。

地方税收分成更应差异和细致分化。我国各省份经济发展状况普遍存在着不均衡的情况，虽然各省份通过对市、县转移支付能够解决一部分市、县的财政困境，但若各省份在制订本级地方财政体制的税收分成制度安排时能够按照各市、县级政府的财力不同实施差别化的收入分成安排，能够更加有效地促进市、县均衡发展。限制省以下政府对生产要素和经济资源流动的"自利性"是地方税收收入划分机制改革的主要方面。当前，各省份都分布了不同开发区，如重点开发区、革命老区、民族地区等资源分布不均衡的地区，应通过地方税收收入分成差异化以更好调控资源使之有效流动。

### 3.5.3　协调纵向财政关系机制

中央对省级政府可适当下放部分税权，而省级政府对地级市政府可视情况适当选择收入集权，可赋予地方相应的税收管理权限。把全国普遍征收的地方性大税种的立法权集中于中央以保证政策的统一；而税额小、税源分散、地方特征明显的个别地方小税种的立法权可以下放给省级地方人大，地方政府拥有必要税种选择权、税基及税率调整权。

### 3.5.4　加快确立和培育地方主体税种

"营改增"后我国地方税面临着主体税种缺失、对共享税收依存度较高等问题，制约地方政府财政汲取能力。现行地方税征收管理体制存在的问题妨碍了政府行为的规范，降低了地方政府行政能力。我国地方税体系建设应遵循"加快转变政府职能、促进现代国家治理体系构建原则，财权与事权相匹配、支出与责任相适应原则，遵循宏观税负稳定原则，贯彻有利于税制结构优化、调动中央和地方两个积极性原则，执行整体设计、稳步推进原则"。我国税权划分可实行立法权、停征权归中央，赋予地方一定的调整权和解释权，同时，理顺税收执法权限、整合税收司法权税收收入划分模式。近期以共享税为主，逐步培养地方主体税种；长期以成熟的地方主体税种为主，共享税为辅，通过逐步扩大地方税收入占比，形成共享税分成与地方税收入占比大体相当的格局。构建科学的地方税体系必须理顺省与市、县三级政府间税收关系，确保基层政府"财源"。优化税制，地方政府确立的主体税种必须符合经济发展和税收便利原则。因此，如果要确立每级政府的财权，仅仅依靠现阶段的各税种是不现实的。对比我国现阶段发展可以看出，目前流转税已经成为各省级的主体税种，根据受益原则，财产是一个人享受地方提供公共品的受益参考物，个人或家庭应该根据财产和个人能力缴纳税金。

## 3.6　本章小结

地方税收分成制度是地方财政体制的主体，也是国家财政体制的重要组成部分，本章通过对我国地方财权划分模式对比分析，提出加快确立和培育地方主体税种、国家出台省以下财政体制的指导性文件、摒弃落后的地方税收收入分成方式、税收分成形式多样化、差异化等激励措施，以健全我国省以下财政体制，更好地实现省以下政府的事权与支出责任相匹配的政策建议。

# 第 4 章

# 地方财权划分、工企规模与发展偏好

## 4.1 问题的提出

工业经济是国家发展的根基，也是供给侧结构性改革的关键所在。近年来，随着全球经济进入深度调整期，重振以制造业为核心的实体经济成为经济增长的焦点。党的十九大报告明确要求，建设现代化经济体系，必须把发展经济的着力点放在实体经济上。我国的工业经济在过去的 40 年里得到了快速增长，学者们围绕着"增长之谜"展开了研究，普遍认同地方政府在工业经济发展中发挥重要的推动作用，地方政府的"援助之手"扶持本地工业企业发展、吸引外部资金，甚至"指挥"企业投资和经营管理。

激励地方政府努力推动工业经济建设的根源，学者们将其归为为做大"税基蛋糕"而形成的"财政激励"。财政激励理论认为，地方政府发展经济的强烈意愿来自可支配性财政收入的增加，财政激励能有效地克制地方政府对企业的"攫取之手"，投入基础建设，推动经济增长。相比较而言，"财政激励"遏制了政府间区域合作，引致的努力水平较"晋升锦标赛"而言显得更高，财政分权框架下，政府为了最大化地实现自身利益而选择将社会福利最大限度放大（乔宝云，刘乐峥，尹训东，过深，2014）。

关于税收集权效应的讨论在学术界由来已久，学者们聚焦"税收集权"，研究推动地方政府发展经济的诱因。他们普遍认为，1994 年的分税制改革有效地促进了经济增长，极大地增强了我国的宏观调控能力与收入再分配能力，是充分的税收集权激励经济增长的经验证据。新财政集权理论认为，地方政府的税收集权有效地激励地方政府为追求财政收入的最大化而展开蒂布特竞争。目前的文献多基于省级层面探讨税收集权对企业的影响效应，而来自地级市政府税收集权激励效应的经验证据比较匮乏。分税制改革后，71%的省级政府对其辖区内的地级市政府主体税种的"税收分成协议"进行了多次调整，调整的方向基本为"税收集权"，这无疑为我们研究地方政府税收集权对工业企业发展产生的影响提供了契机。

目前，关于地方政府税收分成激励效应的研究中，谢贞发等（2016）实证检验了省级政府与地级市政府的增值税、营业税税收分成的变化差别对第二产业、第三产业的影响，以及对地方政府产生的财政激励效应。席鹏辉等（2017）使用省以下地方政府的税收分成数据对工业企业的污染展开研究，并认为地方政府将尽可能确保税基的扩大，在这一过程中容易以牺牲环境质量为代价。本章的贡献主要有以下几点：首先，提供了税收集权效应在地级市政府层面的经验证据，本章选择地级市政府税收分成比例降低作为税收集权指标，有效地避免了以往税收集权指标的内生性，利用地级市政府面对的税收集权考察其对地级市政府产生的激励效应。其次，从宏观层面考察税收集权对工业企业规模与主营业务收入等指标的影响效应。基于此，本章深入剖析省级政府对地级城市的增值税税收分成比例变化对工业企业规模产生的影响效应。具体结构安排如下：4.2 节是文献回顾，并提出待检验的假说；4.3 节是实证策略与数据说明；4.4 节是回归结果及机制分析；4.5 节是稳健性检验；4.6 节是结论与启示。4.7 节是本章小结。

## 4.2　理论分析与研究假说

面对"税收集权"形成的"财政压力"，地方政府在原有刚性支出不变的情况下，积极改变政府行为以维持原有的财政收入。作为地方税收收入的所有者，地方政府分享企业资源，甚至利用其权力限制私营企业发展，并转移本地企业收入来回避潜在的中央税收（Che & Qian，1998），因此，地方政府有很强的激励去支持本地工业企业的发展。1994 年"分税制"改革后，税收收入向中央集中的同时，国有企业、乡镇企业大规模改制极大地增加了地方社保支出压力，使得地方实际支出责任显著增加，地方政府不得不全力增加本地财源，除强化征收外，逐渐开始通过大规模的招商引资来争夺制造业投资（陶然，2009）。薛刚等（2012）对税收分权与工业企业发展的内在联系进行研究，发现税收集权化水平会影响地方政府行为与地区工业发展水平。财政分权使地方政府有机会分享到企业增长效益带来的剩余，在这一前提下，为推动经济增长，地方政府致力于推动企业发展（Qi，1992），硬化国有企业软预算约束（Qian & Roland，1998），吸引资本性要素流入，帮助地区经济增长，以稳定地方财源。基恩（Keen，1998）指出，不同层级政府甚至围绕着纵向财政收入分配展开税基竞争，并形成典型的公共池塘效应。由于地方政府可以保留一部分共享收入，因此，为自身利益考虑，地方政府会努力去增加对应的收入（林毅夫，2005）。陶然等（2009）提出中国政府面对分税制改革实质意义上的税收集权改革，省级政府通过"区域竞次"充分吸引制造业投资以扩大预算内财政收入。因此，面对税收集权，地方政府通过不同渠道以促进规模以上工业企业发展，增加规模以上工业企业利润，以维持原有税收收入不变。由此我们得出以下待检验的假说。

假说 1：税收集权促进工业企业规模扩大。

郑文平等（2013）采用基于 PSM 相匹配的双重差分法，从微观企业层面评估了"省直管县"政策，以河南省规模以上工业企业数据为样本，将规模以上工业企业样本分为民营企业、国有集体、外资企业，认为河南省"省直管县"政策扭曲市场资源配置功能，用损失民营企业、外资企业增长效率为代价换来国有企业规模的扩张。因此在面对税收集权时，地方政府主要靠发展内资企业，以促进企业发展和主营业务收入的提高。席鹏辉（2017）利用地方政府税收分成调整数据检验，发现地方政府面对税收收入减少带来的"财政压力"，通过努力发展内资企业扩大税源，同时造成工业污染上升。常和王（Chang & Wong，2009）认为，国有资本占比较大的企业与政府政治目的存在一致性，更被政府所青睐，为政府分担更多。进一步考虑企业异质性问题，虽然内外资企业所得税已经统一，但地方政府发展内资企业和外资企业及港澳台企业的意愿会有明显差别。地方政府吸引外资进入本辖区，会给予外资企业一定的税收优惠政策，而外资与港澳台资企业所在行业以高新技术行业等居多，因此对于外资及港澳台资企业来说，其税收外溢性明显低于内资企业。由此我们得出以下待检验的假说。

假说2：面对税收集权，相较于外资企业，地方政府投入更多的努力促进内资企业发展。

地方政府陷入争夺财政收入的竞争中，发展本地企业以扩大"财源"应对"财政压力"。地方政府发展地方经济一般通过两种途径来发展规模以上工业企业：一是引入效应（张恒龙，2006）；二是支持效应（肖文，2014）。相较于支持效应而言，引入效应的企业边际分成率明显较大，引入效应是地级市政府普遍采用的发展方式，地级市政府面对财源减少，通过土地出让、金融优惠以及各类财政税收优惠政策以吸引企业进入，通过积极引进新的企业进入当地以扩大税基，通过不断扩大的数量来保证产值规模的扩大，而并非对已有企业进行政策支持，扩大已有企业的产业规模。由此我们得出以下待检验的假说。

假说3：为扩大地方税基，地方政府更多地采取引进新企业以扩大税基。

## 4.3　数据说明与实证策略

### 4.3.1　样本和数据

#### 4.3.1.1　数据说明

本章选择在地级市层面研究税收集权的影响效应。核心被解释变量来自地级市规模以上工业企业总产值、工业企业主营业务收入值，实证检验地级市政府增值税税收分成变化程度对不同性质企业发展的影响，并将地级市辖区内对应的工业企业样本分为内资工业企业总产值、外资工业企业总产值和港澳台工业企业总产值，被解释变量数据则来源于中国经济数据库（CEIC）。

本章的核心解释变量则为地级市政府的增值税税收集权指标，用地级市政府的增值税税收分成变化程度表示。数据来源于中国各年度省财政体制关于各地级市增值税税收分成的数额及其变化的规定。我们通过各省份的政府网站收集，对比《中国省以下财政体制（2006）》，并采用网络搜索或寻求政府文件公开获得数据，整理了各省份 2003～2013 年地级市政府增值税分成的调整时间和调整比例。由于地级市工业发展的变量数据起始于 2003 年，而 2012 年的营改增试点改革可能对增值税税收分成产生实际影响，因此，本章选择了 2012 年之前的数据样本，将最终的样本确定为 2003～2011 年地级市政府增值税分成的变化量。

控制变量为 GDP 规模、人口规模、企业数量、投资水平、开放性水平等变量，且均来自 CEIC 数据库。其中，GDP 为剔除了价格因素后的实际水平取对数值，人口规模为人口规模总数取对数，投资水平为固定资产投资额占 GDP 总比，受教育水平为高等学校在校生数占总人口比。

### 4.3.1.2　描述统计

各变量的描述性统计见表 4－1。

| 表4-1 | 各变量的描述性统计 | | | | |
|---|---|---|---|---|---|
| 变量名称 | 变量含义 | 均值 | 标准差 | 最小值 | 最大值 |
| lnido | 工业总产值取对数 | 10.987 | 1.392 | 5.891 | 14.992 |
| lnmbi | 工业企业主营业务收入取对数 | 10.946 | 1.426 | 2.771 | 15.048 |
| lndido | 内资工业企业总产值取对数 | 10.788 | 1.323 | 4.096 | 14.046 |
| lnfido | 外资工业企业总产值取对数 | 8.070 | 2.195 | 0 | 14.178 |
| lnhmtido | 港澳台工业企业总产值取对数 | 7.575 | 2.208 | −0.020 | 13.213 |
| vat | 增值税分成状态 | 0.206 | 0.050 | 0.063 | 0.250 |
| dvat | 增值税分成变化 | 0.002 | 0.083 | −1 | 0.7 |
| bust | 营业税分成状态 | 0.809 | 0.184 | 0.250 | 1 |
| dbust | 营业税分成变化 | 0.006 | 0.065 | −0.800 | 0.400 |
| lnpop | 人口规模取对数 | 8.147 | 0.701 | 5.098 | 10.281 |
| open | 开放性水平 | 0.229 | 0.422 | 0.00004 | 4.621 |
| lnidn | 工业企业数量取对数 | 6.314 | 1.160 | 2.996 | 9.841 |
| lndidn | 内资工业企业数量取对数 | 6.188 | 1.110 | 0 | 9.397 |
| lnfidn | 外资工业企业数量取对数 | 3.187 | 1.598 | 0 | 8.471 |
| lnhmtidn | 港澳台工业企业数量取对数 | 3.055 | 1.638 | 0 | 8.026 |
| lnrgdp | 人均 GDP 取对数 | 1.974 | 0.958 | −0.714 | 5.251 |
| inv | 投资水平，固定资产投资额占 GDP 比重 | 0.540 | 0.214 | 0.083 | 1.624 |
| edu | 受教育水平，高等学校在校生数占总人口比 | 0.013 | 0.018 | 0 | 0.127 |

### 4.3.2 实证策略

本章利用以下回归模型进行主要的实证检验:

$$y_{it} = \alpha_1 \cdot dvat_{it} + X\beta + \delta_i + \tau_t + \varepsilon_{it} \tag{4-1}$$

本章采用各地级市工业企业总产值这一变量取对数进行实证分析,同时,为了获取稳健的结果分析,本章还分析了增值税税收集权对工业企业主营业务收入以及各类工业企业的总产值的实证效应。

模型 (4-1) 中,$y_{it}$ 为地级市 $i$ 在 $t$ 年的工业企业发展规模指标,$\alpha_1$ 为相关系数,$\delta_i$ 为地区固定效应,$\tau_t$ 为时间固定效应,分别控制住个体不随时间变化及不随个体变化的不可观测变量因素,$\varepsilon_{it}$ 为误差项。本章的关键变量为 $dvat_{it}$,代表着地级市 $i$ 在年度 $t$ 的增值税变化程度 $dvat_{it}$,其计算公式为 $dvat_{it} = \dfrac{vat_{it-1} - vat_{it}}{vat_{it}}$,其中,$vat_{it}$ 为地级市增值税税收分成比例,$vat_{it-1}$ 表示上一次省级政府对地市级政府财政政策调整的增值税税收分成比例,$vat_{it-1} - vat_{it}$ 则代表上一次改革的税收分成比例减去本次改革税收分成比例,即表示税收分成改革前后变化比例,$\dfrac{vat_{it-1} - vat_{it}}{vat_{it}}$ 表示改革前后的税收分成比例的变化程度。因此,$dvat_{it} > 0$ 表明地级市经历了增值税税收集权,且该变量值越大意味着 $t$ 年地级市增值税分成减少越多,即地级市面临省级政府的增值税税收集权程度更大;$dvat_{it} = 0$ 则表明地级市增值税税收分成比例未发生变化;$dvat_{it} < 0$ 表明地级市增值税税收分成为分权,地级市得到的增值税税收分成增加。此时根据本章的假设,当地方政府面临的增值税税收集权越大时,越有压力去发展工业企业,以维持本地增值税税收的稳定增长,因此我们得到 $\alpha > 0$。

模型 (4-1) 考察了增值税分成对工业企业的实证效应,但其结果往往容易受到内生性的挑战,因为工业企业的发展并不仅仅受到税收分成和以上控制变量决定,因此,增值税的分成状态或许捕获了其他因素对工业企业发展的影响。为此,我们根据 2003~2011 年各省份增值税税收分成的变化设计了 DID 模型。可以看出,由于在本章的实证样本内,各地级市的增值税税收分成主要表现为税收集权现象,即省级财政降低了地级市增值税税收分成比重,当舍弃个别城市的增值税分成提高的样本后,以增值税税收分成未发生变化的地级市作为控制组样本，以增值税分成发生变化的城市样本作为处理组，观察税收分成变化对地方微观工业企业发展状况的实证效应，具体模型为：

$$y_{it} = \alpha_2 \cdot dvat_{it} + X\beta + \delta_i + \tau_t + \varepsilon_{it} \qquad (4-2)$$

模型（4-2）各变量的涵义同模型（4-1）。模型（4-2）的双重差分主要表现为：$dvat_{it}$ =0 表示地级市税收分成未发生变化，未发生变化的地级市作为样本控制组；$dvat_{it}$ >0 表示税收分成发生集权的地级市作为处理组；由于 1994~2011 年，税收集权是省级政府制定政策共同的趋势，$dvat_{it}$ <0 代表的增值税税收分成的样本很少，在这里为了便于更好地集中反映增值税税收集权的政策效应，故舍去增值税税收分成变化的地级市样本。

为减少遗漏变量对实证结果的影响，本章控制住其他对地方工业企业发展规模的社会经济影响因素，包括人均 GDP、人口规模、工业企业数量等变量，其中，人均 GDP 在消除价格影响因素后取对数处理。此外，"营改增"前作为地方财政的主体税种，营业税税收分成变化也对地方财力产生了较大影响，还需要考虑营业税的分成变化的影响效应，因此本章加入了营业税税收分成变量进行了控制。最后，由于政策的制订具有较强的滞后效应，故增值税税收分成的政策变化对地方政府的影响可能产生一定的滞后效应，因此本章不仅考察了当期增值税税收分成变化的影响，也观察了滞后一期 $ldvat_{it}$ 增值税税收分成变化的实际效应。滞后一期 $ldvat_{it}$ 即将上一年度的增值税分成变化程度变量作为自变量与当期的 $y_{it}$ 作实证分析。

## 4.4 回归结果及机制分析

利用 STATA 软件，本章对模型变量进行了检验，报告根据回归模型所得到的实证结果。通过理论分析，本章试图对地级市政府面临增值税分成的减少，选择通过何种途径实现财政收入平衡机制进行回归分析。

### 4.4.1 基准回归结果

表 4-2 展示了模型的回归结果，即增值税税收集权变化对工业企业总产值与主营业务收入实证效应的基准回归结果，其中，表 4-2 的第（1）列至

第（3）列分别为当期、滞后一期以及各期混合得到的增值税税收集权对工业企业总产值的实证效应，第（4）列至第（6）列则为各期增值税税收集权对工业企业主营业务收入的实证效应。

表4-2　　增值税税收集权对工业企业产值及主营业务收入的实证效应

| 自变量 | lnido (1) | lnido (2) | lnido (3) | lnmbi (4) | lnmbi (5) | lnmbi (6) |
|---|---|---|---|---|---|---|
| dvat | 0.001 | | 0.021 | 0.026 *** | | 0.046 *** |
| | (0.119) | | (0.119) | (0.094) | | (0.098) |
| ldvat | | 0.186 *** | 0.186 *** | | 0.188 *** | 0.187 *** |
| | | (0.053) | (0.054) | | (0.068) | (0.070) |
| dbust | 0.045 | 0.056 | 0.038 | 0.035 | 0.070 | 0.028 |
| | (0.118) | (0.057) | (0.117) | (0.100) | (0.060) | (0.101) |
| lnrgdp | 1.067 *** | 1.062 *** | 1.062 *** | 1.157 *** | 1.150 *** | 1.153 *** |
| | (0.124) | (0.123) | (0.123) | (0.131) | (0.129) | (0.130) |
| edu | -10.638 *** | -10.298 *** | -10.430 *** | -9.980 *** | -9.427 *** | -9.770 *** |
| | (1.469) | (1.504) | (1.492) | (1.398) | (1.365) | (1.406) |
| open | 0.187 *** | 0.191 *** | 0.188 *** | 0.206 *** | 0.218 *** | 0.207 *** |
| | (0.049) | (0.048) | (0.048) | (0.050) | (0.050) | (0.049) |
| inv | 0.200 ** | 0.208 ** | 0.207 ** | 0.161 * | 0.172 * | 0.168 * |
| | (0.092) | (0.090) | (0.090) | (0.093) | (0.092) | (0.092) |
| pop | -0.595 *** | -0.586 *** | -0.590 *** | -0.496 *** | -0.473 *** | -0.491 *** |
| | (0.094) | (0.094) | (0.094) | (0.130) | (0.129) | (0.129) |
| 年份固定效应 | 是 | 是 | 是 | 是 | 是 | 是 |
| 地区固定效应 | 是 | 是 | 是 | 是 | 是 | 是 |
| $R^2$ | 0.942 | 0.943 | 0.942 | 0.933 | 0.933 | 0.934 |
| 样本量 | 2054 | 2071 | 2054 | 2050 | 2067 | 2050 |

注：括号内数据为地市聚类稳健标准误；* 表示在10%水平上显著，** 表示在5%水平上显著，*** 表示在1%水平上显著。

根据表4-2可以看出，滞后一期的增值税税收分成的降低将显著提高地级市工业产值规模，促进了地级市工业企业主营业务收入，这表明增值税税收分成的减少将导致地区的工业产值和主营业务收入得到显著的提升，地方政府将通过扩大本地工业产业规模来应对税收降低的可能，以稳定增值税税收的增长。在税收分成降低时，地方政府将寻求积极途径解决税收问题。

## 4.4.2　影响途径及解释

### 4.4.2.1　对不同类型企业的影响

为了判断地级市政府发展工业规模的主要路径，进一步观察增值税税收集权对不同类型企业的影响，本章将地级市工业企业的样本数据分成内资企业、外资企业和港澳台企业。根据模型（4-1），本章分别探讨了增值税税收分成的降低对内资企业、外资企业以及港澳台企业产值规模的实证效应，实证结果见表4-3，其中，第（1）列至第（3）列被解释变量为内资企业工业总产值，第（4）列至第（6）列被解释变量为外商投资企业工业总产值，第（7）列至第（9）列被解释变量为港澳台工业企业总产值。

表 4-3　　　　　增值税税收集权对各类工业企业产值规模的实证效应

| 自变量 | lndido (1) | lndido (2) | lndido (3) | lnfido (4) | lnfido (5) | lnfido (6) | lnhmtido (7) | lnhmtido (8) | lnhmtido (9) |
|---|---|---|---|---|---|---|---|---|---|
| dvat | 0.042 (0.155) | | 0.082 (0.161) | -0.274 (0.450) | | -0.294 (0.462) | 0.577 (0.474) | | 0.609 (0.490) |
| ldvat | | 0.209 *** (0.072) | 0.212 *** (0.074) | | -0.084 (0.204) | -0.094 (0.208) | | 0.134 (0.234) | 0.154 (0.238) |
| 控制变量 | 是 | 是 | 是 | 是 | 是 | 是 | 是 | 是 | 是 |
| 年份固定效应 | 是 | 是 | 是 | 是 | 是 | 是 | 是 | 是 | 是 |
| 地区固定效应 | 是 | 是 | 是 | 是 | 是 | 是 | 是 | 是 | 是 |
| $R^2$ | 0.916 | 0.916 | 0.917 | 0.604 | 0.604 | 0.604 | 0.470 | 0.470 | 0.470 |
| 样本量 | 1793 | 1793 | 1793 | 1701 | 1701 | 1701 | 1680 | 1680 | 1680 |

注：括号内数据为地市聚类稳健标准误；* 表示在10%水平上显著，** 表示在5%水平上显著，*** 表示在1%水平上显著。

从表4-3可以看出，只有滞后一期的增值税税收集权对内资企业工业总产值具有显著的促进作用，而其他各变量对外资或港澳台工业企业产值的回归系数并不显著。这表明地级市增值税税收集权仅对内资企业的产值有较大的影响，而对外资企业以及港澳台投资企业的产值影响较弱，表明地级市政府在面对增值税税收集权后，主要通过内资企业的产值规模的扩大来增加本地税基，而对外资企业以及港澳台企业的产值无法产生显著作用。在稳定地方财力过程中，地方政府更多的是依赖内资企业。

### 4.4.2.2　影响机制：引入效应还是支持效应？

对于增值税税收集权的产值扩大效应，主要可能存在两个有力的解释：一方面，地方政府通过土地出让、金融优惠以及各类财政税收优惠政策以吸引企业进入，通过不断扩大的数量来保证产值规模的扩大，本章将这类影响机制称为"引入效应";另一方面,地方政府也可以通过以上各类政策以支持已有企业的发展,扩大其经营规模和产值大小,增加已有的发展规模,本章将这类影响机制称为"支持效应"。由于数据受限,本章无法观察地方政府对已有企业产值的影响,但可以直接观察增值税税收集权对地级市工业企业数量的影响,以判断集权对工业规模的影响究竟是否来自引入效应。为此,本章利用模型(4-1)对地级市工业企业数量进行了实证检验,结果见表4-4第(1)列至第(3)列,同时,本章仍然观察了地级市增值税集权对各类型企业的数量影响,以进一步支持本章的影响机制分析,第(4)列至第(6)列被解释变量依次为内资企业数量、外资企业数量以及港澳台企业数量。

表4-4                    增值税税收集权的影响机制分析:引入效应

| 自变量 | lnidn(1) | lnidn(2) | lnidn(3) | lndidn(4) | lnfidn(5) | lnhmtidn(6) |
|---|---|---|---|---|---|---|
| dvat | 0.067 | | 0.134 | −0.106 | −0.124 | 0.082 |
| | (0.299) | | (0.309) | (0.360) | (0.185) | (0.229) |
| ldvat | | 0.349 *** | 0.353 *** | 0.382 *** | −0.015 | 0.257 *** |
| | | (0.091) | (0.097) | (0.103) | (0.093) | (0.099) |
| 控制变量 | 是 | 是 | 是 | 是 | 是 | 是 |
| 年份固定效应 | 是 | 是 | 是 | 是 | 是 | 是 |
| 地区固定效应 | 是 | 是 | 是 | 是 | 是 | 是 |
| $R^2$ | 0.598 | 0.605 | 0.606 | 0.457 | 0.529 | 0.279 |
| 样本量 | 1798 | 1798 | 1798 | 1795 | 1704 | 1684 |

注:括号内数据为地级市聚类稳健标准误;＊表示在10%水平上显著,＊＊表示在5%水平上显著,＊＊＊表示在1%水平上显著。

从表4-4第(1)列至第(3)列可以看出,税收集权确实对工业企业数量产生了显著的正向影响,滞后一期增值税税收集权显著地提高了地级市工业企业的数量。同时,从第(4)列可以看出,增值税税收集权也显著提高了内资企业的数量,这与表4-3的第(1)列至第(3)列实证结果一致,说明内资企业产值的扩大可能与地方政府扩大的内资企业数量有关。而第(5)列的实证结果可以看出,税收集权对外资企业的数量没有显著影响,这与表4-3的第(4)列至第(6)列的实证结果一致。而表4-4第(6)列中税收集权对港澳台企业的数量也有显著促进作用,表4-4的第(4)列至第(6)列结果表明,增值税税收集权对港澳台企业产值并没有显著作用,这可能与这部分新增的企业产值规模较小有关。

从表4-5可以看出,增值税税收集权对工业企业产值总规模的影响与税收集权的引入效应有关，地方政府在应对增值税税收集权时，倾向于通过引起新增企业的方式来稳定本地税收收入。为进一步判断支持效应是否存在，本章通过以下两方面进行实证检验：第一，通过在模型（4－1）中加入工业企业数量作为控制变量的方法来观察这一效应。当加入工业企业数量后，税收集权仍然对工业产值具有显著影响，那么我们可以认为除了引入效应，地方工业的发展还存在支持效应；当加入工业企业数量作为控制变量后，增值税税收集权变量不再显著，那么可以认为只有引入效应，而不存在支持效应。第二，使用每个工业企业的平均产值作为被解释变量，观察税收集权是否导致工业企业的平均产值规模扩大，以此判定税收集权是否具有支持效应。对第一类方法的实证检验如表 4－5 第（1）列至第（4）列所示，其中的被解释变量依次为工业总产值、内资企业工业总产值、外资企业工业总产值和港澳台企业工业总产值；对第二类方法的实证检验如表 4－5 的第（5）列至第（8）列所示，被解释变量依次为平均工业总产值、平均内资企业工业总产值、平均外资企业工业总产值和平均港澳台企业工业总产值。

表 4－5　　　　　增值税税收集权的影响机制分析：支持效应

| 自变量 | lnido (1) | lndido (2) | lnfido (3) | lnhmtido (4) | lnro (5) | lndro (6) | lnfro (7) | lnhmtro (8) |
|---|---|---|---|---|---|---|---|---|
| dvat | 0.098 (0.138) | 0.090 (0.162) | －0.168 (0.441) | 0.481 (0.374) | 0.000 (0.308) | 0.110 (0.336) | －0.245 (0.445) | 0.487 (0.374) |
| ldvat | 0.038 (0.052) | 0.110 (0.076) | －0.078 (0.194) | －0.195 (0.196) | －0.218 ** (0.098) | －0.151 (0.120) | －0.059 (0.187) | －0.130 (0.191) |
| lnidn | 0.279 *** (0.037) | | | | | | | |
| lndidn | | 0.282 *** (0.033) | | | | | | |
| lnfidn | | | 1.217 *** (0.114) | | | | | |
| lnhmtidn | | | | 1.333 *** (0.100) | | | | |
| 控制变量 | 是 | 是 | 是 | 是 | 是 | 是 | 是 | 是 |
| 年份固定效应 | 是 | 是 | 是 | 是 | 是 | 是 | 是 | 是 |
| 地区固定效应 | 是 | 是 | 是 | 是 | 是 | 是 | 是 | 是 |
| $R^2$ | 0.949 | 0.925 | 0.710 | 0.612 | 0.796 | 0.746 | 0.487 | 0.414 |
| 样本量 | 1798 | 1793 | 1695 | 1676 | 1798 | 1793 | 1695 | 1676 |

注：括号内数据为地市聚类稳健标准误；* 表示在 10% 水平上显著，** 表示在 5% 水平上显著，*** 表示在 1% 水平上显著。

从表4-5的第（1）列至第（4）列可以看出，在加入各类工业企业数量作为控制变量后，各工业企业数量变量显著，而税收集权变量不再显著，这说明工业企业产值的扩大来源于数量的增加，而非已有企业自身规模的扩大，这一结论也得到了第（5）列至第（8）列数据的验证，在以平均工业产值作为被解释变量时，增值税税收集权变量不再显著为正，甚至出现了显著为负的现象。从表4-5可以看出，地方政府在应对增值税税收集权时，主要是通过积极引进新的企业进入当地扩大税基，而非对已有企业进行政策支持，扩大已有企业的产业规模。

## 4.5　稳健性检验

为了进一步确认前面得到的观点解释，本章作了进一步的稳健性检验，本章的稳健性检验主要从关键变量指标构建以及反向因果判断两方面来进行。

一方面，本章关键变量即增值税税收集权变量是由比例值进行衡量的，为减少不同构建方法对主要实证结论的不同影响，本章构建增值税税收集权的虚拟变量，当该年度增值税税收分成减少时，设定 $dvat = 1$，否则 $dvat = 0$，同时，删除增值税税收分成增加的城市样本，这样做的目的主要有两点：第一，构建虚拟变量能够反映增值税集权或分权的基本趋势，能够获取稳健一般性结论；第二，构建 $dvat$ 虚拟变量使得模型（4-1）更符合 DID 回归模型，这使得回归系数估计出的是集权冲击带来的工业发展效应。利用虚拟变量进行 DID 回归后的实证结果见表4-6，根据表4-2和表4-3的实证结果，此处选择的被解释变量依次为工业总产值取对数、工业企业主营业务收入取对数以及内资企业工业总产值取对数，如表4-6第（1）列至第（3）列所示。

表4-6　　　　　　　　　　　　稳健性检验

| 自变量 | lnido （1） | lnmbi （2） | lndido （3） | dvat （4） | dvat （5） | dvat （6） |
|---|---|---|---|---|---|---|
| $dvat$ | 0.057 | 0.145 ** | 0.021 | | | |
| | (0.056) | (0.064) | (0.062) | | | |
| $ldvat$ | 0.046 ** | 0.079 ** | 0.077 ** | | | |
| | (0.023) | (0.033) | (0.032) | | | |
| $L. lnido$ | | | | -0.007 | | |
| | | | | (0.005) | | |

续表

| 自变量 | lnido（1） | lnmbi（2） | lndido（3） | dvat（4） | dvat（5） | dvat（6） |
|---|---|---|---|---|---|---|
| L. lnmbi | | | | | -0.002<br>（0.003） | |
| L. lndido | | | | | | -0.004<br>（0.004） |
| 控制变量 | 是 | 是 | 是 | 是 | 是 | 是 |
| 年份固定效应 | 是 | 是 | 是 | 是 | 是 | 是 |
| 地区固定效应 | 是 | 是 | 是 | 是 | 是 | 是 |
| $R^2$ | 0.940 | 0.892 | 0.915 | 0.630 | 0.629 | 0.585 |
| 样本量 | 1752 | 1748 | 1747 | 1553 | 1549 | 1548 |

注：括号内数据为地市聚类稳健标准误；＊表示在 10% 水平上显著，＊＊表示在 5% 水平上显著，
＊＊＊表示在 1% 水平上显著。

从表 4 - 6 第（1）列至第（3）列可以看出，使用虚拟变量回归后其实证结果与表 4 - 2 和表 4 - 3 基本一致，增值税的税收集权对工业企业发展具有稳健的显著促进作用。这表明本章指标构建的不同方法并不会影响本章的主要实证结论，增值税的税收集权趋势确实能够推动地方的工业发展。

另外，本章也观察了工业企业发展规模对地方增值税税收分成变化的影响。理论上这一路径基本不可能成立，即地方政府的税收分成比例是由省级政府通过省以下财政体制制定，地级市工业状况难以对其决策产生影响，但为了减少这类反向因果带来的可能性干扰，本章也观察了其工业发展变量对增值税税收分成的影响，由于政策变化需要一定的反应时间，因此各回归模型中的核心解释变量为滞后一期的工业总产值取对数、工业企业主营业务收入取对数以及内资企业工业总产值取对数变量，其实证结果如表 4 - 6 的第（4）列至第（6）列所示。

可以看出，无论是滞后期工业总产值和滞后期工业企业主营业务收入，还是滞后期内资企业总产值，其对地级市增值税集权与否均无显著影响，这表明不存在工业发展规模影响地级市税收集权的现象，本章实证结论并不会受到反向因果内生性的干扰。因此，我们认为本章实证结论存在较强的稳健性。

## 4.6　结论与启示

在中国式财政激励理论的框架下，本章提出了三个研究假说，并构建了

2003～2011年地级市政府税收分成变化量的面板数据，利用地方财政体制改革实践研究了税收集权对工业企业规模及政府发展工业企业的路径选择产生的影响效应，提供了地级市政府层面的税收集权效应的经验证据。本章选择地级市政府税收分成比例降低的变量作为税收集权指标，有效地避免了以往税收分成指标的内生性，从宏观层面剖析税收集权对工业企业规模与主营业务收入等指标的影响，考察了省级政府对地级城市的增值税税收分成比例减少的变化量对工业企业规模及政府发展工业企业的路径选择的变化效应。

本章的研究表明：省级政府对地级市政府的税收分成比例的减少，激励地方政府通过扩大本地工业企业产值规模来缓解税收集权带来的"财政压力"，以稳定本地增值税税收收入的持续增长。通过进一步分析地方政府扩大本地工业企业产值规模的途径与路径，我们发现，在稳定地方财力的过程中，地方政府更多的是通过扩大内资企业的产值规模来增加本地税源，而扩大内资企业产值规模的路径则主要依赖于积极引进新的企业进入当地以扩大税基。

本章提出以下政策建议：在我国继续实施减税降费、减轻企业负担的大背景下，建议地市级政府进一步优化财政支出结构，提高财政资金使用效率。我国地级市政府正面临着税收收入减少带来的"财政压力"，地方政府应加快培育税源，增加对创新性小微企业的扶持力度，积极发展本地高新技术产业、战略性新兴产业及智能产业，打造产业集群，发展壮大新动能；地方政府应为企业营造良好的投资与经营环境，引进工业企业扩大本地工业企业总产值规模、维持本级财政收入的同时，要尽量避免"生态环境陷阱"，在企业类型的选择上，防止盲目引入高消耗、高污染的企业，而应吸引绿色及低碳工业企业加盟本地以实现绿色发展。地方政府还应加快区域内的科技创新培育，促进科技成果转化。而从国家层面来看，建议进一步加快划分地方的事权与支出责任，建立事权与支出责任相匹配的现代化的财政制度。

## 4.7　本章小结

税收集权对地级市工业企业的规模产生何种激励效应？本章利用2003～2011年增值税税收集权改革的经验数据，建立双重差分模型，观察税收集权对地级城市工业企业规模和主营业务收入产生的影响效应。研究表明：地级市政府面对增值税税收分成的减少，通过扩大本地工业企业产值规模来应对税收降低的可能，提升辖区内工业企业总产值和主营业务收入。相较于外资企业和港澳台资工业企业，内资企业更受地方政府经济发展的青睐，地级市政府更倾向于通过制定向内资企业倾斜的政策支持内资工业企业的发展，而发展方式则采用"引入效应"，地级市政府通过土地出让、金融优惠以及各类财税优惠政策吸引企业以扩大税基，并通过扩大工业企业的数量来保证辖区内工业企业总产值规模的增长。

# 第 5 章

# 地方财权划分、财政自给与经济增长

## 5.1 问题的提出

我国是一个拥有中央、省、市、县、乡五级政权的发展中国家，多层级的框架结构构成了我国特殊的国情，也决定了我国政府间财政关系复杂而繁琐（贾康，2005）。现代分税制认为：政府间收入责任的划分，必须像明晰产权一样明确税权的配置，只有明确各级政府税权，才能合理有效划分税种和收支。1994 年分税制改革以来，中央与地方政府间财政管理体制逐步建立与完善，各省份比照中央与地方间财政管理体制建立了本省的省以下财政制度，通过"税收分成"确立省级与地级市政府的固定收入、共享收入及分成方式，并对省际税收收入按照总额分成、递增分成及税种分成等模式在各级政府间进行划分。我国地方政府的财政分权的主体框架是：省级政府与地级市政府通过订立税收分成契约决定着税收剩余索取权与税收风险及其他税权（吕冰洋，2003），省级政府通过不断调整与地方间税权边界以实现不同时期的财政目标。"一省一式"的地方税收收入划分方案一方面考量着各省级政府在处理自由空间分级管理的分权性制度安排，同时也考量着地级市政府在进行自我管理、地方政府行为能力、制度创新异质性与辖区内要素流动性等经济问题的权衡举措。对于地方政府而言，其拥有的是不完全税权，地方政府间财政关系与中央和省级政府层面的财政关系存在着明显差异，因此税收分成是地方税收收益权配置的主体部分，对地方政府税收分成展开研究，能够较好地从一个侧面反映地方政府间财政关系和地方政府与市场间财政关系。基于新近发展起来的新财政集权理论（陶然，2009；张军，2012；Su et al.，2012；Zhang，2012）从理论上分析地方政府在面对地方主体税种税收集权后地方政府的行为变化。基于此，本章剖析中国式财政分权特征，以期挖掘其对基层政府行为与政府财政自给能力带来何种效应。

### 5.1.1　税收分成激励对地方政府财政收入与支出的影响

"营改增"前，地方税的主体税种为增值税和营业税，绝大多数地区的主体税种税收分成比例远高于其他税种在省级与地级城市间的划分。因此，对于地级市政府而言，税收集权所引致的地方财政收入水平下降较其他税种而言更加明显。地方税收集权改革政策的下发，使得主体税种在省级与地方政府间分成比例降低，税收集权作为外生变量对地方财政收入造成了较大冲击，地方政府面临着两个直接选择：一是缩减财政支出规模缓解财政压力；二是增加财政收入努力，地方政府基于财政收入最大化的目的必然提高增加财政收入的努力水平。方红生、张军（2014）认为，财政集权通过激励地方政府偏好培育预算内收入的策略最大化本地财政收入。预算内财政支出通常是由各级政府划分规定的，且机构人员、教育、医疗、卫生等支出很难短时期内调整合适，故而相较于预算内财政支出而言，地方政府通过寻求各种途径，扩大预算外财政收入的意愿则更强烈，以维持原有财政支出不变。由此我们得出以下待检验的假说。

假说1：面对主体税分成的减少，地方政府相比减少支出而言更偏好寻求其他途径扩大税基扩大预算内财政收入，以保证本辖区范围内的收支平衡。

### 5.1.2　税收分成激励对分地区财政支出的影响效应

上述假说并没有考虑地区的异质性问题，地方政府的资源禀赋、税源、税基不同，因此在面对税收集权时，地方政府的反应有所不同，其结果也有所不同。发达区域与欠发达区域存在着显著的异质性，经济发达地区在经济政策、资源禀赋上具有明显优势，税收收入总量较欠发达地区多，发达地区与欠发达地区相比较而言，面对税收集权其有充足的经济手段和丰富的资源调整扩大税基，通过增强税收征管努力水平、引入投资、扩大生产等方式来维持原有的地区福祉水平；相对而言，欠发达地区其经济发展水平总体低下，面对有限的资源，不可能短时间内筹集财源，因此其地区福祉水平呈下降态势。由此我们得出以下待检验的假说。

假说2：税收集权实际上减少了欠发达地区的财政支出总水平，而对于发达地区而言，其拥有充足的经济发展手段，税收集权并不会减少该地区的财政支出。

## 5.2　回归策略及数据说明

本章主要探究了地方主体税种税收变化对地方财政的主要影响。选择地方主体税种税收分成作为研究核心的原因在于在"营改增"之前，地方主体税种是地方第一大税种，因此地方主体税种税收分成的变化对地方的财力影响最大，其对地方政府的行为影响也应该是最深刻的。当然，这也为当前"营改增"结束的后续改革提供相应的借鉴，以判断这一财税制度改革后中央政府与地方政府间可能出现的增值税分成变化对省以下地方财力、政府行为及经济增长的影响。

### 5.2.1　回归策略

本章采用回归模型（5-1）进行实证检验：

$$y_{it} = \alpha_1 \cdot dbust_{it} + X\beta + \delta_i + \tau_t + \varepsilon_{it} \tag{5-1}$$

其中，$y_{it}$ 为地区 $i$ 在 $t$ 年的财政自给率，本章利用各地级市一般预算收入除以一般预算支出计算获得。$\alpha_1$ 为相关系数，$\delta_i$ 为地区固定效应，$\tau_t$ 为时间固定效应，分别控制个体不随时间变化及不随个体变化的不可观测变量因素，$\varepsilon_{it}$ 为误差项，$X\beta$ 为控制变量。关键变量为 $dbust_{it}$，这表示地级市 $i$ 在年度 $t$ 的地方主体税种变化程度 $dbust_{it}$，其计算公式为 $dbust_{it} = \dfrac{bust_{it-1} - bust_{it}}{bust_{it-1}}$，其中，$bust_{it}$ 为地级市政府地方主体税种税收分成比例，$bust_{it-1}$ 代表上一期的地级市政府地方主体税种分成比例，$bust_{it-1} - bust_{it}$ 则代表上一次改革地方主体税种的税收分

成比例减去本次改革地方主体税种分成比例，表示税收分成改革前后地方主体

税种分成比例之差，即财政的集权和分权效应，$\dfrac{bust_{it-1} - bust_{it}}{bust_{it-1}}$ 表示改革前后的

地方主体税种分成比例的税收变化程度。$bust_{it-1} > bust_{it}$ 即上一期地方主体税种

分成比例比本次改革的地方主体税种分成比例高。因此，$dbust_{it} > 0$ 表明地级

市经历了地方主体税种税收集权，且该变量值越大意味着 $t$ 年地级市地方主体

税种分成减少越多，即地级市面临省级政府的地方主体税种税收集权程度更

大。$dbust_{it} = 0$ 表明地级市地方主体税种分成比例未发生变化；$dbust_{it} < 0$ 表明

地级市地方主体税种税收分成分权。可以看出，由于在本章的实证样本内，各

地级市的地方主体税种税收分成主要表现为税收集权现象，即省级财政降低了

地级市地方主体税种税收分成比重。

　　模型（5 - 1）考察了地方主体税种分成对政府财政自给率的实证效应，

但其结果往往容易受到内生性的挑战，因为地级市政府的财政自给率并不仅仅

受到税收分成及相关控制变量决定。当舍弃个别城市的地方主体税种分成提高

的样本后，我们根据 2003 ~ 2011 年各省份税收分成的变化设计了 DID 模型。

可以看出，由于在本章的实证样本内，各地级市的地方主体税种税收分成主要

表现为税收集权现象，即省级财政降低了地级市地方主体税种税收分成比重，

当舍弃个别城市的地方主体税种分成比例提高的样本后，以地方主体税种税收

分成未发生变化的地级市作为控制组样本，以地方主体税种分成发生变化的城

市样本作为处理组，观察税收分成变化对地级市政府的财政自给能力的实证效

应，具体如下：

$$y_{it} = \alpha_2 \cdot dbust_{it} + X\beta + \delta_i + \tau_t + \varepsilon_{it} \qquad (5 - 2)$$

　　模型（5 - 2）各变量的涵义同模型（5 - 1）。模型（5 - 2）的双重差分主

要表现为：$dbust_{it} = 0$ 表示地级市税收分成未发生变化，未发生变化的地级市

作为样本控制组；$dbust_{it} > 0$ 表示税收分成发生集权的地级市则作为处理组；

由于 2003 ~ 2011 年，税收集权是省级政府制定政策共同的趋势，$dbust_{it} < 0$ 代

表的增值税税收分成的样本很少，在这里为了便于更好地集中反映增值税税收

集权的政策效应，故舍去增值税税收分成变化的地级市样本。

### 5.2.2 描述统计

为减少遗漏变量影响，本章控制住其他对地方财政自给率的社会经济影响因素，包括人均 GDP、固定资产投资额、受教育水平以及城市化率等变量，其中，人均 GDP 和固定资产投资额在消除价格影响因素后取对数处理。此外，作为地方财政的第二大税种，增值税税收分成变化也对地方财力产生了较大影响，因此本章也利用同样的方法计算了增值税税收分成变化变量 $dvat_{it}$。

本章选择在地市层面研究税收分成变化的影响。由于 2012 年的"营改增"试点改革可能影响主体税种税收分成，为此本章选择了 2011 年的数据样本，而地市财政自给率初始数据起始于 2003 年，因此本章的最终样本为 2003～2011 年地级市样本数据。本章核心解释变量来源于中国各年各省份财政体制关于各地市地方主体税种税收分成的数额及其变化的规定，增值税税收变化变量也来源于此。

各控制变量数据来自 CEIC 数据库。表 5－1 为各变量的描述性统计结果。

表 5－1　　　　　　　　　　　变量的描述性统计

| 变量名称 | 变量含义 | 均值 | 标准差 | 最小值 | 最大值 |
|---|---|---|---|---|---|
| $frate$ | 财政自给率，一般预算收入与一般预算支出比 | 0.489 | 0.227 | 0.046 | 1.256 |
| $bust$ | 营业税分成状态 | 0.809 | 0.184 | 0.250 | 1 |
| $dbust$ | 营业税分成变化 | 0.006 | 0.065 | －0.800 | 0.400 |
| $vat$ | 增值税分成状态 | 0.206 | 0.050 | 0.063 | 0.250 |
| $dvat$ | 增值税分成变化 | 0.002 | 0.083 | －1 | 0.7 |
| $lnrgdp$ | 人均 GDP 取对数 | 1.974 | 0.958 | －0.714 | 5.251 |
| $lninvest$ | 固定资产投资取对数 | 8.196 | 1.054 | 5.443 | 11.277 |
| $edu$ | 受教育水平，高等学校在校生数占总人口比 | 0.013 | 0.018 | 0 | 0.127 |
| $urban$ | 城市化率，城市人口占总人口比 | 0.335 | 0.172 | 0.062 | 1 |

## 5.3　回归结果及机制分析

### 5.3.1　基准回归结果

本部分主要报告根据模型（5－1）得到的实证回归结果，并对主要实证结果提出相应理论解释，并对此进行相应实证检验。表 5－2 报告了地市地方主体税种税收分成变化对地方财政实际状况的实证效应。其中，第（1）列和第（2）列分别报告了当期和滞后一期的地方主体税种分成变化对地方财政自给率的影响，第（3）列为将各期地方主体税种分成变化状态放在一起进行回归的实证结果。

表 5 - 2　　　　　　地方主体税种税收分成对地方财政自给率的实证效应

| 自变量 | frate（1） | frate（2） | frate（3） |
|---|---|---|---|
| dbust | 0.259 *** | | 0.264 *** |
| | (0.061) | | (0.061) |
| ldbust | | 0.036 * | 0.042 ** |
| | | (0.021) | (0.021) |
| dvat | - 0.247 *** | - 0.019 | - 0.244 *** |
| | (0.074) | (0.057) | (0.074) |
| lnrgdp | 0.139 *** | 0.133 *** | 0.139 *** |
| | (0.037) | (0.037) | (0.037) |
| lninvest | - 0.007 | - 0.010 | - 0.007 |
| | (0.014) | (0.014) | (0.014) |
| edu | 0.718 | 0.744 | 0.714 |
| | (0.645) | (0.648) | (0.645) |
| urban | 0.075 | 0.057 | 0.077 |
| | (0.090) | (0.091) | (0.089) |
| 年份固定效应 | 是 | 是 | 是 |
| 地区固定效应 | 是 | 是 | 是 |
| $R^2$ | 0.106 | 0.092 | 0.108 |
| 样本量 | 1804 | 1804 | 1804 |

注：括号内数据为地市聚类稳健标准误；* 表示在10%水平上显著，** 表示在5%水平上显著，*** 表示在1%水平上显著。

从表 5 - 2 第（1）列可以看出，与我们的先前经验不同的是，地方主体税种税收分成的减少在当期将显著促进地方财政自给率的上升，而非降低了地方财政自给率。同时，滞后一期的地方主体税种税收分成也表现出相同的趋势，即滞后一期的地方主体税种税收集权也在10%水平上显著提高了地市的财政自给率。在各变量综合回归结果中，这一结果也具有稳健性，当期及滞后一期的地方主体税种税收集权能够显著地提高地方的财政状况。

## 5.3.2　影响途径及解释

途径分析一：税收集权与地方财政预算收入与预算支出。

与之前预期相反的是，主体税种税收集权对地方的财政状况有了促进作用，即当上级政府降低地市财政来源时，地市政府的财政状况反而得到好转。为了获得其中的机制途径，本章首先将财政自给率分离，分别考察了主体税种税收集权对地市一般预算收入和一般预算支出的影响，实证结果见表5－3。其中，第（1）列至第（3）列的被解释变量为地市一般预算收入，第（4）列至第（6）列的被解释变量为地市一般预算支出。

表5－3 主体税种税收集权对地市收入和支出的实证效应

| 自变量 | rev（1） | rev（2） | rev（3） | exp（4） | exp（5） | exp（6） |
|---|---|---|---|---|---|---|
| dbust | 4979.168<br>（4610.983） | | 5134.788<br>（4635.974） | 389.984<br>（4801.236） | | 423.826<br>（4838.265） |
| ldbust | | 1239.166<br>（808.594） | 1346.591<br>（829.419） | | 283.974<br>（909.601） | 292.841<br>（939.278） |
| 控制变量 | 是 | 是 | 是 | 是 | 是 | 是 |
| 时间固定效应 | 是 | 是 | 是 | 是 | 是 | 是 |
| 地区固定效应 | 是 | 是 | 是 | 是 | 是 | 是 |
| $R^2$ | 0.420 | 0.419 | 0.420 | 0.630 | 0.630 | 0.630 |
| 样本量 | 1804 | 1804 | 1804 | 1804 | 1804 | 1804 |

注：括号内数据为地市聚类稳健标准误；＊表示在10%水平上显著，＊＊表示在5%水平上显著，＊＊＊表示在1%水平上显著。

从表5－3可以看出，从t值的10%水平上来判断，主体税种税收分成的变化对地市财政收入与支出均没有显著的影响。尽管如此，从第（1）列至第（3）列可以看出，对一般预算收入的回归系数的t统计量均大于1，且其系数较大，而第（4）列至第（6）列中对一般预算支出的回归系数均显著小于对应第（1）列至第（3）列中的估计系数，且其t统计量也过小。这可能是主体税种税收集权对地市财政状况的直接原因，即对一般预算收入具有一定的促进作用，而对一般预算支出的作用不明显。

途径分析之二：税收集权的分地区财政影响效应。

由于主体税种主要属于对应第三产业的税种，其发展严重地依赖于经济发展水平以及地方资源禀赋，这对于欠发达地区而言更是如此，这些地区政府在应对税收集权时可能并没有足够的条件来发展第三产业规模，因此难以增加其一般预算收入规模。为此，有必要对不同经济发展地区的税收集权效应进一步地探讨。因此，本章根据各地市GDP规模，将地市样本分为经济欠发达、经济中等和经济落后地区这三类城市样本，并进行分样本回归，以观察主体税种税收集权对这些地区的财政状况的具体情况。同时，在处理样本过程中，为了减少税收集权对 GDP 可能产生的反向因果效应，本章选择了按照 2003 年各地市的 GDP 规模进行了分类，以观察具体的效应。分样本回归结果见表 5 - 4。

表 5 - 4　　　　　　　　不同经济发展地区的分样本回归结果

| 自变量 | 经济欠发达地区 | | | 经济中等地区 | | | 经济发达地区 | | |
|---|---|---|---|---|---|---|---|---|---|
| | *frate*<br>(1) | *rev*<br>(2) | *exp*<br>(3) | *frate*<br>(4) | *rev*<br>(5) | *exp*<br>(6) | *frate*<br>(7) | *rev*<br>(8) | *exp*<br>(9) |
| *dbust* | 0.234 ***<br>(0.050) | 687.59<br>(778.19) | - 2023.6 *<br>(1141.8) | 0.307 ***<br>(0.092) | - 847.83<br>(1323.9) | - 6875.0 ***<br>(2201.2) | 0.368 ***<br>(0.102) | 11216<br>(17477) | 1018.5<br>(18460.2) |
| *ldbust* | 0.021<br>(0.032) | - 64.200<br>(270.50) | - 554.89<br>(466.56) | 0.014<br>(0.037) | - 648.2 **<br>(257.6) | - 1605.8 ***<br>(591.2) | 0.100 ***<br>(0.036) | 2233.7<br>(2601.9) | - 225.33<br>(2517.9) |
| 控制变量 | 是 | 是 | 是 | 是 | 是 | 是 | 是 | 是 | 是 |
| 时间固定<br>效应 | 是 | 是 | 是 | 是 | 是 | 是 | 是 | 是 | 是 |
| 地区固定<br>效应 | 是 | 是 | 是 | 是 | 是 | 是 | 是 | 是 | 是 |
| $R^2$ | 0.118 | 0.676 | 0.850 | 0.162 | 0.810 | 0.892 | 0.177 | 0.612 | 0.712 |
| 样本量 | 611 | 611 | 611 | 617 | 617 | 617 | 567 | 567 | 567 |

注：括号内数据为地市聚类稳健标准误；＊表示在 10% 水平上显著，＊＊表示在 5% 水平上显著，＊＊＊表示在 1% 水平上显著。

其中，第（1）列、第（4）列和第（7）列的被解释变量是财政自给率，第（2）列、第（5）列和第（8）列的被解释变量为一般预算收入，第（3）列、第（6）列和第（9）列的被解释变量为一般预算支出。各列回归结果是将各期主体税种税收分成变化变量合并回归。

从表 5 - 4 的分样本回归可以看出，主体税种税收集权对不同经济发展水平地区确实表现出不相同的效果，且具有明显的趋势。第一，对经济欠发达以及中等地区而言，主体税种税收集权仅在当期提高了其财政自给率，在滞后一期没有明显的效应，且其系数低于发达地区水平；第二，对于欠发达地区而言，主体税种税收集权并没有提高一般预算收入，甚至显著降低了其一般预算收入，如对于经济中等地区而言，滞后一期的主体税种税收集权显著降低了其一般预算收入，而发达地区并没有发现抑制效应，其回归系数均为正值；第三，在欠发达地区，主体税种税收集权显著地降低了其一般预算支出，而这一现象在发达地区并不明显，这也使全区域的回归结果并不显著；第四，对于欠发达地区，尽管主体税种集权显著减少了一般预算收入和支出，但支出规模减少得更多，这使得欠发达地区的自给率有所上升。

根据以上实证回归结果可以看出，主体税种对地市的财政自给率的影响途径并不一致。对于欠发达地区，主体税种税收集权确实减少了其一般预算收入与一般预算支出，欠发达地区面对税收集权时，确实减少了地方政府的财政收入，使得地方的可用财源降低，为了应对这一状况，地方政府将更大程度地降低其财政支出，最终实现了财政自给率的上升。但对于发达地区并非如此，发达地区拥有足够的经济条件应对主体税种集权的影响，能够通过发展本地经济以充分稳定税负，实现财政收入的稳定增长，因此其财政支出也不需要过多地减少。

通过分样本回归可以看出，不同经济发展的地区应对税收集权的方法不一，税收集权对地方财政状况的影响途径存在明显差异，税收集权实际上减少了欠发达地区的整体福利水平，该地区无法通过发展本地经济维持财政状况保持不变，而对于发达地区而言，其拥有充足的经济发展手段，因此税收集权并不会减少其地区福利水平，这些地区不需要减少财政支出，能够维持本地的原有财政状况。可以说，发达地区应对主体税种税收集权更加积极有效。

# 5.4 结论与启示

直觉上，地方主体税种税收收入主要来源减少，地方财政自给能力会下降。根据实证结果，我们得出以下结论：（1）主体税种税收分成的减少在当期将显著促进地方财政自给率的上升，而非降低了地方财政自给率。同时，滞后一期的主体税种税收分成也表现出相同的趋势，即滞后一期的主体税种税收集权也在10%水平上显著提高了地级市的财政自给率。地方政府在应对主体税种税收集权时，将通过各类经济发展手段，以扩大本地税基，增加一般预算收入，地方政府这一反应使得地方财政反而有所好转，这表明税收集权也存在一定的财政激励效应，地方政府在应对财政风险时可能加大对财政规模的支持力度。（2）对经济欠发达以及中等地区而言，其系数低于发达地区水平；对欠发达地区而言，主体税种税收集权显著降低了其一般预算收入，而这一现象在发达地区并不明显，这也使全区域的回归结果并不显著；对于欠发达地区，尽管主体税种集权显著减少了一般预算收入和支出，但支出规模减少得更多，这使得欠发达地区的自给率有所上升。我们发现，税收集权对欠发达地区的影响比发达地区显著，发达地区财政收入来源稳定，集权并不会减少地区福利水平；而欠发达地区由于税收集权后，明显地缩减开支减少政府规模，实现了财政自给率的上升。

## 5.5　本章小结

省级政府对地级城市税收集权对地方财政自给能力、地方政府的经济增长产生何种效应？本章基于我国地级城市面板数据，通过量化省对地市级政府税收分成的变化指标，并将样本分成发达地区、中等地区和欠发达地区，实证检验了其对地方政府财政收入与支出规模、地方财政自给及对经济增长产生的影响效应。结果表明：不同经济发展水平的地区应对税收集权的方法不一，税收集权对地方财政状况的影响途径存在明显差异，税收集权减少了欠发达地区的整体福利水平，对于发达地区而言，其拥有充足的经济手段发展本地经济，以维持原有财政支出。

# 第 6 章

# 地方财权划分、科技创新与研发投入

## 6.1 问题的提出

2019 年《政府工作报告》中明确提出"提升科技支撑能力""坚持创新引领发展、培育壮大新动能""加强关键核心技术攻关""开展项目经费使用'包干制'改革试点""营造良好的科研生态"等一系列关于科技创新的内容。随着我国经济由高速转向中高速增长，提升科技创新对经济社会的支撑能力愈发紧要和关键。近年来，我国不断扩大科学技术支出的规模，尤其对于地方财政科技支出更为重视。随着财政分权的不断深化，地方政府拥有了更大的财政自主权，也带来了地方财政科技支出的不断增加。根据财政分权理论，地方政府的参与能够优化科技创新资源的配置和提升创新效率。但长久以来，我国过分关注领域创新，忽视区域创新，虽然部分领域的科技水平的确已经达到了世界前沿，但也存在领域间科技创新效率不平衡，区域间科技创新效率差距明显等问题。那么财权划分对科技创新效率存在什么影响？财权划分与财政科技投入是何关系？财权划分是否能通过影响财政科技支出对科技创新效率产生间接影响？

## 6.2 理论分析与研究假说

财权划分与科技创新效率存在必然关联。由于"用脚投票"机制存在以及地方政府对辖区居民公共品需求偏好具有信息优势，所以财权划分能促进公共品供给效率。首先，随着户籍制度藩篱松动以及市场化水平的提升，科技人员、科技资本等要素自由流动越来越顺畅，地方政府会积极进行制度创新，通过增加科技投入、降低赋税等科技政策吸引科技创新要素集聚，促进其效率提升。其次，相对于中央政府，地方政府对辖区科技创新主体的信息了解更加充分，在有限财力和政策框架内，由地方政府选择支持规模大、科技实力强的科研主体更有效，能通过优化科技创新资源配置、提升科技财政投入使用效率等提升科技创新效率。

另外，中国式分权是内置于"向上负责"的政治集权，中央政府可以根据其战略意图转变对地方政府的激励和约束条件，尤其在创新驱动发展战略背景下，中央政府把技术创新作为重要的考核地方政府的"标尺"，甚至把财政科技投入作为"一票否决"的考核指标，地方政府会积极响应中央战略并增加科技财政投入、完善科技支持政策和环境，来推动科技进步。

因此，本书提出待检验的假说：地方财权划分对地方科技支出有影响，且不同地区的影响效应具有显著的差异性。

## 6.3　数据说明与实证策略

1994 年至今的 31 个省、自治区、直辖市以下财政体制文件具有散、乱、杂的特征，且很难确定收集的数据是否完整代表该地区（省、自治区、直辖市）自 1994 年至今历年的省以下财政体制改革文件，为了尽可能完整反映 1994 年以来各省份省以下增值税和营业税的分成安排，我们通过多种途径收集了各省份财政体制调整的文件资料①，从中整理了各省份 1994 ~ 2011 年地市级政府两税分成比例的调整时间和具体数值。

---

① 我们主要通过网络搜索、向各省份财政厅申请公开等方式获取各省份财政体制改革文件。同时，为了保证资料的完整性，我们通过多种途径比对资料，如向部分省财政厅申请公开材料、前后改革文件的比对、各省份年鉴及财政年鉴对财政体制改革的说明资料以及与《中国省以下财政体制（2006）》进行核对等。总体上，我们基本收集到了各省份 1994 ~ 2011 年省以下财政体制安排的文件资料，这保证了我们研究基础资料的完整性。

### 6.3.1 数据完整性说明

我们向各省份政府网站、省财政厅网站政务公开信息通道申请历年来各省份财政管理体制变革的资料内容，以保证数据的完整性，如浙江、四川、河南、甘肃等省份的地方财政体制文件均在该省政府网站申请政务公开。

我们根据财政部预算司编制的《中国省以下财政体制（2006）》，查询了各个省份 1994~2006 年的地方财政体制的完整文件数据，以此判定地方财政体制改革的完整性；有些省份公布了 1994~2006 年本省所有改革文件，而有的省份虽公布了最新年份财政改革文件原文，但在各省份 1994~2006 年改革介绍中公布了各省份财政体制变革实施的时间、主要措施及部分文件名称，以此判断各省份历次改革年份、改革时间及主要内容。

通过各省份年鉴及财政年鉴中提及"省财政体制改革"或"财政改革"的内容，进一步补充确认各省份跨年财政改革年份、内容及文件名称。

### 6.3.2 数据查找

各省份财政体制改革内容主要通过网络搜索、申请公开、各省份年鉴、财政年鉴查询等方式获得，逐步厘清各省份完整的财政体制改革脉络。

（1）根据政府网站申请、财政部预算司编制的《中国省以下财政体制（2006）》及各省份年鉴及财政年鉴获取了大部分省份的财政改革文件。

（2）根据财政部预算司编制的《中国省以下财政体制（2006）》及各省份年鉴及财政年鉴公布的部分省份改革时间和文件名、改革内容确立查找关键信息，通过地方财政局网站、法律教育网中地方法规查询栏、地方政府网站、百度和谷歌等搜索引擎查询到部分改革原文，以判断该地方税收分成的集权或分权方向。

（3）对于个别缺失省份文件，进入知网及万方数据库查询相关文献，文献中对缺失的个别省份某一年份的财政体制改革具体内容有介绍，如黑龙江：1994 年财政体制改革资料，来自李晓茜硕士学位论文《黑龙江省以下财政转移支付模式研究》。

（4）鉴于 2012 年起我国开始营业税改增值税的改革，为减少改革对本章研究内容的冲击，仅收集整理截至 2011 年之前的体制变化内容。地方数据文件不全：内蒙古、上海、云南、青海、西藏 1994 年改革文件还未获得。若没有找到相关资料，当缺省值理解。

### 6.3.3　数据处理

在整理各地方增值税和营业税分成变化情况时，数据的处理按照以下几点：第一，北京、上海、天津和重庆四大直辖市直接与中央确定两税划分，与其他地市行政级别不同，不具有可比性，剔除这四个城市样本；第二，大连、青岛、宁波、厦门和深圳五个城市属于计划单列市，其收支直接与中央挂钩，税收共享办法由中央政府确定，不属于省财政体制划分内容，因此剔除这五个城市样本；第三，四川和西藏在第一次分税制财政体制改革后的税收分成比例不明①，因此在 2000 年及 2004 年前两省份分别作缺省值处理；第四，整理出的地市营业税分成不包括铁道部门、各银行总行或保险总公司等行业缴纳的营业税，而只针对一般性质的地方营业税对应行业。本章的核心解释变量是增值税和营业税的分成比例及变化，提取了 1994～2011 年地市增值税和营业税的分成比例数据，并根据各地区变化情况设计了两个税种的差分变量。

本章主要探究了地级市层面上增值税分成变化和科技支出对专利数的影响。选择的核心被解释变量为地级市的专利数量，实证检验地级市政府增值税税收分成变化程度对发明专利的影响。同时，本章将地级市样本按东、中、西部以及不同规模的企业进行分组，分样本研究增值税变化不同的影响效应。本章被解释变量数据来源于专利云数据库，解释变量数据来源于中国城市统计年鉴。

作为我国两大主体税种，本章将核心解释变量设为地级市政府增值税税收集权指标，用增值税税收分成变化程度表示，同时考虑了各自的影响和结合影响效应。解释变量数据来源于中国各年度省财政体制关于各地级市增值税税收分成的数额及其变化的规定。数据收集于各省份的政府网站，并采用网络搜索

---

① 1994 年西藏的财政体制改革资料无法找到；四川 1994 年财政体制改革资料《四川省人民政府关于实行分税制财政管理体制的通知》中指出，增值税"按分税制前的原预算缴库级次不变"，由于无法获取分税制前的财政体制资料，因此作缺省处理。

或寻求政府文件公开获得数据，整理了各省份 2003~2013 年地级市政府营业税分成和增值税分成的数据及其调整情况。由于 2012 年开始的"营改增"试点改革可能对税收分成变化的作用产生影响，因此，本章选择了 2012 年之前的数据样本，为保证研究结果有效，本章将最终的样本确定为 2003~2011 年地级市政府营业税分成和增值税分成的变化情况。

为减少遗漏变量影响，本章也控制住其他对地方发明专利数的影响，即控制变量包括人均 GDP、第一产业 GDP、第三产业 GDP、房地产投资比重、科技支出比重、市场化水平、个人可支配收入、投资水平、开放性水平、受教育水平以及城市化率等变量，其中，人均 GDP 在消除价格影响因素后取对数处理。具体各变量描述性统计见表 6-1。

表 6-1　　　　　　　　　　变量的描述性统计

| 变量名称 | 变量含义 | 均值 | 标准差 | 最小值 | 最大值 |
|---|---|---|---|---|---|
| lnpatent | 专利数量 | 5.31691 | 1.93473 | 0 | 11.38830 |
| lnrd | 研究与发展费用取对数 | 4.48805 | 1.25782 | -1.20400 | 8.37420 |
| dvat | 增值税分成变化 | 0.02012 | 0.08148 | -1 | 0.7 |
| edu | 教育水平 | 0.01279 | 0.01798 | 0 | 0.12710 |
| lngdp1 | 第一产业 GDP 取对数 | 2.52558 | 0.86422 | -2.65930 | 3.88530 |
| Lngdp3 | 第三产业 GDP 取对数 | 3.55306 | 0.24879 | 0 | 4.44660 |
| lnrgdp | 人均 GDP 取对数 | 1.97437 | 0.95804 | -0.71389 | 5.25094 |
| open | 开放性水平 | 0.19759 | 0.39983 | 0 | 4.62180 |
| inv | 投资水平 | 0.53956 | 0.21371 | 0.08299 | 1.62356 |
| urban | 城市化率 | 0.33479 | 0.17196 | 0.06165 | 1 |
| pop | 人口 | 8.14689 | 0.70136 | 5.09804 | 10.28158 |
| estate | 房地产投资比重 | 0.12232 | 0.08214 | 0 | 0.58270 |
| sciratio | 科技支出比重 | 0.02862 | 0.06118 | 0 | 0.36810 |
| market | 市场化水平 | 6.28757 | 1.58035 | 0 | 10.92000 |
| person | 个人可支配收入 | 0.79069 | 2.57697 | 0 | 45.74000 |

### 6.3.4　回归策略

综上描述，本章采用以下回归模型进行实证检验：

$$y_{it} = \alpha \cdot x_{it} + X\beta + \delta_i + \tau_t + \varepsilon_{it} \tag{6-1}$$

其中，$y_{it}$ 为地区 $i$ 在 $t$ 年的地市土地财政的衡量指标，具体数据从国家土地资源年鉴获得。解释变量 $x_{it}$ 包括 $dbust_{it}$、$dvat_{it}$，它们分别表示地市 $i$ 在 $t$ 年度的增值税分成变化和营业税分成变化的程度，计算公式分别为 $dbust_{it}$ =

$$\frac{bust_{it-1} - bust_{it}}{bust_{it-1}}, \quad dvat_{it} = \frac{vat_{it-1} - vat_{it}}{vat_{it-1}}, \quad \text{其中,} bust_{it} \text{为地市营业税税收分成比}$$

例,$vat_{it}$ 为地市增值税税收分成比例。因此,$dbust_{it}$、$vat_{it} > 0$ 表明地市经历了营业税和增值税税收集权,且变量值越大意味着 $t$ 年地市税收分成减少越多,即地市面临省级政府的营业税税收集权程度更大。

由于税收分成的政策变化对地方政府的影响可能产生滞后效应,因此本章不仅考察了当期营业税和增值税税收分成变化的影响,也观察了滞后一期 $ldbust_{it}$、$ldvat_{it}$ 以及滞后二期 $ldbust2_{it}$、$ldvat_{it}$ 营业税和增值税税收分成变化的实际效应。

## 6.4　回归结果及机制分析

### 6.4.1　基准回归结果

本部分主要是对全国 283 个地级市的实证回归结果,并对主要实证结果提出相应理论解释,并对此进行相应实证检验。表 6 - 2 报告了地市营业税税收分成变化及增值税税收分成变化对区域科技创新实际状况的实证效应。其中,第 (1) 列至第 (4) 列是增值税作为解释变量的实证结果,第 (1) 列至第 (3) 列分别报告了增值税当期、滞后一期和滞后二期税收分成变化对科技支出和专利数的影响,第 (4) 列为将各期增值税税收分成变化状态放在一起进行回归的实证结果。

表 6 - 2　　　　　增值税税收集权和科技支出与专利数的影响效应

| 自变量 | (1) lnpatent | (2) lnpatent | (3) lnpatent | (4) lnpatent |
|---|---|---|---|---|
| $Lnrd$ | 0. 12239 *** | 0. 12327 *** | 0. 12216 *** | 0. 12000 *** |
| | (3. 44) | (3. 37) | (3. 39 ) | (3. 35) |
| $sciration$ | 0. 6492148 | 0. 59545 | 0. 64825 | 0. 67882 |
| | (1. 28) | (1. 16) | (1. 26) | (1. 33) |
| $person$ | − 0. 12155 | − 0. 12055 | − 0. 12158 | − 0. 12260 |
| | ( − 1. 43) | ( − 1. 42) | ( − 1. 43) | ( − 1. 44) |
| $edu$ | − 4. 126822 | − 3. 8468 | − 3. 85839 | − 4. 02881 |
| | ( − 1. 10) | ( − 1. 02) | ( − 1. 02) | ( − 1. 08) |
| $Inv$ | − 0. 04452 | − 0. 04233 | − 0. 03499 | − 0. 03635 |
| | ( − 0. 28) | ( − 0. 27) | ( − 0. 22) | ( − 0. 23) |

续表

| 自变量 | (1) lnpatent | (2) lnpatent | (3) lnpatent | (4) lnpatent |
|--------|-------------|-------------|-------------|-------------|
| *market* | 0.05784 | 0.05941 | 0.05930 | 0.05796 |
|          | (1.23) | (1.26) | (1.26) | (1.23) |
| *open* | 0.16149 | 0.16090 | 0.16126 | 0.16182 |
|        | (1.11) | (1.10) | (1.11) | (1.11) |
| *dvat* | −0.18718 | | | −0.16847 |
|        | (−0.68) | | | (−0.60) |
| *ldvat* | | 0.04074 | | 0.03679 |
|         | | (0.33) | | (0.28) |
| *ldvat2* | | | 0.12227 | 0.10568 |
|          | | | (1.15) | (0.91) |
| *lngdp1* | −0.20829** | −0.20636** | −0.20858** | −0.20945** |
|          | (−2.28) | (−2.25) | (−2.27) | (−2.29) |
| *lngdp3* | 0.02900 | 0.02496 | 0.02335 | −0.02924 |
|          | (0.16) | (0.13) | (0.12) | (0.16) |
| 控制变量 | 是 | 是 | 是 | 是 |
| 年份固定效应 | 是 | 是 | 是 | 是 |
| 地区固定效应 | 是 | 是 | 是 | 是 |
| 样本量 | 2583 | 2583 | 2583 | 2583 |

注：括号内数据为地市聚类稳健标准误；＊表示在10%水平上显著，＊＊表示在5%水平上显著，＊＊＊表示在1%水平上显著。

从表 6 - 2 可以知道，回归结果具有很强的显著性，增值税税收分成的减少在不同期会对区域的专利数量有不同的影响，并且滞后一期和滞后二期出现相同的趋势，也就是区域发明专利的数量受到滞后一期和滞后二期的影响，公司科技支出的增加将对专利的发明有明显的促进作用。

## 6.4.2　影响途径及解释

### 6.4.2.1　对不同地区的影响

由于增值税的发展严重依赖于经济发展水平以及地方资源禀赋，对于欠发达地区而言更是如此，因此，有必要对不同经济发展地区的税收集权效应进一步探讨。本章根据各地市 GDP 规模，将地市样本分为经济欠发达、经济中等以及经济落后地区这三类城市样本，并进行分样本回归，以观察营业税税收集权对这些地区的财政状况的具体情况。同时，在处理样本过程中，为了减少税收集权对 GDP 可能产生的反向因果效应，本章选择了按照 2003 年各地市的 GDP 规模进行了分类，以观察具体的效应。分样本回归结果见表 6 - 3。

表 6 – 3                       不同地区的分样本回归结果

| 自变量 | 东 lnpatent | 中 lnpatent | 西 lnpatent |
|---|---|---|---|
| Lnrd | | 0.88566 ***<br>(3.96) | |
| sciration | 1.16900 *<br>(1.67) | | |
| edu | – 6.45863 **<br>( – 2.03) | | – 12.81789 ***<br>( – 2.64) |
| Inv | – 1.13389 ***<br>( – 5.59) | 0.60014 **<br>(2.49) | 0.45978 **<br>(1.96) |
| market | 0.21814 ***<br>(2.76) | 0.20606 **<br>(2.56) | |
| person | | – 0.12279 ***<br>( – 2.89) | |
| open | 0.24810 *<br>(1.72) | | |
| dvat | 0.58255 ***<br>(7.29) | | |
| ldvat | 0.88504 ***<br>(3.21) | – 0.85477 ***<br>( – 3.63) | – 0.26122 ***<br>( – 2.58) |
| ldvat2 | 0.80594 ***<br>(3.49) | | |
| lngdp3 | | | 0.07126 *<br>(1.73) |
| 年份固定效应 | 是 | 是 | 是 |
| 地区固定效应 | 是 | 是 | 是 |
| 样本量 | 900 | 945 | 738 |

注：括号内数据为地市聚类稳健标准误；＊表示在 10% 水平上显著，＊＊表示在 5% 水平上显著，＊＊＊表示在 1% 水平上显著。

从表 6 – 3 的分样本回归可以看出，增值税税收分成对不同经济发展水平的地区的确表现出不同的效果，且具有明显趋势。第一，对于东部地区而言，增值税当期、滞后一期和滞后二期的税收分成的减少对区域发明专利都有明显的促进效应，且这种促进效应呈现出先增强后减弱的趋势。第二，对于中部地区和西部地区而言，增值税税收分成的减少在滞后一期会出现对发明专利抑制的效应，且中部地区的抑制效应高于西部地区。第三，科技支出对中部地区有明显促进发明专利的效应，但是在东部和西部的作用不显著。总体而言，增值税税收分成对不同地区有不同效应，科技支出对中部地区发明专利有明显的促进作用。

6.4.2.2 分样本的东、中、西地市税收集权对科技型企业数量和产值规模的分析

本部分主要通过分东、中、西地市来分析税收集权对科技型企业数量和产值规模的影响，由于数据来源限制，本部分最终确定的样本为 2005~2010 年（其中 2008 年全年新产品产值为 0）。

（1）对科技型企业数的影响。表 6-4 中第（1）列是对总的地级市的回归，第（2）列是对东部地区的回归，第（3）列是对中部地区的回归，第（4）列是对西部地区的回归。

表 6-4 不同地区的样本对科技型企业数量的回归结果

| 自变量 | （1） | （2） | （3） | （4） |
|---|---|---|---|---|
| Lnrd | 0.15438 *** <br> (3.76) | -1.02108 *** <br> (-3.00) | | |
| open | -0.49561 *** <br> (-3.24) | | -0.87174 ** <br> (-2.08) | |
| estate | -1.36720 *** <br> (-2.66) | | -4.04293 *** <br> (-2.83) | |
| market | | | -0.80781 *** <br> (-3.13) | |
| lngdp1 | 0.23602 * <br> (1.66) | | -0.53214 ** <br> (-2.03) | |
| lngdp3 | | | 1.78379 *** <br> (3.61) | -0.87139 ** <br> (-2.35) |
| pop | | | -15.21778 *** <br> (-2.08) | |
| dvat | 0.51462 ** <br> (2.10) | -0.74027 *** <br> (-6.08) | | 0.54051 ** <br> (2.22) |
| ldvat | | 0 | 3.59920 *** <br> (4.18) | |
| Ldvat2 | 0.55788 ** <br> (2.67) | 0.77258 *** <br> (2.75) | 1.77429 * <br> (1.70) | |
| 年份固定效应 | 是 | 是 | 是 | 是 |
| 地区固定效应 | 是 | 是 | 是 | 是 |
| 样本量 | 1722 | 606 | 624 | 492 |

注：括号内数据为地市聚类稳健标准误；* 表示在 10% 水平上显著，** 表示在 5% 水平上显著，*** 表示在 1% 水平上显著。

从表 6-4 可知，第一，对总的地级市而言，增值税税收分成的减少对科技型企业的增加是有促进作用的，表明增值税税收分成的减少有利于科技型企

业的发展。对于东部地区而言，增值税税收分成的减少当期表现为对科技型企业的发展有抑制效应，滞后一期为 0，滞后二期表现为对科技型企业的发展有促进效应。对于中部地区而言，增值税的税收分成的减少在滞后一期、滞后二期均表现为对科技型企业的发展有促进作用。对于西部地区而言，增值税税收分成的减少当期便表现为对科技型企业的发展有明显促进效应，但是滞后一期和滞后二期都没有明显的效应。第二，对总的地级市而言，公司的科技支出对科技型企业的发展有促进效应，但是对于东部地区而言，科技支出对于科技型企业数量是有抑制作用的。

（2）对主营业务的影响。表 6 - 5 中第（1）列是对总的地级市的回归，第（2）列是对东部地区的回归，第（3）列是对中部地区的回归，第（4）列是对西部地区的回归。

表 6 - 5　　　　　　不同地区的样本对科技型企业数量的回归结果

| 自变量 | (1) | (2) | (3) | (4) |
|---|---|---|---|---|
| Lnrd | 0. 12873 ***<br>(2. 53) | | | |
| open | | 0. 85292 **<br>(2. 28) | | |
| estate | | | | |
| inv | | 1. 24049 ***<br>(3. 54) | | |
| market | | 0. 22495 **<br>(2. 14) | | |
| edu | | | 24. 77218 *<br>(1. 86) | |
| lngdp1 | | | | |
| lngdp3 | | | | - 1. 19422 *<br>( - 1. 97) |
| pop | - 2. 62507 ***<br>( - 2. 65) | | - 12. 23841 ***<br>( - 3. 95) | |
| dvat | | - 1. 66698 ***<br>( - 9. 85) | | |
| ldvat | | 0 | 3. 75311 ***<br>(3. 69) | |
| Ldvat2 | 0. 97868 **<br>(2. 42) | 1. 41870 ***<br>(2. 70) | 4. 59574 ***<br>(2. 81) | |

续表

| 自变量 | (1) | (2) | (3) | (4) |
|---|---|---|---|---|
| 年份固定效应 | 是 | 是 | 是 | 是 |
| 地区固定效应 | 是 | 是 | 是 | 是 |
| 样本量 | 1722 | 606 | 624 | 492 |

注：括号内数据为地市聚类稳健标准误；* 表示在10%水平上显著，** 表示在5%水平上显著，*** 表示在1%水平上显著。各列回归结果是将各期税收分成变化变量合并回归。

从表6-5可知，第一，对地级市而言，增值税税收分成的减少对科技型企业规模有促进作用；对东部地区而言，增值税税收分成减少当期对科技型企业规模有抑制作用，增值税税收分成减少滞后一期没有显著的作用，增值税税收分成的减少在滞后二期对科技型企业的产值规模有明显的促进效应；对于中部地区而言，增值税税收分成的减少在滞后一期和滞后二期均表现为对科技型企业的产值规模有促进作用；对于西部地区而言，增值税税收分成的减少对于科技型企业的产值规模没有显著作用。第二，公司的科技支出对总的地级市而言是有促进作用的，但对东、中、西部各个地区的作用是不显著的。

（3）分规模对产值规模和科技型企业数的影响。表6-6中第（1）列是对小规模的回归，第（2）列是对中规模的回归，第（3）列是对大规模的回归。

表6-6　　　　　　　　分规模的样本对科技型企业数量的影响

| 自变量 | (1) | (2) | (3) |
|---|---|---|---|
| Lnr&d | -0.55194 *** <br> (-3.11) | -1.37970 *** <br> (-4.83) | -0.52072 *** <br> (-2.65) |
| inv | -0.42683 *** <br> (-2.73) | | |
| estate | -1.43473 ** <br> (-2.31) | | |
| edu | 13.85364 * <br> (1.75) | | |
| person | | -0.07676 ** <br> (-2.35) | 0.03942 *** <br> (3.21) |
| pop | | -4.83355 *** <br> (-3.41) | -1.42420 ** <br> (-1.92) |
| open | | -0.80859 *** <br> (-3.38) | |
| lngdp1 | | | -0.29231 ** <br> (-2.41) |

续表

| 自变量 | (1) | (2) | (3) |
|---|---|---|---|
| *dvat* | 0.64822** | | |
| | (2.21) | | |
| *lvat2* | -0.66518** | -0.46581* | 0.30728* |
| | (-2.03) | (-1.69) | (1.80) |
| 年份固定效应 | 是 | 是 | 是 |
| 地区固定效应 | 是 | 是 | 是 |
| 样本量 | 1722 | 1722 | 1722 |

注：括号内数据为地市聚类稳健标准误；* 表示在10%水平上显著，** 表示在5%水平上显著，
*** 表示在1%水平上显著。各列回归结果是将各期税收分成变化变量合并回归。

从表6-6可知，第一，对小规模的企业而言，增值税税收分成的减少对于科技型企业的数量在当期有促进效应，在滞后一期有抑制效应。对于中规模的企业而言，增值税税收分成的减少对于科技型企业的数量在滞后二期出现抑制效应；对于大规模的科技型企业而言，增值税税收分成的减少对于科技型企业的数量在滞后二期出现促进效应。第二，公司的科技支出对不同规模的科技型企业都出现抑制效应。

（4）对产值规模的影响分析。表6-7中第（1）列是对小规模的回归，第（2）列是对中规模的回归，第（3）列是对大规模的回归。

表6-7　　　　　分规模的样本对科技型企业产值规模的回归结果

| 自变量 | (1) | (2) | (3) |
|---|---|---|---|
| *Lnr&d* | | -1.10707** | -0.25526*** |
| | | (-2.34) | (-4.08) |
| *inv* | | | |
| *pop* | | -6.03111*** | |
| | | (-3.14) | |
| *sciration* | -3.45597** | 2.46861* | 0.68742*** |
| | (-2.08) | (1.70) | (2.92) |
| *estate* | -2.58308** | 2.43568** | |
| | (-2.05) | (2.11) | |
| *person* | | -0.11873*** | -0.01387** |
| | | (-2.82) | (-2.47) |
| *Ldvat2* | | | 0.08239*** |
| | | | (2.77) |
| *edu* | 25.79048* | -24.04075** | -2.79745* |
| | (1.92) | (-2.57) | (-1.67) |

| 自变量 | (1) | (2) | (3) |
|---|---|---|---|
| *market* | | | 0.05894 *** |
| | | | (4.69) |
| 固定年份效应 | 是 | 是 | 是 |
| 固定地区效应 | 是 | 是 | 是 |
| 样本量 | 1722 | 1722 | 1722 |

注：括号内数据为地市聚类稳健标准误；＊表示在10%水平上显著，＊＊表示在5%水平上显著，＊＊＊表示在1%水平上显著。各列回归结果是将各期税收分成变化变量合并回归。

从表6-7分样本回归可以看出：第一，增值税税收分成减少对中小规模科技型企业的产值规模没有显著的影响，增值税税收分成减少的滞后二期对大规模科技型企业的产值规模有显著的促进作用。第二，公司的科技支出对中大规模科技型企业的产值规模有抑制作用。

## 6.5 结论与启示

关于地方财政分权对地方科技支出的影响，究其影响途径及解释，可分为两个方面来阐述结论：一是对不同地区的影响，二是分样本的东、中、西地市税收集权对科技型企业数量和产值规模的影响。

对不同地区的影响。增值税税收分成对不同地区有不同效应，科技支出对中部地区发明专利有明显的促进作用。

分样本的东、中、西地级市税收集权对科技型企业数量和产值规模的分析。一是对科技型企业数量的影响。尽管东、中、西部地区在当期、滞后一期、滞后二期的表现不同，但总体来说，增值税税收分成的减少有利于科技型企业的发展；公司的科技支出对科技型企业的发展有促进效应，但对东部地区而言，恰好相反。二是对主营业务的影响。对总的地级市而言，增值税税收分成的减少对科技型企业规模有促进作用，但对于西部地区没有显著作用；公司的科技支出对总的地级市而言是有促进作用的，但对东、中、西部各个地区的作用是不显著的。三是分规模对产值规模和科技型企业数量的影响。对科技型企业数量的影响：增值税税收分成的减少对小规模科技型企业的数量在当期有促进效应，在滞后一期有抑制效应。增值税税收分成的减少对中规模科技型企业的数量在滞后二期出现抑制效应。增值税税收分成的减少对于大规模科技型企业的数量在滞后二期出现促进效应；公司的科技支出对不同规模的科技型企业都出现抑制效应。四是对产值规模的影响分析。增值税税收分成减少对中小规模科技型企业的产值规模没有显著的影响，增值税税收分成减少的滞后二期对大规模科技型企业的产值规模有显著的促进作用；公司的科技支出对中大规模科技型企业的产值规模有抑制作用。

## 6.6　本章小结

本章选用 $y_{it} = \alpha \cdot x_{it} + X\beta + \delta_i + \tau_t + \varepsilon_{it}$ 回归模型进行实证检验，得出全国 283 个地级市的实证回归结果：增值税税收分成的减少在不同期会对区域的专利数量有不同的影响，并且滞后一期和滞后二期出现相同的趋势，也就是区域发明专利的数量受到滞后一期和滞后二期的影响；公司科技支出的增加对专利的发明有明显的促进作用。

# 第 7 章

# 地方财权划分、税收负担与经营绩效

## 7.1 问题的提出

随着全球竞争愈演愈烈，我国制造业的发展状况并不乐观，与世界发达国家的制造业相比，我国存在着较大的差距，面临着产业结构不合理、技术对外依存程度较高、企业研发投入比较少等问题。近些年，我国制造业劳动力成本等不断上升，低成本的优势渐渐丧失，与发达国家的制造成本差距也日益缩小，这使得企业的利润空间不断缩小、企业经营效益不断下滑。在此情形下，许多制造业企业都觉得税收负担过重，有学者提出"死亡税率"观点更引起了人们的广泛关注，尽管这种说法略有夸张，但在制造业的生产经营中，确实存在着税收负担较重的问题。目前，我国正实施减税降费，切实了解制造业目前的税收负担状况，探究税收负担是如何影响制造业企业经营绩效的，以及影响效果有何差异，这对于制造业企业调整自身经营行为以及为政府制定制造业有关的税收政策都具有重要的意义。本章探究总体税收负担、流转税税收负担、所得税税收负担对制造业经营绩效的影响，以及税收负担对不同制造业企业经营绩效的影响，寻找能够降低制造业税收负担的途径以降低企业税负，同时，提出相关建议来推动我国制造业转型升级，优化产业结构，提升我国制造业的综合实力。

## 7.2 理论分析与研究假说

对制造业企业进行征税会减少企业的利润，所以制造业企业的税收负担水平影响着企业的净利润水平，也就影响着企业的经营绩效。在现实生活中，不同的税种对制造业企业的影响是不相同的，目前我国制造业企业主要涉及以增值税为主的流转税和企业所得税，分析税收负担对制造业企业经营绩效的影响可以分别从流转税和所得税两种税来看。

流转税以商品生产或是流通环节的流转数额以及非商品交易的营业额为征税对象的一类税收。我国制造业基本不涉及"营改增"，所以流转税以增值税为主。流转税是间接税，从理论上看，制造业企业可以调整产品的价格，将税收负担转嫁给投资者，但是具体转嫁程度如何还受税种差异、供求弹性等因素的影响。因为流转税以企业的销售额或是营业额当作课税对象，所以营业收入的增加就会引起流转税税额的增加，企业进行会计核算的时候，这部分税额及其附加会被当作营业成本来进行核算，这样核算增多了企业的经营成本，非常不利于提升企业经营绩效。

所得税以已实现的所得或是利润作为课税对象，向取得所得的所有者直接进行征税，所以纳税人就是负税人。对于制造业企业来说，企业所得税的轻重影响着公司的经营绩效。制造业企业按其所获得的相应利润对企业所得进行纳税，因此企业的所得税负率与其净利润呈反向变动，从而也与企业的销售净利率呈反向变动。站在会计的角度看，企业所缴纳的所得税相当于是直接扣减了企业的利润总额，因而企业所得税缴纳的越多，企业的净利润就会越低，净利润的降低也直接影响了企业的总资产收益率等经营绩效评价指标。此外，净利润减少将会影响企业内源资本的积累，因为净利润减少，盈余公积的提取与剩余未分配利润也会减少。内源资本影响着企业的盈利能力及扩张能力，进而影响着企业经营绩效，基于以上分析，本章提出如下假设。

假设1：制造业企业总体税收负担水平与企业经营绩效呈负相关关系。

征税对微观经济的活动、行为有着很大的影响，具体来说，就是税收的收入效应和替代效应。企业缴纳税额增加了企业的营业成本，降低了企业的收入数额，此外，政府的差别化的税收政策影响着企业产品服务及生产要素的价格，产品的销售数量也会发生改变，进一步通过价格与收入机制对企业经营绩效产生影响。简单一句话来说，就是征税会降低企业的净利润。因而我们提出假设1。

假设2：制造业企业流转税税收负担水平与企业经营绩效呈正相关关系。

流转税以商品或者劳务的销售额、营业收入作为计税依据，一般随制造业企业的营业收入变化而变化，流转税税负大部分转嫁给消费者，且在企业所得税税前列支，一般不会抑制企业的经营绩效。因此提出假设2。

假设3：制造业企业所得税税收负担水平与企业经营绩效呈负相关关系。

所得税作为一种直接税，直接避免了由此引发的有关转嫁税与避税问题，征收所得税会直接减少企业净利润的数额，也会干预企业管理层对资本结构的选择。因为税收的增加或者是减少，影响了企业的收入分配，同时也影响了股权人的利益分配，对企业的股权也会造成一定的影响，进而影响到资本结构。但是相比较来说，征收所得税所带来净利润减少的负向效应要更加明显一些。因此我们提出假设3。

## 7.3 数据说明与实证策略

### 7.3.1 指标选取

本章以总资产收益率（$ROA$）作为被解释变量，将总体税收负担率（$OTR$）、流转税税收负担率（$TTR$）和所得税税收负担率（$ETR$）作为解释变量，引入资产负债率（$DR$）、相对营业收入（$OI$）和相对营业成本（$OC$）三个控制变量，具体指标见表7-1。

表7-1                      变量定义表

| 变量 | 衡量指标 | 符号 | 计算方式 |
|------|----------|------|----------|
| 被解释变量 | 总资产收益率 | $ROA$ | 净利润/平均资产总额 |
| 解释变量 | 总体税负率 | $OTR$ | （所得税 + 营业税金及附加）/ （营业税金及附加 + 利润总额） |
| | 流转税税负率 | $TTR$ | 流转税/营业收入总额 |
| | 所得税税负率 | $ETR$ | 所得税/利润总额 |

续表

| 变量 | 衡量指标 | 符号 | 计算方式 |
|---|---|---|---|
| 控制变量 | 资产负债率 | DR | 负债总额/资产总额 |
| | 相对营业收入 | OI | 营业收入/平均总资产 |
| | 相对营业成本 | OC | 营业成本/平均总资产 |

## 7.3.2　模型建立

在界定相关变量后，为了验证前面所提出的三个假设，本章借鉴前人有关实证文献的经验，结合研究需要建立了如下的面板模型：

模型 1：$ROA_{it} = \alpha_0 + \alpha_1 OTR_{it} + \alpha_2 DR_{it} + \alpha_3 OI_{it} + \alpha_4 OC_{it} + \varepsilon_{it}$ 　　(7 - 1)

模型 2：$ROA_{it} = \beta_0 + \beta_1 TTE_{it} + \beta_2 DR_{it} + \beta_3 OI_{it} + \beta_4 OC_{it} + \varepsilon_{it}$ 　　(7 - 2)

模型 3：$ROA_{it} = \gamma_0 + \gamma_1 ETR_{it} + \gamma_2 DR_{it} + \gamma_3 OI_{it} + \gamma_4 OC_{it} + \varepsilon_{it}$ 　　(7 - 3)

在上面三个模型中，$i$ 表示的是企业，$t$ 表示对应的年份，$\varepsilon$ 则是随机扰动项，$\alpha_i$、$\beta_i$、$\gamma_i$ 表示的是待估参数，被解释变量用 $ROA$ 表示，用 $OTR$、$TTR$、$ETR$ 分别代表解释变量总体税负率、流转税税负率、所得税税负率。

## 7.3.3　数据来源

本章所选择的样本企业是制造业上市公司，上市公司具有很强的代表性，很大程度上能够代表整个行业的水平，同时企业的财务状况也比较透明和规范，财务数据的披露状况比较全面真实。所以通过上市公司的年度财务报表能够准确地计算和反映税收负担对其经营绩效是否有影响以及影响程度，从而保证了结果的代表性和真实性。

本部分所选取的样本为我国沪深 A 股制造业上市公司，所选取的数据来源于万德数据库和国泰安数据库。我们剔除了数据有缺失或者异常的上市公司，剔除了财务状况出现异常的 ST、*ST 上市公司，剔除了当期所得税总额为负或利润总额为负的企业，保证税收负担具有可比性。我们最终选取了 512 家制造业上市公司作为本书研究的样本。同时，搜集整理了这些制造业上市公司 2008 ~ 2018 年相关数据作为研究数据，探究制造业上市公司税收负担对企业经营绩效的影响。

# 7.4 实证检验

## 7.4.1 变量描述性统计分析

各变量数据的描述性结果见表7-2，查看表内均值、最大值与最小值可以观察出变量的数值趋势，而查看标准差可以知晓数据离散性趋势的程度大小。

由表7-2可知，相对营业收入与相对营业成本两项标准差与其他指标相比偏大，说明企业的收入与成本在11年间波动比较大，较不稳定。其余指标标准差均小于1，说明指标相对平稳。资产负债率的平均值为0.367，从积极的角度来看，表明制造业企业的财务成本较低、经营风险比较小、偿债能力比较强。观察三项税收负担可知，总体税负率的平均值最大为0.229，所得税税负率平均值为0.168，流转税税负率平均值为0.027，所得税税负率低于名义税负率。总资产收益率平均值为0.087，有较大的提升空间。

表7-2         变量描述性统计分析

| 变量 | 观测值 | 均值 | 标准差 | 最小值 | 最大值 |
|---|---|---|---|---|---|
| ROA | 5632 | 0.087 | 0.738 | 0.016 | 1.432 |
| OTR | 5632 | 0.229 | 0.118 | 0.036 | 1.56 |
| TTR | 5632 | 0.027 | 0.099 | 0.002 | 2.019 |
| ETR | 5632 | 0.168 | 0.0775 | 0.022 | 0.912 |
| DR | 5632 | 0.367 | 0.178 | 0.021 | 0.745 |
| OI | 5632 | 1.203 | 4.096 | 0.002 | 16.169 |
| OC | 5632 | 0.936 | 4.281 | 0.013 | 70.201 |

## 7.4.2 数据的平稳性检验

对变量进行单位根检验，结果见表7-3，可以看出，不管是同根检验或是异根检验，检验结果的P值全部小于0.05，说明了面板数据整体比较平稳，也说明数据分析得出的结果比较可信。

表7-3         单位根检验

| 变量 | LLC | IPS | Fisher-ADF | Fisher-PP |
|---|---|---|---|---|
| | P值 | P值 | P值 | P值 |
| ROE | 0.000 | 0.000 | 0.000 | 0.000 |
| OTR | 0.000 | 0.004 | 0.000 | 0.000 |

续表

| 变量 | LLC | IPS | Fisher-ADF | Fisher-PP |
|------|-----|-----|------------|-----------|
| | P 值 | P 值 | P 值 | P 值 |
| TTR | 0.000 | 0.000 | 0.000 | 0.000 |
| ETR | 0.000 | 0.001 | 0.000 | 0.000 |
| ALR | 0.000 | 0.007 | 0.000 | 0.000 |
| OI | 0.000 | 0.000 | 0.000 | 0.000 |
| OC | 0.000 | 0.000 | 0.000 | 0.000 |

## 7.4.3  模型判断

在通过单位根检验的前提下，接下来采用 F 检验和 Hausman 检验确定模型形式。首先我们用 F 检验来判断是否应该使用混合回归模型，再用 Hausman 检验来进一步判断其是固定效应模型还是随机效应模型。模型 1、模型 2 和模型 3 的检验结果依次整理为表 7-4、表 7-5 和表 7-6，可以看到，三个模型进行 F 检验的 P 值在 5% 的显著性水平内，因此不应该使用混合回归模型，然后进行 Hausman 检验得出 P 值在 5% 的显著性检验水平内，所以应该使用固定效应模型。

表 7-4　　　　　　　　　模型 1　F 检验和 Hausman 检验

| 项目名称 | F 检验 | Hausman 检验 |
|----------|--------|---------------|
| F 统计值 | F (4, 5116) = 355.320<br>Prob > F = 0.0000 | |
| Chi-Sq 统计量 | | chi2 (3) = 547.130<br>Prob > chi2 = 0.0000 |
| 检验结论 | 拒绝混合 OLS 模型 | 拒绝随机效应模型 |
| 模型选择 | 固定效应 | |

表 7-5　　　　　　　　　模型 2　F 检验和 Hausman 检验

| 项目名称 | F 检验 | Hausman 检验 |
|----------|--------|---------------|
| F 统计值 | F (4, 5108) = 161.430<br>Prob > F = 0.0000 | |
| Chi-Sq 统计量 | | chi2 (3) = 487.34<br>Prob > chi2 = 0.0000 |
| 检验结论 | 拒绝混合 OLS 模型 | 拒绝随机效应模型 |
| 模型选择 | 固定效应 | |

表 7 - 6 模型 3 F 检验和 Hausman 检验

| 项目名称 | F 检验 | Hausman 检验 |
|---|---|---|
| F 统计值 | F (4, 5116) = 228.220<br>Prob > F = 0.0000 | |
| 项目名称 | F 检验 | Hausman 检验 |
| Chi-Sq 统计量 | | chi2 (3) = 591.500<br>Prob > chi2 = 0.0000 |
| 检验结论 | 拒绝混合 OLS 模型 | 拒绝随机效应模型 |
| 模型选择 | 固定效应 | |

## 7.4.4 回归结果及分析

### 7.4.4.1 总体税负率与经营绩效的回归分析

(1) 表 7 - 7 显示了将 512 家样本企业的数据带入模型 1 中的回归结果。由表 7 - 7 可以得知，模型 1 调整后的 $R^2$ 为 0.368，F 统计量在 1% 的置信水平上显著，这得出模型 1 通过了检验同时解释力也比较强，各个变量对制造业上市公司经营绩效有着显著影响。根据表中的回归结果分析可得出以下结论。

第一，总体税负率（OTR）对制造业上市公司总资产收益率（ROA）回归系数为负，表明两者负相关。总体税负率会对企业经营绩效产生不利影响，税收负担每上升一个百分点，会导致经营绩效下降 0.236 个百分点，又因为由于总资产收益率（ROA）是一个数量级很小的指标，其微小的变动实际上代表着企业经营业绩的大幅改变，所以总体税负率的微小变化会导致企业经营绩效比较大的变化，由此验证了假设 1。

第二，制造业上市公司的相对营业收入（OI）和相对营业成本（OC）与企业的经营绩效分别是正相关和负相关的关系，并且两者都通过了显著性检验。这表明控制住资产规模的影响后，企业可以通过提高单位资产的营业收入和控制单位资产的营业成本来提高经营绩效。同时，税收负担又包含在企业的营业成本中，所以若要提升经营绩效，就需要对现有的制造业税制进行合理改革。

第三，控制变量资产负债率（DR）与总资产收益率（ROA）正相关。资产负债率变量系数为 0.097，且在 1% 的水平下显著，即资产负债率增加 1 倍，总资产收益率增加 0.097 倍，说明良好的资本结构可以提升企业经营绩效。此外，扩大企业的资产规模可以降低资产负债率，但是可能会对企业绩效产生不利影响。

表 7 - 7　　　　　　　　　　　　模型 1 回归结果

| 变量 | 系数 | 标准差 | T 统计值 | P 值 |
|---|---|---|---|---|
| OTR | - 0. 236 *** | 0. 009 | - 26. 140 | 0. 000 |
| DR | 0. 097 *** | 0. 007 | 14. 740 | 0. 000 |
| OI | 0. 053 *** | 0. 003 | - 17. 310 | 0. 000 |
| OC | - 0. 055 *** | 0. 003 | 18. 06 | 0. 000 |
| $\alpha$ | 9. 497 *** | 0. 325 | 29. 23 | 0. 000 |
| $R^2$ | 0. 407 | — | — | — |
| 调整后 $R^2$ | 0. 368 | — | — | — |
| F 统计值 | 29. 310 | — | — | — |

注：表中 * 、 ** 、 *** 分别表示回归系数在 10% 、5% 和 1% 的显著性水平上通过检验。

（2）前面已经得出结论，总体税收负担对企业经营绩效有抑制作用，接下来探究税收负担对不同类型制造业企业经营绩效影响的差异。本章依据国家统计局的有关分类标准，把石油加工炼焦业、化学原料制品业、非金属矿物制品业、黑色金属冶炼加工业、有色金属冶炼与压延加工业划分为高能耗制造业，其他划分为低能耗制造业。通过将样本数据输入模型 2，并把 Stata15. 1 软件输出的回归结果进行整理，详见表 7 - 8。

表 7 - 8　　　　　　总体税负率对不同企业经营绩效影响的回归分析

| 变量 | 高能耗企业 ROA | 低能耗企业 ROA |
|---|---|---|
| OTR | - 0. 119 *** <br> ( - 21. 900 ) | - 0. 087 *** <br> ( - 8. 600 ) |
| DR | 0. 078 *** <br> ( 4. 230 ) | 0. 040 *** <br> ( 4. 950 ) |
| OI | 0. 289 *** <br> ( 36. 430 ) | 0. 429 *** <br> ( 34. 450 ) |
| OC | - 0. 445 *** <br> ( - 50. 780 ) | - 0. 569 *** <br> ( - 40. 720 ) |
| $R^2$ | 0. 567 | 0. 631 |

注：括号内数据为地市聚类稳健标准误； * 表示在 10% 水平上显著， ** 表示在 5% 水平上显著， *** 表示在 1% 水平上显著。

不同能耗水平制造业的企业总体税负率在 1% 的水平上均显著，且系数均小于 0，说明企业总体税负率对高能耗与低能耗制造业企业的经营绩效均有一定抑制作用，而低能耗制造业总体税负率系数低于高能耗制造业，说明企业总体税负率对高能耗制造业经营绩效的抑制作用要大于低能耗制造业。可以看到，税收在调节能耗产业结构方面起到了一定程度的杠杆作用，这有利于淘汰高能耗企业，也会促使更多的高能耗企业转型为低能耗企业，所以这种调节作用还应该进一步提高。

### 7.4.4.2 流转税税负率与经营绩效的回归分析

我们用模型2来分析流转税税收负担对企业经营绩效的影响，通过将样本数据输入模型2，并且把Stata15.1软件输出的回归结果进行仔细整理，详见表7-9。由表7-9可知，模型2调整的$R^2$为0.239，在1%的显著性水平上通过检验，所以模型2的解释力也比较强。

资产负债率、相对营业收入与相对营业成本三个控制变量均在1%水平上通过显著性检验，对企业经营绩效的影响分析所述，这里不过多解释。我们重点关注流转税税负率（$TTR$）的分析，可以看到，流转税税负率系数为-0.012，但是并未通过t检验，P值为0.062，即流转税税负率对企业经营绩效有抑制作用，但是抑制作用并不大，所以拒绝原假设，即假设2不成立。

表7-9　　　　　　　　　　　模型2回归分析

| 变量 | 系数 | 标准差 | T统计值 | P值 |
|---|---|---|---|---|
| $TTR$ | -0.012 | 0.006 | -1.870 | 0.062 |
| $DR$ | 0.054*** | 0.012 | 4.760 | 0.009 |
| $OI$ | 0.029*** | 0.002 | 12.680 | 0.000 |
| $OC$ | -0.031*** | 0.003 | -12.460 | 0.000 |
| $\alpha$ | -0.111 | 0.295 | 4.210 | 0.620 |
| $R^2$ | 0.286 | — | — | — |
| 调整后$R^2$ | 0.239 | — | — | — |
| F统计值 | 12.13 | — | — | — |

注：表中*、**、***分别表示回归系数在10%、5%和1%的显著性水平上通过检验。

### 7.4.4.3 所得税税负率与经营绩效的回归分析

（1）我们用模型3来分析所得税税负率对企业经营绩效的影响，通过将样本数据输入模型3，并且将Stata15.1软件输出的回归结果进行仔细整理，详见表7-10。

由表7-10可知，模型3调整后的$R^2$为0.427，F统计量在1%的置信水平上显著，所以模型3通过了检验，同时解释力也较强。各个变量对制造业企业经营绩效有着显著影响。根据上述回归结果分析可得出以下结论。

第一，所得税税负率（*ETR*）对经营绩效（*ROA*）的回归系数为负值，二者间呈现负相关关系，所得税税负率对企业经营绩效有抑制作用。所得税税负率每上升1个百分点，总资产收益率会下降0.181个百分点，所得税税负率微小的变化会引起经营绩效较大程度的改变，所以所得税税负率对制造业企业经营绩效的影响非常大。这主要是因为企业所得税以经营所得作为征税对象，企业很难将其转嫁，承担了较大的税收负担，从而验证了假设三。

第二，相对营业收入（*OI*）和相对营业成本（*OC*）与企业的经营绩效分别是正相关和负相关的关系，并且两者都在1%水平上通过了显著性检验。相对营业收入每提升1个百分点，制造业企业经营绩效会提升0.058个百分点。相对营业成本每提升1个百分点，制造业企业经营绩效会下降0.056个百分点，所以相对营业收入的促进作用要更强一些。

第三，在1%的显著水平下，资产负债率对制造业企业经营绩效有着正向关系。资产负债率提升1个百分点，企业经营绩效会提升0.096个百分点，这说明由于财务杠杆效应和税盾效应的存在，良好的资本结构可以提高制造业企业的经营绩效水平，资产负债率作为一个适度指标，过高过低都不好。同时可以看到，资产负债率对企业经营绩效的促进作用要大于相对营业收入。

表7-10 模型3回归分析

| 变量 | 系数 | 标准差 | T统计值 | P值 |
|---|---|---|---|---|
| *ETR* | -0.181*** | 0.012 | -15.220 | 0.000 |
| *DR* | 0.096*** | 0.007 | 14.000 | 0.000 |
| *OI* | 0.058*** | 0.003 | 18.520 | 0.000 |
| *OC* | -0.056*** | 0.004 | -17.710 | 0.000 |
| $\alpha$ | 7.089*** | 0.326 | 21.680 | 0.000 |
| $R^2$ | 0.481 | — | — | — |
| 调整后$R^2$ | 0.427 | — | — | — |
| F统计值 | 16.21 | — | — | — |

注：表中 * 、** 、*** 分别表示回归系数在10%、5%和1%的显著性水平上通过检验。

（2）前面已经得出结论，所得税税收负担率对企业经营绩效有抑制作用，本章接下来想探究所得税税收负担对高新技术企业与非高新技术企业①经营绩效的抑制效果差异，我们使用模型3来分析所得税对高新技术企业与非高新技术企业经营绩效的影响，通过将样本数据输入模型3，并把Stata15.1软件输出的回归结果进行整理，详见表7-11。

表7-11　　　　　　所得税税负率对不同企业经营绩效影响的回归分析

| 变量 | 高新技术企业 ROA | 非高新技术企业 ROA |
| --- | --- | --- |
| ETR | -0.053 *** <br> (-2.63) | -0.065 *** <br> (-4.600) |
| DR | 0.041 *** <br> (4.011) | 0.030 *** <br> (4.95) |
| OI | 0.081 *** <br> (12.281) | 2.760 *** <br> (0.452) |
| OC | -0.069 *** <br> (-2.780) | -0.067 *** <br> (-2.354) |
| $R^2$ | 0.075 | 0.078 |

注：表中 * 、 ** 、 *** 分别表示回归系数在10%、5%和1%的显著性水平上通过检验。

由表7-11可知，非高新技术制造业与高新技术制造业的企业所得税税负率系数均在1%的水平上显著，且系数均小于0，说明企业所得税税负率对高新技术与非高新技术制造业经营绩效均有一定的抑制作用。但是，高新技术制造业所得税税负率的系数低于非高新技术制造业，说明企业所得税税负率对非高新技术制造业经营绩效的抑制作用要强于高新技术制造业。可以看到，税收在调整技术产业结构方面起到了一定程度的杠杆作用，这有利于淘汰技术落后的企业，也会促使更多的非高新技术企业转型为高新技术企业。这种调节作用目前还不是特别明显，还应该进一步提高。

# 7.5　结论与启示

本章基于2008～2018年制造业上市公司的面板数据，研究总体税收负担、流转税税收负担以及所得税税收负担三种税收负担对企业经营绩效的影响。研

---

① 根据《高技术产业（制造业）分类》标准，高新技术制造业包括医药制造，航空、航天器及设备制造，电子及通信设备制造，计算机及办公设备制造，医疗仪器设备及仪器仪表制造，信息化学品制造六大类。

究得出：（1）制造业企业总体税收负担会对其经营绩效产生非常明显的抑制作用，相对于低能耗企业，其对高能耗企业经营绩效的抑制作用要更大一些。（2）流转税税收负担对企业经营绩效也有抑制作用，但是抑制作用并不显著。（3）所得税税收负担对制造业企业经营绩效有显著抑制作用，其对非高新技术企业经营绩效的抑制作用要大于高新技术企业。基于这些研究结论，本章提出三点建议：（1）要降低制造业企业总体税收负担，尤其是降低企业所得税税收负担。可以对企业所得税实行分类累进税率，对制造业行业实行较低税率，同时，对其他高利润行业实行较高税率，这样既能减轻制造业企业税负，同时兼顾了企业所得税税收总额。（2）要降低制造业企业流转税税收负担，尤其降低增值税税收负担，增值税是制造业企业当下承受最重的一种税收负担。可以将当前增值税基本税率由13%降为10%，同时把9%合并到6%，就设置10%与6%两档税率。虽然降低增值税税率不是直接作用于制造业等行业的"成本降低"，但是它通过降低整个链条的增值税税负，降低了消费端的总价格，有利于刺激消费，从而为供应端提供更大的市场空间和一定程度的盈利能力。（3）合理利用税收政策对制造业产业结构进行调整。一是对不同类型制造业实行差别税率，降低高新技术制造业所得税税率的同时可以着重降低信息技术、新材料、生物医药等重点发展领域制造业企业所得税税率，促进制造业产业结构调整，有力推进制造业转型升级。二是制定税收优惠政策促进低能耗制造业企业发展，依据企业的技术水平和能耗水平设置差别优惠税率。如可以对低能耗的高新技术企业实施10%企业所得税税率，而对重点发展的低能耗非高新技术企业实行20%的企业所得税税率，使得企业降低生产能耗以满足适用优惠税率的条件，从而实现制造业企业降能耗、促发展的目标。三是对于高能耗落后企业如造纸业，实行较高的所得税税率，对造纸业进行淘汰。四是加大对高新技术产业的税收优惠，可以对尚未进入盈利期的高新技术企业予以免征增值税，增加购进科研设备的进项税额抵扣系数，如可按150%抵扣。

## 7.6　本章小结

本章基于2008~2018年制造业A股上市公司相关财务数据，运用多元线性回归方法探究企业的总体税收负担、流转税税收负担以及所得税税收负担对制造业企业经营绩效的影响。结果得出：总体税收负担对制造业企业的经营绩效有显著的抑制作用，其对高能耗企业经营绩效的抑制作用要大于低能耗企业；所得税税收负担对制造业企业经营绩效有显著抑制作用，其对非高新技术企业经营绩效的抑制作用要大于高新技术企业；流转税税收负担对企业经营绩效也有抑制作用，但是抑制作用并不显著。

# 第 8 章

# 地方财权划分、政府行为与税收努力

## 8.1 问题的提出

分税制改革重新建立了央地财税关系，初步确立了中央与地方的分权关系，在一定程度上明确了地方财政地位，通过地方政府之间的良性竞争，分税制成为当时驱动中国经济高速增长的重要引擎。但从当今视角来看，分税制后续配套改革并未跟上，导致财政收入增长质量逐步下滑、地方财政资金收不抵支、地方政府财政能力两极分化现象明显等问题。一方面，我国处在经济下行、地方政府债务危机亟待解决、2万亿元减税降费的国内大环境下，这使得地方政府保证高质量的税收收入较为艰难；另一方面，地方政府刚性支出越来越大，加之应对人口老龄化、"补短板"等都需要增加财政支出。因此，地方政府财政收支矛盾日渐尖锐。本章正是以此为契机，在财政分权体制背景下，以地方政府行为为切入点，研究地方财权划分对税收努力程度的影响机制。

## 8.2 理论分析与研究假说

地方财权划分对地方政府的行为会产生较大的影响，地方政府集权会形成财政压力，而理论界一直存在共识，即财政激励效应假说。财政收入的增加是各省级政府对地级市政府考核的重要指标，地级市政府的税收收入的减少会使得地方政府为了得到更多的财源而从其他方面获取更多的地方财政收入，其中一个重要的获得财政收入的手段就是增加征税努力。

大多数学者认为，经济发展水平影响着税收征管水平（陈工，2009；杨得前，2014）。分析如下：一是经济发展带来税源数量的增长和税源质量的提升；二是经济发展会使得税源更为集中，产生"总部经济"，即众多企业聚集起来具有较大的规模而形成一个新的经济平台。经济发达地区容易促进产业集聚从而形成"总部经济"，而"总部经济"又可以进一步给当地经济发展带来诸多正外部效应，形成良性循环。经济发达地区产业关联、带动消费、放大资本使得征税成本在一定程度上降低，而且经济发展水平更高的地区往往在从税源到税收转化的过程中呈现出更高的效率，获得更高的税收收入。

本章拟合了1994年分税制改革以来我国各省份地方财政体制对地方政府行为及其对经济行为的实证效应。使用 DID 基本模型 $Y_{it} = \alpha_1 \cdot D_i + \alpha_2 \cdot T_t + \alpha_3 \cdot D_i \cdot T_t + X\beta + \varepsilon_{it}$ 来分析省财政体制变化给政府活动带来的影响，处理以前省财政体制改革的政策效果分析产生的问题。但实际进行的实证分析过程中，财政收入情况与经济情况之间不仅有强烈的反向因果关联，也漏掉了重要的变量问题，所以经济低增长状况下对财政收入下降效应进行研究，也许很难处理涉及其中的内生问题。用各省份地方财政体制的变化当作准自然实验，以此来探寻其对财政收入带来的影响，进一步对经济变量产生影响，省级政府对市、县政策从地方集权转向省以下分权时，该省市一级政府财政活动和收支架构也许有所变化，进一步对经济变化产生影响，就是用集权或者分权当作财政收支架构的外生工具变量，对经济进行回归与相应分析。

## 8.3  数据说明与实证策略

### 8.3.1  数据说明

本章的实证数据主要来源于工业企业数据库，时间跨度是 2003 ~ 2011 年。地级市地区控制变量来源于统计年鉴数据，核心解释变量数据来源于中国各年度省财政体制关于各地级市税收分成的数额及其变化的规定，数据收集于各省份的政府网站，并采用网络搜索或寻求政府文件公开获得数据。被解释变量及企业控制变量均是利用工业企业数据库数据计算得到，如企业所得税实际税率、企业综合税率、企业员工人数、企业年龄、企业贷款能力、企业利润率与负债率比值等。其中，企业年龄利用企业成立时间计算得到，企业利润率等于利润总额除以销售额，负债率等于总负债除以总资产。各变量描述性统计见表8-1。

表 8-1 变量的描述性统计

| 变量名称 | 变量说明 | 均值 | 标准差 | 最小值 | 最大值 |
|---|---|---|---|---|---|
| $aitr$ | 企业所得税实际税率 | 0.206492 | 0.197739 | 0 | 1 |
| $z$ | 销售税/销售额 | 0.007014 | 0.01742 | 0 | 0.632234 |
| $ectr$ | 企业综合税率 | 0.744103 | 0.321501 | 0 | 1 |
| $dvat$ | 增值税分成变化 | 0.001777 | 0.043677 | -1 | 0.7 |
| $dbust$ | 营业税分成变化 | 0.004455 | 0.045089 | -0.8 | 0.4 |
| $DT$ | 增值税和营业税分成变化交叉项 | 0.001529 | 0.016235 | 0 | 0.64 |
| $lnpeople$ | 企业员工人数取对数 | 5.36398 | 1.156653 | 0 | 12.145 |
| $lnage$ | 企业年龄取对数 | 3.179494 | 0.316506 | 2.772589 | 5.252274 |
| $pdr$ | 企业利润率与负债率比值 | 0.589961 | 8.58015 | -40.802 | 1626.372 |
| $lcb$ | 企业贷款能力 | 0.017595 | 0.072834 | -0.29289 | 13.20615 |
| $lnrgdp$ | 人均 GDP 取对数 | 7.529283 | 0.870748 | 4.077222 | 9.483519 |
| $open$ | 开放程度 | 0.569585 | 0.633306 | 0.000494 | 4.621768 |

将各年份的工业企业数据整合，保留每年都无缺失数据的企业，且删除营业状态不正常的企业，同时，利用企业所在省市匹配相应的地区特征变量，剔除缺失数据以及极端数据，最后得到 18984 个企业样本。

## 8.3.2 实证策略

本章主要目的是探究地级市层面上税收分成变化对企业税收努力的影响效应。为此，采用以下回归模型进行实证检验：

$$TR_{ipt} = c + \alpha \cdot dvat_{dbust_{pt}} + \sum_{j=1}^{n} \beta_j \cdot X_{ipt} +$$

$$\sum_{j=1}^{n} \gamma_j \cdot Y_{pt} + u_i + v_p + yeartrend + \varepsilon_{it} \qquad (8-4)$$

式 (8-4) 中，被解释变量 $TR_{ipt}$ 为地市级地区 $p$ 的企业 $i$ 在第 $t$ 年的工业企业实际税率。本章选取企业的所得税实际税率作为核心被解释变量，企业所得税实际税率等于企业应交所得税与企业报告利润总额的比值。同时，为了增加数据平稳性使结果更真实，我们从多个方面考察，将企业综合税率、销售税与年销售额比值也代入模型，作为辅助被解释变量，其中，企业综合税率等于税金除以利润。

本部分用 $dvat_{pt}$ 来表示地级市 $p$ 在 $t$ 年的增值税税收分成变化程度，计算公式为 $dvat_{pt} = vat_{pt-1} - vat_{pt} / vat_{pt-1}$，其中，$vat_{pt}$ 为地市增值税税收分成比例，因此，$dvat_{pt} > 0$ 则说明地市经历了增值税的税收集权，且变量值越大意味着 $t$ 年地市 $p$ 税收分成减少越多，也即地市面临省级政府的增值税税收集权程度更大。同理，地级市营业税税收分成变化程度用 $dbust_{pt}$ 来表示，$dbust_{pt} > 0$ 则说明地级市经历了营业税税收集权。本章假定地级市税收分成变化主要包括营业税税收分成变化和增值税税收分成变化。在上述计量模型方程式中使用了营业税和增值税税收分成变化的交叉项 $dvat\_dbust_{pt}$ 作为核心解释变量，用以表示地市 $p$ 在 $t$ 年度的税收分成变化。

式 (8-4) 中，$X_{ipt}$ 表示企业控制变量，$Y_{pt}$ 表示地区控制变量。为减少遗漏变量影响，本章控制住其他对企业税收努力产生影响的社会经济影响因素。企业控制变量 $X_{ipt}$ 包括企业员工人数（取对数）、企业年龄（取对数）、企业贷款能力（利润总额与总资产之比）、企业的利润率与负债率比值等。地区控制变量 $Y_{pt}$ 包括开放性水平、经济发展水平等，经济发展水平使用实际人均国内生产总值的比重来衡量。

此外，该模型还考虑了企业固定效应 $u_i$ 与地区固定效应 $v_p$，以控制各个地市以及不同行业不随时间变化的个体因素所产生的影响；同时，模型引入了时间趋势项 $yeartrend$，考察企业所在省份所属行业的时间趋势变化，控制与个体无关但随时间变化而变化的因素影响。$\varepsilon_{it}$ 则是回归残差项。

## 8.4 回归结果及机制分析

### 8.4.1 基准回归结果

根据上述建立的计量模型,我们将企业所得税实际税率作为被解释变量进行了三次实证回归,为了使影响作用能够更显著被观测,分别控制住了企业员工人数、企业年龄、企业贷款能力、企业的利润率与负债率比值以及开放性水平、经济发展水平等变量。表8-2为使用Stata计量软件进行实证检验得到的回归结果,其中,第(1)列为OLS回归,第(2)列和第(3)列分别为增加地区固定效应和行业固定效应的结果,同时,模型中均含有年份虚拟变量。核心解释变量是DT(增值税税收分成变化dvat和营业税税收分成变化dbust的交叉项)。本章以第(3)列为基准模型进行分析,将企业综合税率、销售税与年销售额比值作为被解释变量代入模型,得到结果如第(4)列和第(5)所示。

表8-2　　　　　　　　税收分成变化对企业税收努力的影响效应

| 变量 | (1) OLS aitr | (2) FE aitr | (3) FE aitr | (4) FE ectr | (5) FE Z |
| --- | --- | --- | --- | --- | --- |
| DT | 0.288 *** | 0.288 | 0.288 *** | − 0.00828 *** | − 0.0406 *** |
|  | (9.11) | (1.70) | (21.49) | (− 4.96) | (− 6.01) |
| lnpeople | − 0.00794 *** | − 0.00794 *** | − 0.00794 *** | 0.000180 *** | − 0.0171 *** |
|  | (− 13.86) | (− 4.45) | (− 5.37) | (3.88) | (− 5.40) |
| lnage | 0.0296 *** | 0.0296 *** | 0.0296 * | 0.00245 *** | 0.0906 *** |
|  | (12.87) | (7.18) | (2.24) | (3.71) | (5.44) |
| pdr | − 0.000131 * | − 0.000131 | − 0.000131 | 0.00000440 | − 0.000851 *** |
|  | (− 2.33) | (− 1.91) | (− 1.51) | (0.72) | (− 3.58) |
| lcb | − 0.0242 *** | − 0.0242 | − 0.0242 *** | 0.00251 *** | 0.0962 *** |
|  | (− 3.48) | (− 1.71) | (− 5.75) | (60.47) | (14.98) |
| lnrgdp | 0.00979 *** | 0.00979 | 0.00979 ** | − 0.000782 | − 0.00488 |
|  | (8.88) | (1.87) | (2.94) | (− 1.35) | (− 0.92) |
| open | − 0.00594 *** | − 0.00594 | − 0.00594 *** | − 0.00243 *** | − 0.0570 *** |
|  | (− 4.29) | (− 0.70) | (− 4.66) | (− 17.42) | (− 139.40) |

| 变量 | (1) OLS aitr | (2) FE aitr | (3) FE aitr | (4) FE ectr | (5) FE Z |
|------|------|------|------|------|------|
| 常数项 | 0.0950 *** | 0.0950 ** | 0.0950 *** | 0.00603 | 0.640 *** |
| | (9.09) | (2.77) | (3.48) | (1.42) | (15.32) |
| 时间虚拟变量 | 是 | 是 | 是 | 是 | 是 |
| 地区固定效应 | | 是 | | | |
| 行业固定效应 | | | 是 | 是 | 是 |
| 样本量 | 146679 | 146679 | 146679 | 146162 | 146679 |

注：括号内数据为地市聚类稳健标准误；＊表示在 10% 水平上显著，＊＊表示在 5% 水平上显著，＊＊＊表示在 1% 水平上显著。

表 8－3 报告了地市税收分成变化对企业税收努力影响的实证效应。从回归结果可以看出，地级市税收分成的减少即税收集权在当期内显著促进企业税收努力的上升，这与预期结果一致。

## 8.4.2　分组回归结果

由于税收的发展严重地依赖于经济发展水平以及地方资源禀赋，对于欠发达地区而言更是如此，且不同行业类型或者不同规模的企业面对税收集权时反应会有差异，所以有必要将样本分组进行回归。本章按地级市所属地区将工业企业数据样本分为三类子样本进行回归：一类样本为东部地区、中部地区和西部地区三组，进行回归；二类样本按照工业企业数据库中轻工业与重工业数据划分样本，同时也根据大、中、小型企业进行分组。

从上述结果来看，在不同区域地级市，以及对于不同类型的企业，税收分成对企业税收努力的影响有很大的区别。东部地区的税收集权对税收努力有显著的负向影响，而西部地区和中部地区则是正向影响，且中部地区的影响更加明显。重工业和轻工业企业的影响效应没有太大差别，均呈现显著的促进效应。大型企业对税收集权的反应并不显著，而中型和小型企业则是显著正向效应。

表 8－4 和表 8－5 为辅助被解释变量进行分组回归的结果。

**表8-3 分样本回归结果**

| 变量 | 东部地区 | 西部地区 | 中部地区 | 轻工业 | 重工业 | 大型企业 | 中型企业 | 小型企业 |
|---|---|---|---|---|---|---|---|---|
| | | | | aitr（企业所得税实际税率） | | | | |
| DT | -0.0570*** | 0.0578* | 0.453*** | 0.317*** | 0.266*** | -0.0302 | 0.107*** | 0.412*** |
| | (-12.75) | (2.00) | (10.93) | (41.92) | (9.39) | (-0.54) | (11.36) | (19.84) |
| lnpeople | -0.00956*** | -0.00268 | 0.00720*** | -0.00873*** | -0.00711** | 0.000153 | -0.0129*** | -0.00683*** |
| | (-7.37) | (-1.02) | (11.24) | (-66.79) | (-2.99) | (0.02) | (-18.31) | (-29.99) |
| lnage | 0.0316* | 0.00988*** | 0.0297* | 0.0220*** | 0.0316* | 0.0268** | 0.0320 | 0.0247** |
| | (2.13) | (4.41) | (2.03) | (4.46) | (2.02) | (3.00) | (1.96) | (2.74) |
| pdr | -0.000543*** | -0.000224* | 0.0000681** | -0.000195*** | -0.0000679 | -0.000571* | -0.000302 | -0.000104 |
| | (-91.07) | (-2.45) | (3.11) | (-91.30) | (-0.64) | (-2.00) | (-1.65) | (-1.16) |
| lcb | -0.0236*** | 0.0121** | -0.00194 | -0.0953*** | -0.0101* | -0.300*** | -0.276*** | -0.0166*** |
| | (-4.19) | (2.90) | (-1.18) | (-30.98) | (-2.06) | (-4.05) | (-7.16) | (-6.02) |
| lnrgdp | 0.00837*** | -0.00229 | -0.0122* | 0.0110*** | 0.00888 | 0.000837 | 0.00440 | 0.0111*** |
| | (4.11) | (-0.41) | (-2.03) | (115.98) | (1.70) | (0.41) | (1.28) | (3.65) |
| open | -0.0105*** | -0.0287 | 0.0554*** | -0.000792 | -0.0103*** | -0.0338*** | -0.0169*** | 0.00472*** |
| | (-5.60) | (-0.93) | (4.99) | (-1.74) | (-7.79) | (-6.57) | (-8.62) | (3.97) |
| 常数项 | 0.115** | 0.188** | 0.125*** | 0.108*** | 0.0969** | 0.134*** | 0.166*** | 0.0902*** |
| | (3.18) | (8.00) | (14.02) | (7.77) | (3.18) | (3.23) | (5.13) | (5.60) |
| 时间虚拟变量 | 是 | 是 | 是 | 是 | 是 | 是 | 是 | 是 |
| 行业固定效应 | 是 | 是 | 是 | 是 | 是 | 是 | 是 | 是 |
| 样本量 | 119606 | 11518 | 15555 | 69657 | 77022 | 4399 | 38282 | 103998 |

注：括号内数据为地市聚类稳健标准误；* 表示在10%水平上显著，** 表示在5%水平上显著，*** 表示在1%水平上显著。

**表 8-4　分样本回归结果（1）**

| 变量 | 轻工业 ectr | 重工业 ectr | 大型 ectr | 中型 ectr | 小型 ectr | 东 ectr | 西 ectr | 中 ectr |
|---|---|---|---|---|---|---|---|---|
| DT | 0.0547*** (8.08) | -0.121*** (-5.43) | -0.0667 (-1.11) | -0.180*** (-25.39) | 0.0750*** (8.10) | -0.135*** (-66.88) | 0.0795 (1.86) | 0.219*** (15.74) |
| Lnpeople | -0.0166*** (-74.14) | -0.0170*** (-3.30) | 0.0112* (2.19) | -0.0122*** (-6.94) | -0.00853*** (-3.60) | -0.0241*** (-11.10) | 0.00955*** (3.43) | 0.000224 (0.10) |
| lnage | 0.0709*** (6.90) | 0.0967*** (6.10) | 0.121*** (26.78) | 0.126*** (5.50) | 0.0806*** (8.29) | 0.0904*** (4.41) | 0.0927*** (7.10) | 0.0813*** (17.13) |
| pdr | -0.000860*** (-45.82) | -0.000842 (-1.68) | -0.00222 (-1.17) | -0.00122 (-1.02) | -0.000757*** (-3.62) | -0.00188*** (-12.25) | -0.000718 (-1.10) | -0.000269** (-3.19) |
| lcb | 0.268*** (36.71) | 0.0620*** (8.01) | 1.191*** (16.06) | 0.859*** (23.53) | 0.0745*** (14.87) | 0.234*** (16.46) | 0.0417 (1.66) | 0.0288*** (74.73) |
| lnrgdp | 0.00154** (3.09) | -0.00960 (-1.43) | -0.0236 (-1.73) | -0.0185*** (-3.09) | -0.000957 (-0.23) | -0.00338 (-1.45) | -0.0155 (-1.43) | -0.0227*** (-2.93) |
| open | -0.0441*** (-36.96) | -0.0669*** (-31.12) | -0.129*** (-31.34) | -0.0791*** (-63.88) | -0.0263*** (-21.61) | -0.0597*** (-49.09) | 0.0280*** (3.88) | -0.0334 (-1.82) |
| 常数项 | 0.630*** (21.65) | 0.671*** (13.35) | 0.424*** (5.73) | 0.556*** (10.99) | 0.604*** (22.85) | 0.668*** (11.39) | 0.534*** (7.57) | 0.684*** (15.84) |
| 时间虚拟变量 | 是 | 是 | 是 | 是 | 是 | 是 | 是 | 是 |
| 行业固定效应 | 是 | 是 | 是 | 是 | 是 | 是 | 是 | 是 |
| 样本量 | 69657 | 77022 | 4399 | 38282 | 103998 | 119606 | 11518 | 15555 |

注：括号内数据为地市聚类稳健标准误；* 表示在10%水平上显著，** 表示在5%水平上显著，*** 表示在1%水平上显著。

表 8-5

分样本回归结果（2）

| 变量 | 轻工业 z | 重工业 z | 大型企业 z | 中型企业 z | 小型企业 z | 东部地区 z | 西部地区 z | 中部地区 z |
|---|---|---|---|---|---|---|---|---|
| DT | -0.00933*** (-17.40) | -0.00671* (-2.13) | -0.0165*** (-9.08) | -0.00575*** (-8.33) | -0.00863*** (-4.06) | -0.00470*** (-18.64) | -0.0179* (-2.17) | -0.00873 (-1.43) |
| lnpeople | 0.000192*** (24.77) | 0.0000784 (0.41) | -0.0000916 (-0.36) | 0.000173*** (4.57) | 0.000260* (2.24) | -0.0000458*** (-4.12) | -0.000564*** (-5.26) | 0.00125*** (9.79) |
| lnage | 0.00662*** (18.07) | 0.000166 (0.22) | 0.00233*** (3.28) | 0.00429* (2.57) | 0.00126 (1.67) | 0.00172*** (3.71) | 0.00617* (2.49) | 0.00158 (1.90) |
| pdr | 0.00000310*** (18.43) | 0.0000108 (0.75) | -0.000108** (-2.96) | 0.00000859 (0.66) | 0.00000703 (1.83) | 0.0000249*** (15.25) | 0.00000508 (0.82) | -0.00000281 (-0.91) |
| lcb | 0.00732*** (47.98) | 0.00177*** (34.56) | 0.00774 (0.52) | 0.00135 (1.38) | 0.00302*** (87.96) | 0.00438*** (20.45) | 0.00135 (1.03) | 0.00251*** (23.06) |
| lnrgdp | -0.000884*** (-29.45) | -0.000904 (-0.74) | -0.00517*** (-6.78) | -0.00105*** (-3.61) | -0.000535 (-0.77) | 0.000175 (0.42) | -0.00126*** (-5.60) | 0.000462* (2.39) |
| open | -0.00240*** (-16.14) | -0.00239*** (-11.58) | -0.00150*** (-15.02) | -0.00168*** (-16.42) | -0.00260*** (-17.50) | -0.00222*** (-21.24) | -0.00661*** (-8.32) | -0.000835 (-0.29) |
| 时间虚拟变量 | 是 | 是 | 是 | 是 | 是 | 是 | 是 | 是 |
| 行业固定效应 | 是 | 是 | 是 | 是 | 是 | 是 | 是 | 是 |
| 常数项 | -0.00611*** (-6.69) | 0.0144 (1.95) | 0.0405*** (6.98) | 0.000470 (0.08) | 0.00805** (2.93) | 0.00188 (0.62) | 0.00245 (0.28) | -0.00186 (-1.50) |
| 样本量 | 69342 | 76820 | 4383 | 38150 | 103629 | 119215 | 11446 | 15501 |

注：括号内数据为地市聚类稳健标准误；* 表示在 10% 水平上显著，** 表示在 5% 水平上显著，*** 表示在 1% 水平上显著。

## 8.5　稳健性检验

为了验证前文的观点，我们进一步作出稳健性检验。本部分使用差分GMM模型对税收分成和税收努力间关系进行分析，仍然使用前述数据，且使用相同数据处理方法，得到最终结果见表8-6。

**表8-6**　　　　　　　　　　　　　稳健性检验

| 变量 | GMM 模型 aitr |
|---|---|
| *dbust_ dvat* | 3.097 *** <br> (11.67) |
| *lnpeople* | -0.0171 *** <br> (-7.44) |
| *lnage* | 0 <br> (.) |
| *pdr* | 0.0000160 <br> (0.17) |
| *lcb* | -0.0129 <br> (-1.49) |
| *lnrgdp* | 0.451 *** <br> (14.82) |
| *open* | -0.0638 *** <br> (-12.74) |

注：括号内数据为地市聚类稳健标准误；＊表示在10%水平上显著，＊＊表示在5%水平上显著，＊＊＊表示在1%水平上显著。

使用GMM模型进行回归后的实证结果与前述结果基本一致，即税收分成减少对税收努力有促进作用。这说明本章选取指标的不同并不会影响主要的实证结论。

## 8.6　结论与启示

从回归结果可以看出，地级市税收分成的减少即税收集权在当期显著促进企业税收努力的上升，这与预期结果一致。在不同区域地级市，以及对于不同类型的企业，税收分成对企业税收努力的影响有很大的区别。东部地区的税收集权对税收努力有显著的负向影响，而西部地区和中部地区则是正向影响，且中部地区的影响更加明显。重工业和轻工业企业的影响效应没有太大差别，均呈现显著的促进效应。大型企业对税收集权的反应并不显著，而中型和小型企业则是显著正向效应。应当作为目标追求的，是一个既同经济社会发展水平相适应，又与政府职能格局相匹配的适当的税收努力水平。依赖转移支付实现地方政府支付平衡终究不是长久之计，"授人以鱼不如授人以渔"，若要地方政府自发将税收努力程度维持在一个合理化的水平，以平衡地方政府收支和缓解地方财政压力，就需多途并举构建长效激励机制，促使地方政府主动保持合理化的税收努力水平。

## 8.7　本章小结

地级市税收分成的减少即税收集权在当期显著促进企业税收努力的上升，这与预期结果一致。在不同区域地级市，以及对于不同类型的企业，税收分成对企业税收努力的影响有很大的区别。东部地区的税收集权对税收努力有显著的负向影响，而西部地区和中部地区则是正向影响，且中部地区的影响更加明显。重工业和轻工业企业的影响效应没有太大差别，均呈现显著的促进效应。大型企业对税收集权的反应并不显著，而中型和小型企业则是显著正向效应。

# 第 9 章

# 地方财权划分、群组效应与经济增长

## 9.1 问题的提出

新常态下的经济增长效率、经济增长方式的转变与产业结构的调整在改革逐步进入"深水区"时期显得尤其重要。党的十八届三中全会通过的《中共中央关于全面深化改革若干重大问题的决定》指出要"建立事权和支出责任相适应的制度",改革的要求催生出对分税制财政体制的进一步研究:即在合理界定事权的基础上,按照事权与支出责任相适应的要求,进一步理顺各级政府之间的财政分配关系,以调动各级政府的积极性。按照《深化财税体制改革总体方案》的要求,政府间财政关系的改革思路是:调整中央和地方政府间财政关系;在保持中央和地方收入格局大体稳定的前提下,进一步理顺中央和地方收入划分;合理划分政府间事权和支出责任,促进权力和责任、办事和花钱相统一,建立事权和支出责任相适应的制度。2016 年 8 月 16 日,国务院下发了《关于推进中央与地方财政事权和支出责任划分改革的指导意见》,明确提出要加快省以下财政事权和支出责任划分。厘清地方政府间财力配置状况是划分省以下财政事权和支出责任的必要前提,省级政府要根据省以下财政事权划分、财政体制及基层政府财力状况,合理确定省以下各级政府的支出责任。因此,继承中国式财政分权体制的优势、改革体制中存在的问题、调动各级政府的积极性是新时期推进经济结构调整和平稳增长的关键,是落实国家治理现代化的具体体现。中国式特色下的财政分权与合理的税收竞争能否持续有效地激励经济增长，使得地方政府在区域间加强统筹协作，更好地发挥"国家治理的基础和重要支柱"作用，通过财政竞争的群组效应以促进经济增长，成为研究我国财税体制改革中一个颇具意义的命题。

基于此，本章剖析中国式财政分权特征下，相对于传统的财政联邦主义，财政分权对地区经济增长和区域均衡发展带来何种效应。具体结构安排如下：9.2 节为文献回顾，对财政分权引致的税收竞争对经济增长的影响文献进行整理和综述，并以此确立本章的研究视角；9.3 节通过理论模型分析政府间的纵向妥协与制度创新、横向竞争特征；9.4 节构建了空间计量模型，对指标体系进行说明，并以中国 26 个省区 232 个地级市为样本，实证检验本章观点；9.5 节是研究结论与启示；9.6 节是本章小结。

## 9.2　文献研究与理论评述

促进地区经济增长的最优财政分权是各国在经济发展与政府构建中普遍关注的问题，因此，各级政府间财政关系的调整紧紧围绕着财政的集权与分权展开。受凯恩斯国家干预理念影响，财政联邦主义思想迅速兴起并成为风靡全球的话题，发达国家在原有的财政联邦主义体制下，对政府间税收结构不断加以改进和优化；发展中国家和转轨制国家则试图通过分权化改革建立新的中央和地方政府间财政关系，以改进经济绩效、促进经济增长。因此，关于财政分权与经济增长研究的文献可谓汗牛充栋。

作为一种制度性安排，财政分权是影响长期经济增长率的内生机制，传统的财政联邦主义理论对于税收如何在不同级次的政府间分派的基本观点是：地方政府应注重对管辖区内流动性较弱的经济单位和要素征税，而将流动性较强的经济单位和要素的征税权力交给上级政府。在蒂布特模型中，税收被看作是消费公共品的价格，因此税种的设置要考虑居民的流动性。奥茨（Oates）通过内生经济增长模型证实了财政分权有助于提升经济长期增长率，从制度变迁的角度考察了财政分权与经济增长之间的关系。基于内生经济增长模型，税收影响经济增长的路径主要是通过税负影响劳动和资本的供给决策，从而影响经济增长。奥尔森（Olson）最早提出地方政府与中央政府的财政资源分配关系中存在"攫取之手"与"援助之手"，税收竞争影响地区实际税负，进而影响公共服务质量和结构，影响其区位决策。对于中国而言，财政分权为地方政府发展经济提供了强有力的激励，政府之间的财政竞争推动了中国经济高速增长。综上所述，财政分权影响经济增长的机制主要分为两种：一种是地方政府比中央政府更具有信息优势，从而促进资源合理配置和公共服务的供给，实现区域经济增长；另一种是财政分权有助于地方政府为吸引流动性要素而运用政策手段展开财政竞争。

财政竞争是财政分权研究的重要领域，学术界关于财政竞争文献的研究主要从财政支出竞争与财政收入竞争两个分支开展。从财政收入维度考虑政府竞争的文献中，税收竞争作为衡量政府收入的重要指标是财政收入竞争的主要方面，受到学者们越来越多的关注。马斯格雷夫（Musgrave）等认为，实现公共品的供给效率、分配的公正性和经济稳定，中央政府和地方政府之间的分权是必要且可行的，这种分权可以通过税权等财政工具在各级政府间固定下来，从而地方政府拥有了与征税相关的一系列独立的权力，税权的划分构建了政府间纵向和横向体制竞争关系。关于税收的纵向竞争与横向竞争，无论是基于要素流动的蒂布特模型，还是基于信息可比性的标尺竞争模型，抑或针对不同目标的税收竞争模型，均强调同级基层政府间的横向竞争关系。而对纵向体制关系的理论和实证分析存在较大分歧，政治体制和财政体制的差异性造成学者们对此认识不一；奥茨强调纵向政府间关系重在协调横向竞争所产生的外部性以及地区间再分配问题，金（Keen）则认为中央政府和基层政府间对税基的争夺，力争保持本级政府财政收入最大化。目前，税收竞争的文献研究通过考察地区间税负的策略反应函数，考察地区间税收竞争存在的内在差异性。

中国式财政分权体制下政府间的税收竞争效应包括两部分：一是地方政府间的非合作博弈导致的横向"逐底竞争"效应；二是上下级政府在单一政体下的妥协和制度创新的动态博弈关系。学者们对政府间横向税收竞争关系的辨识更多集中在分税制改革以来的省级层面，对政府间纵向财政关系的度量借鉴了财政联邦主义思想，构建相关方法体系并进行实证测算。

需要强调的是，中国并非典型意义上的财政分权国家，钱（Qian）较早提出"中国式财政分权"。首先，受单一制政体影响，中国的财政分权与垂直政治管理体制并存，引致基层政府受政绩考核体制影响而展开"GDP 竞赛"。因此，中国式财政分权对经济增长的影响路径不是单纯通过内生增长模型影响生产要素的供给而展开的，税收增长机制和对经济增长的影响路径须内置于政府间横向竞争和纵向妥协与制度创新的框架内。

其次，我国地方政府缺乏独立的征税权，其仅仅拥有有限的征管权，有效的策略性工具也仅限于税收优惠政策、创新收入和提高征管效率。税权分配对经济增长具有很强的激励效应，但税权的高度统一和共享税的集中征收限制了地方政府侵蚀中央财政利益的空间，不会出现税基重叠下的"公地悲剧"问题。因此，纵向税收竞争理论在中国式财政分权体制下不成立。面对中央政府和省级政府，基层政府更多表现为依附下的制度创新。

最后，在横向税收竞争框架中，基层政府间为获得上级财力补助和吸引要素流入而产生横向空间竞争，近年来，部分学者已经意识到省级政府与省以下政府的空间关联性。但是，已有研究均基于单一水平模型，假定所有样本都是独立平等的，不存在制度差异性。实际上，各个省份均在国家财税制度框架下有自身的政策，同一省份辖区内的地级市之间（群组内）的竞争会受到省级部门的统一约束，因此市级税收竞争在不同省份之间会比同一省份内程度要高，显然不再适用单一水平的线性空间计量模型。

本章的主要贡献是：（1）根据霍斯特（Elhorst）提出的多水平空间面板模型，对同一省份所辖市间的税收竞争与不同省份所辖市间税收竞争分别设定不同的空间自相关系数，以此实现对非对称效应的分析和验证。（2）将空间相关性这一因素纳入财政分权度量体系，并将财政分权的空间溢出效果定义为 K 阶空间相邻（最优 K 值依赖于模型）的省份税收分成、对转移支付的依赖性和招商引资等政府行为在财政分权体系的整体效应。（3）已有文献对中国式分权的讨论大多从财政支出角度给予剖析，本章则具体地从收入分权的角度衡量中国式分权特征，横向空间攀比竞争更多地揭示了分权的后果，而纵向妥协与竞争则更多地揭示了分权本身的特征。现有的关于政府间横向税收竞争的文献多基于考察省级政府层面及县级政府层面。显然，比起省级政府而言，基层政府在税收优惠政策和创造收入方面更具有灵活性和可操作性，是研究我国财政分权特征的最佳样本。而考虑到近年来"省直管县"财政体制改革的推广，地市以下的财政关系变动频繁，因此最优标的是地级市。因此，本章选取地级城市的财政收支数据作为研究对象，实证分析在中国式财政分权体制下，地方政府为发展地区经济而与上级政府、周边同级政府间的策略互动特征。

## 9.3 理论模型的构建

金（Keen）构建了财政联邦主义视角下的政府间税收竞争机制，为本章分析中国式财政分权体制背景下的纵向妥协与制度创新、横向攀比等地级市政府行为特征提供了有益参考。空间面板模型的研究被越来越多地运用于考虑政府区域策略的异质性问题，财政联邦主义视角下的政府博弈行为主要通过独立的税率这一策略性变量来实现，而中国式财政分权并未赋予地方独立的税权，因此税率不可能成为我国市级政府间为实现经济增长而展开税收竞争的工具。基于中国式财政分权特征，我们选择税收分成比例 $\Theta$ 来刻画我国的税收竞争行为，假设市级政府在税收分成中所占的比例为 $\Theta$ ，中央和省级政府的分成比例为 $1-\Theta$ 。假设全国各市级政府的生产函数为 $y_i = F(k_i)$ ，满足稻田条件。人均资本在地区间自由流动，在完全竞争环境下税收净收益率为 $\rho$ 。

### 9.3.1 纵向妥协与制度创新

满足税收净收益率在各地区均为 $\rho$ ，即：

$$F'(k_i) = \rho + \alpha_i \cdot t \qquad (9-1)$$

其中，$t$ 为人均资本法定征税额；$\alpha_i$ 为地区 $i$ 的税收征管效率。

在总税额 $T_i$ 一定的情况下，税收征管效率 $\alpha_i$ 与本地经济产出、周边政府经济产出和税收分成比例相关，即 $\alpha_i = \alpha_i(GDP_i, \sum_{j \neq i} GDP_j, \Theta_i)$ 。$\Theta_i$ 的降低表明中央和省级的分成比例越高，市级政府在此过程中表现为妥协。$\alpha_i$ 的提高导致 $F'(k_i)$ 上升，根据稻田条件可知，人均资本 $k_i$ 下降，即资本外流，导致经济产出下降。其代表的函数关系为：

$$\frac{\partial GDP_i}{\partial \alpha_i} \leq 0 \qquad (9-2)$$

除了和上级政府共享税收外，地方政府会通过制度创新来实现预算外收入。预算外收入额度除了与本地经济水平有关，还受到上级政府规制的影响。设地方政府的预算外收入的提取比例为 $\kappa_i$，$\kappa_i \in [0,1]$，该部分为地方政府独享，中央和省级不提取，但会约束其规模。来自上级政府的规制能力越强，则 $\kappa_i$ 越小。在地方财力有限的情况下，规制导致预算外收入下降，市级政府不得不提升税收征管效率 $\alpha_i$ 来获取更多共享税，以此弥补纵向竞争的收入损失，即 $\dfrac{\partial \alpha_i}{\partial \kappa_i} \leqslant 0$。同时，该式意味着在税收分成比例下降时[①]，地方政府的制度创新能力增强，对资本税的征管效率降低。这一结果受纵向体制关系和横向竞争共同影响，横向竞争倒逼地方政府为吸引资本而不断进行制度创新，刻意竞相降低税收努力程度。然而，受上级政府规制和自身财力约束，地方政府又倾向于从预算外获得收入，进一步降低了资本税的征管努力程度。

综上可知：

$$\frac{\partial GDP_i}{\partial \alpha_i} \cdot \frac{\partial \alpha_i}{\partial \kappa_i} \geqslant 0 \qquad (9-3)$$

即地方政府的预算外收入的提取比例 $\kappa_i$ 与地方 GDP 正相关。因此，纵向妥协与制度创新的结果是税收征管缺乏激励机制、预算外收入的攀升和地区 GDP 的增长。

## 9.3.2 横向竞争

横向竞争是各市级政府为吸引资本流入而制定的政策，主要是通过对税收征管效率 $\alpha_i$ 来实现的。征管效率不仅与本地税收主管部门的征税努力程度有关，而且受各种税收减免和优惠措施影响。因此，税收征管效率 $\alpha_i$ 是地方政府的可控变量，故而称为横向竞争的策略性变量。横向竞争倾向于压低 $\alpha_i$。

根据式（9-1）可知，地区 $i$ 的最优人均资本存量满足 $F'(k_i) = \rho + \alpha_i \cdot t$。意味着 $k_i = k(\rho + \alpha_i \cdot t)$，且对所有地区，$k'(\rho + \alpha_i \cdot t_i) = \dfrac{1}{F''(k_i)} < 0$。

---

① 2002 年，企业税和个人所得税被纳入共享税范畴。

资本在地区间自由流动，其需求弹性为 $\omega_i = \dfrac{\partial log\, k_i}{\partial log(\rho + \alpha_i \cdot t)}$ ，由于生产函数 $y_i = F(k_i)$ 为凹函数，因此 $\omega_i < 0$ 。

横向竞争条件下的税收征管效率 $\alpha_i$ 对资本的流动性影响为：

$$\frac{\mathrm{d}\,k_i}{\mathrm{d}\,\alpha_i} = k'_i\left(t + \frac{\partial \rho}{\partial \alpha_i}\right)$$

$$= \frac{\omega_i \cdot k_i}{\rho + \alpha_i \cdot t} \cdot \sum_{j \neq i} \frac{\omega_j \cdot k_j}{\rho + \alpha_j \cdot t} \Big/ \sum_i \frac{\omega_i \cdot k_i}{\rho + \alpha_i \cdot t} < 0 \qquad (9-4)$$

$$\frac{\mathrm{d}\,k_i}{\mathrm{d}\,\alpha_j} = k'_i \cdot \frac{\partial \rho}{\partial \alpha_j} = -\frac{k_i' \cdot k_j'}{\sum_j k_j'}$$

$$= -\frac{\omega_i \cdot k_i}{\rho + \alpha_i \cdot t} \cdot \frac{\omega_j \cdot k_j}{\rho + \alpha_j \cdot t} \Big/ \sum_j \frac{\omega_j \cdot k_j}{\rho + \alpha_j \cdot t} > 0 \qquad (9-5)$$

因此，资本流动受地区 $i$ 的税收征管效率 $\alpha_i$ 影响，并产生横向税收外部性问题，而资本的流动最终通过生产函数 $F(k_i)$ 影响经济产出。

### 9.3.3　多水平空间计量模型

相对于一般截面数据模型、面板数据模型而言，空间面板计量模型的突出特征是引入了空间相关权重，而这种权重既可以作用于因变量的滞后性，也可以体现自变量、误差项的空间交互效应。就本章的研究主题而言，各市级单位的经济产出存在空间依赖性，这在诸多文献中已得以证实，即满足空间自回归模型的特征。一个具有特定空间效应和特定时间效应的 SAR 模型为：

$$Y_t = \alpha\, \iota_N + \rho\, W_1 Y_t + \beta\, X_t + \nu + \varepsilon_t\, \iota_N + \mu_t \qquad (9-6)$$

其中，$\rho$ 为经济增长的空间交互系数，度量相邻区域经济产出对本区域经济产出的影响程度；$W_1$ 为经过行标准化处理的空间权重矩阵，空间权重矩阵既可以是地理特征，也可以包含经济社会特征；$X_t$ 为外生解释变量；$\iota_N$ 是一个 $N \times 1$ 阶单位向量，与被估计的常数项 $\alpha$ 相关；$\nu$ 是空间特定效应，即变截距系数；$\varepsilon_t$ 为时间特定效应，用于控制政策制度等改变对模型的影响；$\mu_t$ 为误差项。

特定空间效应和特定时间效应可以视为固定效应或随机效应。式（9-6）中经济增长的解释变量可能存在遗漏重要变量，或者存在不可观测的冲击，而这些因素可能存在空间相关。因此，模型中可能存在误差项的交互作用，形成空间杜宾模型。此外，解释变量 $X_t$ 存在空间交互效应，因此，本章的估计模型应当是广义嵌套空间模型：

$$
\begin{cases}
Y_t = \alpha\,\iota_N + \rho\,W_1\,Y_t + \beta\,X_t + \theta\,W_2\,X_t + \nu + \varepsilon_t\,\iota_N + \mu_t \\
\mu_t = \lambda\,W_3\,\mu_t + \xi_t
\end{cases}
\tag{9-7}
$$

式（9-7）中的各个空间权重 $W_i$ 可以是相同的，也可以根据变量的经济关系予以单独确立，各变量的空间权重系数可以通过 Moran I 空间相关性检验予以确立。地区间由于区位、经济因素相关而相互影响的情况，以及异方差性或自相关等问题存在导致传统空间相关性检验方法 Moran I 检验不服从正态分布，龙志和等（2014）认为基于 Bootstrap 抽样的 Moran I 检验能有效矫正水平扭曲。因此，本章的 Moran I 检验将基于改进的 Bootstrap 抽样方法。最优模型形式的确立则需要通过 LM 检验来确定。

此外，尽管许多研究宏观经济的文献重点关注国家的特征如何影响被解释变量，然而我们也应该看到，地区水平上观测到的被解释变量因局部环境不同而与国家层面存在偏差。因此，基于单一水平的模型无法适应分层的数据结构。为了进一步分析省级行政区内的相邻地级市和省外相邻地级市在税收竞争上的非对称性，需要假定待评估的市与该省内相邻市的空间群组效应和市与该省以外的相邻市的空间交互效应的差异性。基于此，我们采纳霍斯特提出的多水平空间面板模型：

$$
\begin{cases}
Y_{it} = \alpha_i + \rho\sum_{j=1}^{N} W_{ij,1}\,Y_{jt} + F_{it} + \theta_1\sum_{j=1}^{N} W^{s1} \otimes W_{ij,2}\,F_{jt} + \\
\qquad \theta_2\sum_{j=1}^{N} W^{s2} \otimes W_{ij,2}\,F_{jt} + \beta\,X_{it} + \varepsilon_t + \mu_t \\
\mu_t = \lambda\,W_3\,\mu_t + \xi_t
\end{cases}
\tag{9-8}
$$

其中，$F_{it}$ 表示第 $i$ 市 $t$ 年的财政分权。$\theta_1$ 和 $\theta_2$ 分别代表省内相邻市和省际间相邻市的经济增长对财政分权的反应系数。$W^{s1}$ 和 $W^{s2}$ 分别为组内空间权重矩阵和组间空间权重矩阵。

$$
W^{s1} =
\begin{cases}
1, 区域\ i\ 与区域\ j\ 相邻，并且二者位于相同省份 \\
0, 其他
\end{cases}
\tag{9-9}
$$

$$W^{rs2} = \begin{cases} 1, \text{区域 } i \text{ 与区域 } j \text{ 相邻,并且二者位于不同省份} \\ 0, \text{其他} \end{cases} \qquad (9-10)$$

在基于面板数据的计量模型式（9-8）中，本章的研究可能在因变量或部分解释变量之间存在着内生性问题。根据索托（Soto）的分析，系统广义矩估计是解决解释变量动态变化与被解释变量间可能存在的内生性问题的有效方法之一。因此，在空间模型回归方法上，本章选择两阶段系统矩估计方法。

## 9.4 数据来源与统计分析

本部分的主要任务是利用中国地级城市的面板数据来实证检验本章理论模型的核心观点：在中国式财政分权体制下，纵向妥协与制度创新导致税收征管效率下降，伴随而来的是预算外收入上升，对上级政府的依赖性呈两极分化，进而促进地方 GDP 增长；横向税收外部性问题进一步导致实际税率下降，以此实现地方经济增长，且省内和省际间存在差异性。

### 9.4.1 数据和指标说明

本章采用 2003～2013 年地级市的财政与相关经济数据来实证分析财政分权体制对我国地级市经济增长的影响机制。在地区经济增长模型中，解释经济增长的主要变量包括各地区的宏观税负水平、收入结构上的空间策略性互动，即税收、转移支付依赖性、土地财政以及税收竞争。由于我国财政和行政的层级体制并不完全对应，按照样本的独立性与可比性原则，本章借鉴汪冲（2012）等的做法，样本范围是除直辖市和计划单列市以外，与本省财政具有直接隶属关系的地级市，不包括民族自治州和地区。基于数据可得与可比性，本章最终选取 26 个省区 232 个观测样本。本章的数据来源于《中国城市统计年鉴》《中国财政年鉴》和 Wind 数据库。

被解释变量 $Y_{it}$ 是以 2003 年为基期计算的各市当期人均实际国内生产总值的增长率。

核心解释变量财政分权 $F_{it}$ 包括：地区本级财政收入的税负水平与全国平

均税负水平的比值 $tax$；地区转移支付收入①占中央全部转移性支出比重 $trans$；政府间横向竞争采用外商直接投资额占 GDP 比重 $fdi$；由于预算外财政收入统计不全面且自 2011 年起全部纳入预算管理，因此本章采用土地财政收入占财政支出比重，即土地财政依赖度 $land$ 来代表地方在中央及省的制度框架下"创收"，此外，虽然地方政府性债务也是近年来地方"创收"的主要工具，受数据采集影响，本章不予考虑。

控制变量 $X_{it}$ 包括一系列模型中常使用的影响经济增长的因素：期初人均实际 GDP $Y_{i,t-1}$、固定资产投资额占 GDP 比重 $inv$ 和外贸开放度 $open$。

空间权重 $W_m(m=1,2,3)$ 是面板权重矩阵，因此均为 $NT \times NT$ 的矩阵，是基于各年份横截面空间权重矩阵的扩展。其中，$N$ 为横截面的地级市个数，即 232 个；$T$ 为时间序列，即 2003～2013 年。$W_m(m=1,2,3)$ 的具体形式为：

$$W_m = \begin{bmatrix} W_{2003} & 0 & 0 \\ 0 & \ddots & 0 \\ 0 & 0 & W_{2013} \end{bmatrix}_{232 \times 232} \qquad (9-11)$$

其中，$W_{2003},\cdots,W_{2013}$ 分别表示 2003～2013 年 232 个地级市的空间权重。可供选择的空间关系包括基于空间距离加权 $W^d$、地里邻接加权 $W^s$ 和空间经济加权 $W^{gdp}$。对于每个 $W_m$ 而言，该矩阵中的元素 $W_{ij,m}$ 表示第 $i$ 个地级市和第 $j$ 个市的空间交互效应。

## 9.4.2 空间相关性 Moran I 检验

建立空间计量模型的前提是对空间相关性检验。如前所述，基于空间距离加权 $W^d$、地理邻接加权 $W^s$ 和空间经济加权 $W^{gdp}$，对人均经济增长率 $Y_{it}$ 以及核心解释变量计算 Moran I 值，以此确认存在空间相关的指标和最优空间权重模式。空间距离加权 $W^d$ 即基于各地级市经纬度信息所确定的球面距离的倒数；地理邻接加权 $W^s$ 即以是否共享同一边界为标准判断的 0-1 关系；空间经济加权 $W^{gdp}$ 则是以人均实际 GDP 差的倒数来反映不同地区的影响权重。计算结果见表 9-1。

---

① 包括返还性收入、一般性转移支付收入和专项转移支付收入。

**表 9 - 1**　　　　　　　基于 $W^d$、$W^s$ 和 $W^{gdp}$ 的空间自相关 **Moran I** 检验

| 年份 | 空间自相关（Y） | | | 杜宾解释变量族（tax、trans、land、fdi） | | | 空间误差自相关 λ | | |
|------|------|------|------|------|------|------|------|------|------|
| | $W^d$ | $W^s$ | $W^{gdp}$ | $W^d$ | $W^s$ | $W^{gdp}$ | $W^d$ | $W^s$ | $W^{gdp}$ |
| 2003 | 0.135 (0.023) | 0.121 (0.046) | 0.251 (0.123) | 0.092 (0.033) | 0.088 (0.003) | 0.152 (0.011) | 0.161 (0.006) | 0.195 (0.014) | 0.261 (0.136) |
| 2004 | 0.126 (0.008) | 0.104 (0.051) | 0.203 (0.105) | 0.087 (0.051) | 0.084 (0.040) | 0.131 (0.028) | 0.332 (0.012) | 0.432 (0.015) | 0.273 (0.101) |
| 2005 | 0.120 (0.012) | 0.112 (0.038) | 0.198 (0.087) | 0.101 (0.042) | 0.103 (0.109) | 0.154 (0.005) | 0.152 (0.027) | 0.235 (0.048) | 0.398 (0.007) |
| 2006 | 0.146 (0.033) | 0.172 (0.009) | 0.172 (0.045) | 0.154 (0.101) | 0.124 (0.021) | 0.109 (0.007) | 0.279 (0.023) | 0.367 (0.084) | 0.372 (0.005) |
| 2007 | 0.137 (0.017) | 0.135 (0.003) | 0.231 (0.067) | 0.156 (0.096) | 0.106 (0.046) | 0.172 (0.010) | 0.391 (0.004) | 0.305 (0.102) | 0.341 (0.107) |
| 2008 | 0.139 (0.009) | 0.103 (0.092) | 0.246 (0.052) | 0.147 (0.089) | 0.138 (0.052) | 0.205 (0.024) | 0.267 (0.004) | 0.309 (0.037) | 0.356 (0.109) |
| 2009 | 0.092 (0.041) | 0.087 (0.131) | 0.189 (0.003) | 0.181 (0.088) | 0.171 (0.056) | 0.192 (0.006) | 0.318 (0.013) | 0.298 (0.002) | 0.249 (0.042) |
| 2010 | 0.101 (0.024) | 0.145 (0.093) | 0.173 (0.016) | 0.138 (0.054) | 0.158 (0.058) | 0.154 (0.062) | 0.139 (0.040) | 0.352 (0.006) | 0.173 (0.116) |
| 2011 | 0.105 (0.003) | 0.098 (0.007) | 0.136 (0.072) | 0.147 (0.084) | 0.172 (0.062) | 0.157 (0.023) | 0.131 (0.002) | 0.129 (0.013) | 0.336 (0.042) |
| 2012 | 0.112 (0.010) | 0.105 (0.016) | 0.152 (0.098) | 0.153 (0.094) | 0.183 (0.085) | 0.136 (0.071) | 0.141 (0.072) | 0.145 (0.021) | 0.251 (0.118) |
| 2013 | 0.116 (0.008) | 0.101 (0.031) | 0.143 (0.054) | 0.148 (0.080) | 0.152 (0.113) | 0.103 (0.052) | 0.201 (0.023) | 0.168 (0.042) | 0.244 (0.104) |

　　根据表 9 - 1 可知，从 Moran I 值以及伴随概率来看，人均经济增长率、收入分权及结构、误差项在不同的空间权重下均显著空间自相关，只是在各年份中的交互效应大小不一，说明模型适用于广义嵌套的空间模型。表 9 - 1 中，被解释变量 Y 的 Moran I 值在空间距离加权矩阵 $W^d$ 下最佳；收入分权及结构的 Moran I 综合值在经济加权矩阵 $W^{gdp}$ 下更优；空间误差自相关 λ 也是在空间距离加权矩阵 $W^d$ 下更显著。检验结果说明，税收竞争和经济交互效应在地级市普遍存在，有必要采用空间计量模型，进一步对核心解释变量进行组内和组间分离，在多水平空间权重 $W^{si} \otimes W^{gdp}$, $(i = 1,2)$ 作用下，Moran I 依然显著，并且群组内的空间交互系数 Moran I$_内$ 普遍大于 Moran I$_外$，说明确实存在群组内和群组间空间交互效应的差异性。

## 9.4.3 空间面板计量模型的选择

本章选择各地级市宏观税负及策略互动探讨对地区经济增长率的影响。由于本章设计的理论模型为 GNS，为了提高计算效率，首先采用普通面板方法对模型进行 OLS 回归，并进行拉格朗日检验和似然比检验，以此判断采用固定效应还是随机效应模型，并根据结果确定空间杜宾模型或空间杜宾误差模型，表 9 - 2 报告了这些估计结果。拉格朗日检验显示，无论是否包括空间固定效应和时间固定效应，在 5% 和 1% 的显著水平下，分别拒绝了没有空间滞后项的原假设和没有空间自相关误差项的原假设。然而，稳健拉格朗日检验结果表明，存在空间滞后项且在 5% 的显著水平下不能拒绝没有空间误差项的原假设。

表 9 - 2 普通面板模型对税收分权的经济增长效应估计

| 变量 | 因变量：人均经济增长率（Y） | | | | | | | |
|---|---|---|---|---|---|---|---|---|
| | （1）联合 OLS | | （2）空间固定效应 | | （3）时间固定效应 | | （4）时空固定效应 | |
| | 系数 | P 值 | 系数 | P 值 | 系数 | P 值 | 系数 | P 值 |
| $tax$ | - 0.321 *** | 0.018 | - 0.276 ** | 0.014 | - 0.261 ** | 0.012 | - 0.161 *** | 0.021 |
| $trans$ | 0.036 | 0.151 | 0.005 ** | 0.034 | 0.046 | 0.120 | 0.029 *** | 0.031 |
| $fdi$ | 1.042 *** | 0.003 | 1.178 *** | 0.002 | 1.258 ** | 0.045 | 1.169 * | 0.054 |
| $land$ | 1.157 ** | 0.045 | 1.151 | 0.106 | 1.024 ** | 0.037 | 0.916 | 0.026 |
| $Y_{i,t-1}$ | 1.392 *** | 0.001 | 1.257 *** | 0.001 | 1.128 *** | 0.000 | 1.233 *** | 0.005 |
| $inv$ | 1.201 ** | 0.016 | 1.186 ** | 0.042 | 1.240 * | 0.072 | 1.396 *** | 0.007 |
| $open$ | 0.412 ** | 0.013 | 0.302 *** | 0.008 | 0.383 ** | 0.021 | 0.391 ** | 0.011 |
| 截距 | 5.713 ** | 0.037 | — | | — | | — | |
| $R^2$ | 0.582 | | 0.796 | | 0.693 | | 0.716 | |
| LM 空间滞后 | 0.003 | | 0.008 | | 0.035 | | 0.043 | |
| LM 空间误差 | 0.010 | | 0.007 | | 0.048 | | 0.044 | |
| 稳健 LM 空间 | 0.021 | | 0.051 | | 0.025 | | 0.047 | |
| 稳健 LM 空间 | 0.043 | | 0.082 | | 0.046 | | 0.065 | |

注：* 表示在 10% 水平上显著，** 表示在 5% 水平上显著，*** 表示在 1% 水平上显著。

此外，为了进一步研究空间固定效应联合非显著性的原假设，本章进行了似然比检验。估计结果为 3251.6，自由度为 323，$p < 0.01$，说明拒绝原假设。同样，也拒绝了时间固定效应联合非显著的原假设，把模型扩展为具有空间固定效应和时间固定效应模型，即双向固定效应模型。因此，本章采用双向固定的包含内生交互效应和外生交互效应的空间杜宾模型。

### 9.4.4 估计结果分析

表9-3中模型（5）和模型（6）报告了样本区间的财政收入分权及其空间策略互动作为核心解释变量的基于SYS-GMM的空间杜宾模型的结果。

表9-3　　　　　　双向固定的空间杜宾模型和空间多水平模型

| 变量 | （5）双向固定的SDM | | （6）双向固定的SDM | | （7）双向固定的SML 群组内（$W^{s1}$） | | （8）双向固定的SML 群组间（$W^{s1}$） | |
|---|---|---|---|---|---|---|---|---|
| | 系数 | P值 | 系数 | P值 | 系数 | P值 | 系数 | P值 |
| $tax$ | −0.153 ** | 0.021 | −0.176 ** | 0.049 | −0.089 * | 0.083 | −0.210 *** | 0.007 |
| $trans$ | 0.013 * | 0.073 | 0.005 | 0.161 | 0.072 | 0.174 | 0.056 * | 0.088 |
| $fdi$ | 1.031 *** | 0.002 | 0.902 ** | 0.023 | 1.172 ** | 0.035 | 1.133 ** | 0.054 |
| $land$ | 1.132 * | 0.081 | 0.712 | 0.106 | 1.042 ** | 0.076 | 0.912 | 0.182 |
| $tax \cdot land$ | — | — | 1.105 ** | 0.043 | 1.125 * | 0.074 | 0.872 | 0.113 |
| $tax \cdot fdi$ | — | — | 1.054 *** | 0.003 | 0.982 | 0.189 | 1.114 ** | 0.047 |
| $Y_{t-1}$ | 1.145 *** | 0.001 | 1.148 *** | 0.006 | 1.131 ** | 0.031 | 1.038 ** | 0.025 |
| $inv$ | 1.372 *** | 0.005 | 1.183 ** | 0.042 | 1.472 *** | 0.004 | 1.196 *** | 0.007 |
| $open$ | 0.326 ** | 0.013 | 0.302 ** | 0.008 | −0.135 ** | 0.028 | 0.319 ** | 0.011 |
| $W^d Y$ | 0.368 ** | 0.012 | 0.292 ** | 0.050 | 0.974 ** | 0.032 | 0.273 * | 0.064 |
| $W^{gdp} tax$ | −0.107 ** | 0.046 | −0.083 * | 0.079 | 0.061 | 0.179 | −0.284 *** | 0.008 |
| $W^{gdp} trans$ | −0.033 * | 0.064 | −0.024 | 0.107 | −0.056 ** | 0.015 | −0.014 | 0.119 |
| $W^{gdp} fdi$ | −0.257 ** | 0.026 | −0.251 ** | 0.029 | 0.014 ** | 0.017 | −0.332 *** | 0.001 |
| $W^{gdp} land$ | 0.014 | 0.231 | −0.023 * | 0.071 | 0.054 ** | 0.041 | −0.033 * | 0.059 |
| $R^2$ | 0.682 | | 0.796 | | 0.864 | | 0.716 | |
| Log-Likelihood | 1307.8 | | 1421.6 | | 1489.3 | | 1386.1 | |
| 非对称性 t 检验 | — | | — | | 0.026 | | 0.000 | |
| 空间滞后 Wald | 14.83 | 0.006 | 13.79 | 0.000 | 8.92 | 0.001 | 17.64 | 0.072 |
| 空间滞后 LR | 15.75 | 0.004 | 14.26 | 0.003 | 9.13 | 0.005 | 18.95 | 0.102 |
| 空间误差 Wald | 8.98 | 0.011 | 7.36 | 0.023 | 7.64 | 0.008 | 8.92 | 0.010 |
| 空间误差 LR | 8.23 | 0.016 | 7.12 | 0.014 | 7.58 | 0.012 | 7.63 | 0.008 |

注：* 表示在10%水平上显著，** 表示在5%水平上显著，*** 表示在1%水平上显著。

模型（5）的回归结果表明，收入分权与经济增长呈反向变动关系。固定资产投资率、外商直接投资率对经济增长影响显著，土地财政占地方公共财政支出比率每提高1%，会带动地方经济增长率提高1.132%，激励地方政府在财政分权体制下热衷于土地财政。此外，地方经济增长率受滞后一期的经济状况影响也很显著。相邻地区的经济产出和财政收入特征会显著地影响本地经济增长，具体而言，地理相邻的地区经济增长率每提高1个百分点会带动本地经济增长率提高0.368%，经济发展水平相近的地区财政收入分权度、外商直接投资率和转移支付享有率则会抑制本地经济增长。为进一步剖析在财政收入分权体制下地方政府在上级制度框架下的制度创新行为和横向竞争特征，本章采用财政收入分权与土地财政依赖度的交叉项和财政收入分权与外商直接投资率的交叉项来分别表示纵向和横向特征。结果显示，分权体制下导致地方政府为实现经济增长而创造的土地财政更高，同时代表分权体制下横向竞争特征的系数也显著增大。

鉴于同一省份所辖地级市均受省政府的统一部署和相互协调，群组内的各个地级市之间横向竞争关系可能弱于它和外省相邻地级市的税收和经济竞争程度。因此，本章进一步分析以省为单位的群组内和群组间的竞争差异性特征，模型（7）和模型（8）的估计依赖于公式（9-8），分别报告了财政收入分权特征下，群组内空间交互效应和群组间的交互效应的差异性。结果显示，群组内的税收分权对经济增长的影响系数为 -0.089，远小于群组间的 -0.210。对外开放度在组群内变成为抑制经济增长，而在组群间则促进经济增长。在中国式财政分权体制下，群组内的政府偏好于采用土地财政来促进经济增长，群组间的政府则偏好于吸引外商直接投资来促进经济增长，并且群组内经济增长率的空间交互效应远大于群组间的相互促进效应。群组内经济相邻的样本的转移支付享有率抑制了本地经济增长，而外商直接投资和土地财政依赖度则略微促进本地经济增长。群组间经济相邻的样本税收分权度、外商直接投资率和土地财政依赖度均抑制本地经济增长。因此，更宽松的制度环境会导致跨省相邻地区的经济增长负外部性，缺乏区域合作共赢的机制。

## 9.5 结论与启示

本章利用 2003～2013 年我国 232 个地级市的经济增长和财政收入特征的面板数据模型，构建了空间和时间双向固定的空间杜宾模型和多水平空间模型，实证分析了在中国式财政分权体制下，地方政府为发展地区经济而与上级政府、周边区域同级政府间的策略互动特征。空间杜宾模型的研究结果表明：（1）地方政府受中央和省级政府的制度约束，为实现经济增长会刻意降低税收征管效率，表面妥协于中央和省级政府，实则通过制度创新，尤其是土地财政手段来促进辖区经济增长；（2）财政分权体制下，以外商直接投资率为代表的市级政府间横向竞争显著促进了地区经济增长；（3）相邻地区的经济产出和财政收入特征会显著影响本地经济增长，地理相邻的地区经济增长率每提高1个百分点会带动本地经济增长率提高0.368%，经济发展水平相近的地区财政收入分权度、外商直接投资率和转移支付享有率则会抑制本地经济增长。

同一省份内的地级市受省级政府管辖，往往具有共同的经济发展目标，财政分权带来的群组内横向竞争可能会弱于省际间的地区横向竞争，据此本章构建了空间多水平模型。实证检验结果表明：（1）群组内的税收分权对经济增长的影响系数为 -0.089，远小于群组间的 -0.210，证明财政分权框架下的省际区域间横向竞争强于同省份市间横向竞争；（2）对外开放度在群组内表现为抑制经济增长，而在群组间则促进经济增长；（3）就群组内与群组间发展经济的不同偏好来看，在中国式财政分权体制下，群组内的政府更多地偏好采用土地财政来促进经济增长，群组间的政府则偏好于吸引外商直接投资来促进经济增长，并且群组内经济增长率的空间交互效应远大于群组间的相互促进效应；（4）群组间经济相邻的样本税收分权度、外商直接投资率和土地财政依赖度均抑制本地经济增长，而群组内则表现为不同程度的相互促进。

本章从省以下政府层面讨论了我国的纵向税收竞争关系，认为省级政府与地级市政府间的财政关系并不存在纵向税收竞争，具有政策意义。本章从地级市层面考虑省际地级市与省域内地级市的税收竞争的异质性，考察外商直接投资率、土地财政依赖度等指标，得到了以下结论：应适当引入不同省份辖区内地级城市间的横向税收竞争，通过在不同省际间地级城市展开税收竞争，可以有效吸引外商直接投资，以促进地级城市的经济增长。适当抑制省域内经济发展水平相近的地级城市间的税收竞争，省域内地级城市间的横向税收竞争表现为外商直接投资率和转移支付享有率下降从而限制本地区的经济增长。

## 9.6　本章小结

空间交互策略分析框架下的中国式财政分权对地区经济增长产生何种影响？本章从政府间的财政竞争角度，通过建立空间杜宾模型和多水平模型，从纵向和横向竞争两个方面分别检验了 232 个地级市的财政收入策略互动特征对经济增长率的影响效应。通过研究发现：中国式分税制不存在类似联邦财政体制的纵向竞争，为促进辖区经济增长，纵向财政关系更多地表现为表面妥协和制度创新；而横向竞争关系则存在群组效应，地方政府为实现经济增长刻意降低税收征管效率，同一区域内的地级市政府偏好于采用土地财政来促进经济增长，不同区域的地级市政府则偏好于吸引外商直接投资来促进经济增长。本章提出：应适当引入不同省份辖区内地级城市间的横向税收竞争，适当抑制省域内经济发展水平相近的地级城市间的税收竞争。

# 第 10 章

# 地方财权划分、土地财政与供应策略

## 10.1 问题的提出

在"新冠病毒"全球肆虐等新形势背景下，财政成为坚决打赢疫情防控阻击战的坚实后盾。地方政府面临着双重财政压力：一方面，中小企业生存难、居民消费水平下降、外贸出口量锐减等引致财政收入负增长；另一方面，防疫防控、"六稳六保"等工作持续推进带来"财政刚性支出"增加的财政支出压力。党的十九届四中全会通过了《中共中央关于坚持和完善中国特色社会主义制度推进国家治理体系和治理能力现代化若干重大问题的决定》，指出"健全充分发挥中央和地方两个积极性的体制机制，优化政府间事权和财权划分，建立权责清晰、财力协调、区域均衡的中央与地方间财政关系，形成稳定的各级政府事权、支出责任和财力相适应的制度"。2019 年 10 月，国务院发布了《实施更大规模减税降费后调整中央与地方收入划分改革推进方案》，该方案的发布是中央政府在落实减税降费政策下，支持地方政府财力的重要体现，以缓解地方政府由于税收收入增速放缓引致的"财政压力"。但从长期来看，地方政府将持续面临着较大财政压力，虽然中央政府让出"财政蛋糕"并通过财政直达资金、政府融资平台发债等模式增加地方财力，但从总体来看，财政压力与地方政府如影随形。税权的划分与土地制度是中国式分权的两个核心制度，财政压力与土地财政间存在着联系和交互影响效应，财政压力下，地方政府有重走依赖土地融资"老路"的想法，以解决财政"双向困境"。

自 2003 年土地招拍挂制度实行，中国的"土地财政"开始逐渐进入人们的视野。1994 年分税制改革后，中央政府与地方政府重新划分财政收入，地方政府采取出让土地使用权获得高额"回报"的方式进行"垄断性"供给，以获取更多的预算外财政收入。2018 年，与土地财政密切关联的房地产"五税"（房产税、城镇土地使用税、契税、耕地占用税、土地增值税）再创新高，收入总计 17968 亿元，按照"土地出让金＋房地产五税"的口径进行测算，土地财政收入占地方财政总收入的 51%，与 2017 年同比上升 3.3%。[①] 2020 年，我国部分城市的新房销售持续升温，房地产市场的持续火爆是否受到了地方财政压力的影响？研究地方政府面对财政压力土地财政行为产生的影响效应与影响路径在当前形势下显得尤为重要，具有较强的实践意义。

分析制度背后的原因，土地财政收入与预算内主要税收收入（所得税、增值税、消费税等）不同的是：一是土地财政收入全部归地方财政所有，中央几乎不参与分享；二是土地财政收入属于财政预算外收入，地方政府对财政支出的决策空间较大。因此，地方政府更加青睐通过土地财政模式以获取更多的财政收入。土地财政"绑架"地方政府的同时还兼具发挥"融资平台的作用"（辛波，2015；马万里等，2018），地方政府通过出让土地，构建融资平台或成立融资担保部门，为地方基础设施建设、区域经济发展提供资金支持，地方政府高库存、高债务隐含系统性金融风险成为地方经济发展的潜在隐患，地方政府在政绩和财政收入目标导向的利益驱动下，通过低价出让土地等多种方式推动建筑、房地产等行业快速发展，以达到增加税源扩充财政收入的目的，以获取财政收入的迅速增长（陶然等，2007）。"土地财政"存在凸出的负面效应，并逐步成为地方债务的潜在风险隐患，是引致"房价高企"的重要原因之一。同时，高房价带来社会不平等、贫富差距固化等社会问题，推高人力成本上升，增加企业负担，对实体经济产业产生"挤出效应"（陈志勇，2010）。

在将财政压力、地方政府土地财政行为与土地供应策略置于同一个分析框

---

① 数据来源：中经网统计数据库。

架的文献中，学者们对地方政府土地财政行为的根源及土地供应策略进行了探究性研究，其学术观点普遍分成两个阵营：一是"财政压力假说"，学者们普遍认同"财政集权"是造成地方政府"财政压力"的主要因素，政府在面对财政收入减少引致的"压力"会采取相应手段以弥补"财力缺口"。因此，地方政府有做大"财政蛋糕"的原始夙愿，以寻求地方预算外收入的"突破"，获取预算外可支配收入的增加（Weingast，2009；席鹏辉，2017）。曹广忠等（2007）采用计算省本级增值税和营业税的税收分成比例代表财政分权，将土地出让收入作为解释变量，认为政府为追求财政收入最大化过度发展形成房地产业化及工业化。土地财政是地方政府快速获取财政收入的最便捷、有效的途径，土地财政收入的增加会放松地方政府所受预算软约束，可以实现地方政府的利润最大化，以达到"迅速致富"目标，更好地实现地方政府的收支任务。二是"官员晋升激励锦标赛"假说，持这种观点的学者们反驳"财政压力"说，认为土地财政的"野蛮生长"的根源来自官员晋升锦标赛的影响效应（周黎安，2007），部分学者将部长更换作为外生的准自然实验（范子英，2015），进一步印证了以上结论，官员以 GDP 为目标的竞争体现在以土地财政支出的融资策略竞争（梁若冰，2009；张莉，2011）。

关于地方财政压力的度量方法，目前文献普遍采用财政集权作为衡量的指标：（1）区域预算内财政支出和财政收入间差额与预算内财政收入的比值（李英利，2020；祝继高，2018；赵文哲等，2019）；（2）专项转移支付占财政预算内收入的比例（张训常等，2019）；（3）"营改增"后，中央与地方增值税由"六四分成"变为"五五分成"，在省本级的分享比例也随之提高的背景下，将市级政府面对的"财政压力"作为时间节点，考虑节点前后的对比变化（卢洪友等，2019）；（4）财政收入与财政支出的匹配值（孙开等，2019）。本章与以往文献不同的是，采取谢贞发等学者 2016 年使用的省级政府出台的省以下财政体制改革文件中规定的省对地级市政府的税收分成比例的下降来解释与度量"财政压力"，具体的测度指标采取省级政府对地级市政府增值税分成减少的变化量。采取以上指标体系的原因是：增值税作为地方政府税收留成收入中的核心主体税种，省级政府对地级市政府增值税税收分成的减少会对地方政府带来最直接的"财政压力"效应。本章的贡献主要有以下方面：第一，与以往文献不同的是，本章将研究的视角聚焦于地级市政府层面，将税收分成制度、土地财政行为与依赖度、土地供应策略（面积和均价）纳入同一个分析框架。同时，对"财政压力"下，地方政府土地财政供应策略的内在作用机制作了进一步的探索与分析。第二，在研究方法上，采取地方政府省以下财政体制改革中税收分成的变化数据，度量地级市政府面临的"财政压力"，比以往省以下政府财政压力的衡量指标更为直接，且能较好地避免数据的内生性。第三，在研究结论上，得出省级政府对地级市政府的增值税税收集权，激励地方政府通过增加预算外收入来缓解税收集权带来的财政压力，以稳定本地财政收入的持续增长，维持本地的财政支出的结论。

## 10.2　理论分析与研究假设

### 10.2.1　财政压力对地级市政府土地财政行为的影响

对于地级市政府而言，"财政激励"带来的努力水平较"官员晋升"更高，在中国式财政分权的框架下，地级市政府积极投入基础建设促进经济发展，"激励"地方政府积极推进经济建设的一个重要诱因是地方政府可支配财力的增长，政府会为了达到利益最大化目标采用多种方法最大限度创造更多的可用财力，因此，财政压力对地方政府的激励效应尤为显著。省级政府与地级市政府间狭义的税收分权主要采取税收分成模式，对地方政府留成的税收收入进行合理有效的划分。省级政府对地级市政府的税收收入划分采取"一省一式"的形式，主要分为税种分成、增量分成、总额分成、增量与税种分成相结合、隶属分成、增量与总额分成相结合六种模式。1994 年分税制改革后，中央加大了对财政的集权力度，各省份比照中央的财政政策对地方的税收收入分成模式也减少了主体税种在地级市层面分成的比例。根据对各省以下财政体制进行梳理后我们发现，绝大部分的省级政府对地级市政府的主体税种税收收入留成比例减少。省级政府对地级市政府税收分成的减少是地级市政面对的直接的财政压力，地方政府会采取其他有效方式获取财政收入以缓解税收分成减少带来的财政压力，而土地财政是地方政府的首选。地方政府在财政集权的背景下选择土地财政的根源来自投资冲动下的政府策略互动。面对税收集权，地方政府涌现出为吸引外资而出现的"逐底竞争"，大兴土木建设、以低价获取竞争优势成为地方政府的主要引资手段，地方政府开始逐步摒弃粗放型的低价竞争策略，向为争取辖区内福利最大化的高价竞争转变。土地财政给地方政府带来的预算外财政收入，有着短期见效、成本低廉的优点且有巨额的利润空间，因此成为地方政府获取财政收入的"利器"，详见图10-1。

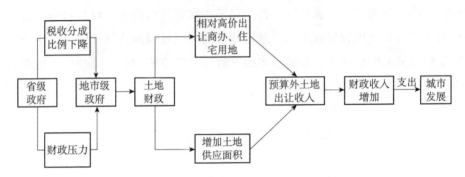

**图10-1 地方财权划分与土地财政收入流向**

增值税是地方政府税收分成的主要收入来源，在中央与省级政府、省级政府与地级市分成的既定框架下，省级政府减少对地级市政府的增值税分成收入，对于地级市政府而言形成了财政压力。面对财政资金的短缺，土地财政是直接有效的增加财政收入的方式，使得地级市政府将土地财政收入作为获取地方政府收入的突破口，本级政府土地出让收入显著增加。因此，我们提出待检验的假说1。

假说1：地级市政府面对主体税种的税收集权会改变土地财政行为。

## 10.2.2 不同区域和经济发展水平地区土地财政行为的异质性

区域间地市级政府在制度、环境、产业政策、人口及经济发展水平等方面均存在较大差异，因此，城市集群发展特征下的地方政府土地财政行为方式形成东、中、西部区域分岔的现象，差异在地市级政府上则更为显著。面对税收集权，分区域的效应会有显著区别，东部地区财源充足财政收入比较丰厚，对土地财政依赖的程度不明显，而西部地区和中部地区面对财政压力缺乏其他产业有效支撑以及拓展获取财政收入的渠道，对土地财政依赖的程度非常高。因此，我们提出待检验的假说 2。

假说 2：不同区域的地级市政府面对财政压力表现出不同效应，西部和中部地区表现出更显著的土地财政依赖。

### 10.2.3　地方政府土地供应策略

增值税税收分成的减少将直接影响地方政府的财政收入，同时，地级市政府在教育、医疗等政府刚性支出不变的前提下，税收集权对房价和土地财政规模呈现显著的正向激励效应，且引致地方政府积极追求土地财政规模扩大的重要制度性因素是省级政府对地级市政府在土地供应面积既定的情况下，试图推高土地供应的平均价格，增加了房地产开发商的土地供应成本，间接推高了房地产供应价格。为寻求土地利润的最大化，地方政府财力建设目标设定与土地供应策略选择是地方政府在财政压力的激励效应下的路径中的重要环节。我们认为，地方政府依赖出让土地获取土地财政收入的途径：一是增加土地供应面积；二是提高土地出让的平均价格，地方政府以增加土地出让价格的形式获取财政收入的回报率最高，且不同区域也存在较大差异。因此，我们提出待检验的假说 3。

假说 3：地级市政府面对财政压力，其增加土地财政收入的手段主要依赖于土地出让价格的稳定。

## 10.3　模型建立、变量选择与数据来源

### 10.3.1　模型建立

本章的主要目的是对中国的省对地级市政府税收分成比例减少形成地级市政府的财政压力进行研究，分析其对地方政府土地财政行为及内在机制的影响效应。为此，本章采用以下回归模型进行实证检验：

$$y_{it} = \alpha \cdot x_{it} + \beta X + \delta_i + \tau_t + \varepsilon_{it} \tag{10-1}$$

本章选取地级市国有土地供应出让收入、土地依赖程度作为核心被解释变量，土地依赖程度计算公式为：$rltf = ltf/rev$，其中，$ltf$ 是国有土地供应出让收入，$rev$ 是一般公共预算收入。除此之外，为了多角度检验地级市政府税

收分成变化减少程度对土地财政的影响，我们将土地供应出让面积与土地出让平均价格作为辅助被解释变量进行进一步的分析验证，其中，土地出让平均价格使用地级市政府的土地供应出让收入除以当年土地供应出让面积得到。

## 10.3.2　变量选择与数据来源

式（10 - 1）中，$y_{it}$ 为地级市政府 $i$ 在 $t$ 年的土地财政衡量指标，$x_{it}$ 表示地级市政府 $i$ 在 $t$ 年度的税收分成变化。本章主要考察的目标税种为增值税，将地级市政府增值税的税收分成减少程度作为核心解释变量进行回归验证。增值税税收分成变化的减少程度用 $dvat_{it}$ 表示，计算公式为 $dvat_{it} = \dfrac{vat_{it-1} - vat_{it}}{vat_{it-1}}$，其中，$vat_{it}$ 为地级市增值税税收分成比例。

$X$ 表示回归中的控制变量，以减少其他可能影响本章被解释变量的因素，具体包含城市行政规划面积、投资水平、受教育水平等。

$\delta_i$ 表示地区扰动项，排除各个地级市不随时间变化的个体因素所产生的影响；$\tau_t$ 表示时间扰动项，排除了与个体无关但随时间变化而变化的因素影响；$\varepsilon_{it}$ 则是回归残差项。

### 10.3.2.1　解释变量

本章的核心解释变量采用增值税的税收集权来代表财政压力。具体的测度指标采取省级政府对地级市政府增值税分成减少的变化量，其原因为：增值税作为地方税收留成收入中的核心主体税种，省级政府对地级市政府增值税税收分成的减少会对地方政府带来最直接的财政压力效应，因此，本章采用增值税税收集权解释财政压力。解释变量来源于笔者手工收集的各省份对地级市出台的省对市增值税税收分成的变化数据，做进一步整理得到。由于《中国地市县统计资料》的数据目前只更新到 2013 年，因此，本章最终的样本选取时间确定为 2003 ~ 2013 年，同时，本章也将滞后一期、滞后二期的增值税税收分成变化量纳入分析范畴。

### 10.3.2.2　被解释变量

本章的主回归模型的被解释变量为国有土地供应出让收入、土地依赖度，分样本的解释变量增加了土地供应出让面积和土地平均价格的数据，分别来源于《国土资源统计年鉴》。各地级市的一般预算收入、地级市的一般预算支出以及控制变量的数据则搜集于《中国地市县统计资料》和《中国城市统计年鉴》。

### 10.3.2.3　控制变量

本章的控制变量排除了其他可能影响地方国有土地出让的因素。主要包括：（1）人均 $GDP$。排除因地区经济水平差异对土地供应出让情况产生的影响。该变量为剔除了各地级市价格因素后采用实际 $GDP$ 水平除以人口总数后取对数得到。（2）开放性水平 $Open$。来自 CIEC 数据库，城市的开放性水平对城市的资源利用率有不可忽视的影响效应，从而会对城市土地使用和供应等产生影响。（3）城市化率 $Urban$。采用城镇人口占常住总人口的比重来衡量，数据来自《中国城市统计年鉴》。（4）受教育水平 $Edu$。用城市高等学校在校生人数与总人口相比得到。（5）投资水平 $Inv$。该变量为固定资产投资额占 $GDP$ 的总比率。（6）地级市行政规划面积 $Land$。行政规划面积也是影响城市土地出让的因素之一，数据来自《国土资源统计年鉴》，本章采用的各变量描述性统计见表 10 – 1。（7）营业税的税收分成变化 $Dbust$。由于本章的数据涉及"营改增"前，因此加入各省份对地级市省以下财政体制中的营业税税收分成变化量作为控制变量，同时，也将滞后一期、滞后二期的营业税税收分成的变化量纳入控制变量。

表 10 – 1　描述性统计

| 变量符号 | 变量含义描述 | 平均值 | 标准差 | 最小值 | 最大值 |
| --- | --- | --- | --- | --- | --- |
| $Ltf$ | 国有土地供应出让收入 | 0.480 | 1.119 | 0.000 | 15.554 |
| $Larea$ | 国有土地供应出让面积 | 0.085 | 0.468 | 0.000 | 22.915 |
| $Numl$ | 国有土地供应出让宗数 | 0.512 | 0.658 | 0.003 | 7.315 |
| $Price$ | 土地供应出让平均价格 | 4.552 | 5.076 | 0.009 | 61.271 |
| $Rev$ | 地级市一般预算收入 | 0.752 | 1.976 | 0.012 | 34.298 |
| $Exp$ | 地级市一般预算支出 | 1.215 | 2.291 | 0.033 | 39.149 |
| $Dvat$ | 增值税分成变化 | 0.002 | 0.083 | − 1 | 0.7 |
| $Dbust$ | 营业税分成变化 | 0.006 | 0.065 | − 0.8 | 0.4 |
| $Ldvat$ | 滞后一期增值税分成变化 | 0.009 | 0.086 | − 1 | 0.7 |
| $Ldbust$ | 滞后一期营业税分成变化 | 0.011 | 0.072 | − 0.8 | 0.4 |
| $Ldvat2$ | 滞后二期增值税分成变化 | 0.002 | 0.111 | − 1 | 0.7 |
| $Ldbust2$ | 滞后二期营业税分成变化 | 0.009 | 0.068 | − 0.8 | 0.4 |

续表

| 变量符号 | 变量含义描述 | 平均值 | 标准差 | 最小值 | 最大值 |
|---|---|---|---|---|---|
| Lnrgdp | 人均 GDP 取对数 | 6.579 | 0.958 | 3.891 | 9.856 |
| Open | 开放性水平 | 0.229 | 0.422 | 0.000 | 4.622 |
| Urban | 城市化率 | 0.335 | 0.172 | 0.062 | 1 |
| Edu | 受教育水平 | 0.013 | 0.018 | 0.000 | 0.127 |
| Inv | 投资水平 | 0.540 | 0.214 | 0.083 | 1.624 |
| Land | 地级市行政规划面积 | 1.627 | 2.136 | 0.111 | 25.336 |

## 10.4　实证结果与机制分析

### 10.4.1　基准回归结果

根据回归模型（10-1），采用 Stata 软件运算，可以得到增值税税收分成变化对地方政府土地供应出让收入影响的回归结果，见表 10-2。

表 10-2　　　　增值税税收分成变化对地方土地供应出让收入的实证效应

| 变量 | Ltf (1) | Ltf (2) | Ltf (3) | Ltf (4) | Rltf (5) | Rltf (6) | Rltf (7) | Rltf (8) |
|---|---|---|---|---|---|---|---|---|
| Dvat | 0.353 ** (2.60) | | | 0.392 *** (2.56) | 0.301 ** (1.90) | | | 0.287 *** (1.77) |
| Ldvat | | 0.067 ** (0.42) | | 0.122 (0.69) | | 0.232 * (-2.52) | | 0.217 * (-2.21) |
| Ldvat2 | | | 0.204 ** (1.82) | 0.222 (1.79) | | | 0.033 ** (0.55) | 0.020 (0.32) |
| Lnrgdp | -0.822 ** (-2.98) | -0.828 ** (-2.98) | -0.850 ** (-3.04) | -0.852 ** (-3.02) | -0.156 (-1.18) | -0.159 (-1.21) | -0.163 (-1.23) | -0.158 (-1.20) |
| Open | -0.324 (-0.82) | -0.330 (-0.83) | -0.343 (-0.86) | -0.333 (-0.84) | 0.086 (0.85) | 0.083 (0.82) | 0.077 (0.76) | 0.088 (0.86) |
| Land | -0.514 * (-2.27) | -0.513 * (-2.27) | -0.515 * (-2.28) | -0.518 * (-2.28) | -0.196 *** (-4.51) | -0.192 *** (-4.47) | -0.195 *** (-4.55) | -0.194 *** (-4.45) |
| Urban | -0.449 (-0.46) | -0.450 (-0.46) | -0.466 (-0.48) | -0.487 (-0.50) | -0.426 (-1.42) | -0.387 (-1.29) | -0.425 (-1.41) | -0.397 (-1.31) |
| Edu | 16.59 * (2.38) | 16.50 * (2.36) | 16.52 * (2.37) | 16.92 * (2.42) | -2.503 (-0.94) | -2.667 (-1.00) | -2.646 (-0.98) | -2.500 (-0.94) |
| Inv | -0.728 ** (-3.29) | -0.724 ** (-3.27) | -0.706 ** (-3.22) | -0.705 ** (-3.23) | 0.137 (1.66) | 0.131 (1.59) | 0.142 (1.73) | 0.131 (1.57) |
| 常数项 | 6.353 ** (3.03) | 6.388 ** (3.02) | 6.517 ** (3.07) | 6.535 ** (3.06) | 1.932 * (2.33) | 1.943 * (2.35) | 1.972 * (2.38) | 1.941 * (2.35) |
| 地区固定 | 是 | 是 | 是 | 是 | 是 | 是 | 是 | 是 |

续表

| 变量 | Ltf (1) | Ltf (2) | Ltf (3) | Ltf (4) | Rltf (5) | Rltf (6) | Rltf (7) | Rltf (8) |
|---|---|---|---|---|---|---|---|---|
| 年份固定 | 是 | 是 | 是 | 是 | 是 | 是 | 是 | 是 |
| 样本量 | 1461 | 1461 | 1461 | 1461 | 1461 | 1461 | 1461 | 1461 |

注：括号中数据是系数的 t 值或 z 值；***、**、* 分别表示 1%、5%、10%的显著性水平。

　　表 10-2 报告了地级市增值税税收分成变化对地方国有土地供应出让收入的实证结果。第（1）列至第（4）列的被解释变量为土地供应出让收入，第（5）列至第（8）列的被解释变量为政府土地依赖度。其中，第（1）列至第（3）列和第（5）列至第（7）列分别是当期、滞后一期和滞后二期的增值税税收分成变化作为核心解释变量回归结果，第（4）列和第（8）列为将各期增值税税收分成变化进行综合回归的实证结果。从回归结果可以看出，当期增值税税收分成变化每增加 1 个百分点，地方土地供应出让面积则增加 0.353 个百分点，说明增值税税收分成的减少在当期显著地促进了地方土地供应出让收入的上升。同时，滞后一期和滞后二期的增值税税收分成变化对土地供应出让金的影响也均表现为显著，影响系数分别为 0.067 和 0.204，小于当期的影响系数且与其趋势相同，即地级市土地供应出让收入在滞后一期和滞后二期的受到财政压力的影响表现为持续增加。第（4）列回归结果显示，在排除滞后一期和滞后二期的影响后，当期增值税税收分成变化对土地供应出让收入的影响更为显著，影响系数上升为 0.392。同时，当期、滞后一期和滞后二期的增值税税收分成变化对地级城市土地依赖度的影响作用弹性分别为 0.301、0.232 和 0.033，表明增值税税收分成的减少也显著影响了地级城市土地依赖度，且在滞后一期和滞后二期表现出同样的趋势。第（7）列的结果显示，在排除滞后一期和滞后二期的影响后，当期增值税税收分成变化对地级城市土地依赖度的影响更为显著，影响系数为 0.287。这说明增值税税收分成的减少带来的财政压力与地方政府土地依赖度呈现显著的正相关关系，财政压力使得中国的地级市政府有意愿获取更多的土地财政收入，并表现出对土地财政的依赖性加强。

## 10.4.2　分样本回归结果

　　由于地方财政收入的发展严重依赖于经济发展水平以及地方资源禀赋，对于欠发达地区而言更是如此，为了更清楚地观察增值税税收分成变化对土地财政在不同区域的影响效应，本章将样本按照区域和经济发展水平分组进行进一步探讨。本章按地级市所属地区将样本分为东部地区、中部地区和西部地区三组进行回归；同时，根据各地级市 GDP 规模，将地市样本分为经济欠发达、经济中等以及经济落后地区这三类城市样本，并进行分样本回归。在处理样本过程中，为了减少税收集权对 GDP 可能产生的反向因果效应，本章选择了按照 2003 年各地市的 GDP 规模进行分类，以观察具体的效应。在上述回归结果中，当期的增值税税收分成变化产生的影响最显著，故这里只考虑当期增值税税收分成变化的分组回归结果。

### 10.4.2.1　按区域划分的分样本回归结果

从按区域划分的分样本回归结果来看，西部地区地级市政府对土地财政依赖的回归系数为 0.641，表现为显著依赖，西部地区地级市政府受财政压力的影响较中部地区和东部地区更加显著，促进土地财政收入的增加以维持本市的财政支出水平；东部地区和中部地区地级市政府面对增值税税收收入留成减少带来的财政压力对土地财政也有正向的促进效应，回归系数为正，但从回归结果来看，表现为不显著依赖土地财政。具体结果见表 10 - 3。

表 10 - 3　　　　　　　　按区域划分的分样本回归结果

| 变量 | 西部地区 | | 中部地区 | | 东部地区 | |
|---|---|---|---|---|---|---|
| | *Ltf* | *Rltf* | *Ltf* | *Rltf* | *Ltf* | *Rltf* |
| | (1) | (2) | (3) | (4) | (5) | (6) |
| *Dvat* | 0.094 *** | 0.641 *** | 00.179 | 0.193 | 0.371 | 0.797 |
| | (0.66) | (4.51) | (0.95) | (0.74) | (0.77) | (2.88) |
| *Lnrgdp* | -0.742 | -0.177 | -0.258 | 0.156 | -0.665 | -0.392 |
| | (-1.29) | (-0.77) | (-0.72) | (0.97) | (-1.80) | (-1.84) |
| *Open* | -0.267 | 0.186 | 0.660 | -0.595 | -0.051 | 0.059 |
| | (-0.50) | (1.58) | (0.72) | (-1.13) | (-0.27) | (0.30) |
| *Land* | -1.942 | -0.711 | 0.265 | 0.513 | -0.295 ** | -0.145 ** |
| | (-0.50) | (-1.64) | (0.11) | (0.09) | (-2.98) | (-2.89) |
| *Urban* | -1.401 | -0.284 | 0.0718 | -0.848 * | 0.798 | -0.139 |
| | (-0.67) | (-0.62) | (0.08) | (-2.01) | (1.19) | (-0.15) |
| *Edu* | 2.019 | -2.939 | 28.85 | 0.728 | 34.72 ** | -3.576 |
| | (0.25) | (-0.99) | (1.90) | (0.12) | (3.08) | (-0.57) |
| *Inv* | -0.450 | 0.445 ** | -0.169 | 0.192 | -0.050 | -0.046 |
| | (-0.81) | (2.75) | (-1.19) | (1.48) | (-0.24) | (-0.18) |
| 年份固定 | 是 | 是 | 是 | 是 | 是 | 是 |

续表

| 变量 | 西部地区 | | 中部地区 | | 东部地区 | |
|---|---|---|---|---|---|---|
| | Ltf | Rltf | Ltf | Rltf | Ltf | Rltf |
| | （1） | （2） | （3） | （4） | （5） | （6） |
| 地区固定 | 是 | 是 | 是 | 是 | 是 | 是 |
| 常数项 | 10.93 | 2.964 | 1.481 | -1.049 | 5.248 | 3.822 * |
| | (1.41) | (1.51) | (0.33) | (-0.11) | (1.89) | (2.13) |

注：括号中数据是系数的 t 值或 z 值；*** 、 ** 、 * 分别表示 1%、5%、10% 的显著性水平。

### 10.4.2.2　按不同经济发展水平划分的分样本回归结果

由表 10 - 4 第（1）列至第（6）列的回归结果可以看出，不同经济发展水平的地级市在面对财政压力时对土地财政产生不同的影响效应，回归结果显示：经济水平欠发达的地区与经济中等地区的土地财政收入水平受财政压力的影响系数为 0.036 和 0.054，且显著水平较高，而经济发达地区在财政压力的作用下，并未表现出显著地受到影响；而从土地财政依赖程度来看，结果也表现出相同的趋势，经济水平落后的地级市及经济水平中等的地级市对土地依赖度的作用系数分别为 0.242 和 0.417，表现为对土地财政显著的依赖程度，而经济发达地区受财政压力影响的相关系数结果为正，但并不表现为显著依赖于土地财政。

表 10 - 4　　　　　　按不同经济发展水平划分的分样本回归结果

| 变量 | 经济欠发达地区 | | 经济中等地区 | | 经济发达地区 | |
|---|---|---|---|---|---|---|
| | Ltf | Rltf | Ltf | Rltf | Ltf | Rltf |
| | （1） | （2） | （3） | （4） | （5） | （6） |
| Dvat | 0.036 *** | 0.242 *** | 0.054 *** | 0.417 *** | 0.697 | 0.116 |
| | (0.60) | (0.89) | (0.95) | (3.84) | (1.13) | (0.21) |
| Lnrgdp | 0.101 * | 0.0539 | 0.149 * | -0.114 | -0.586 | -0.483 |
| | (2.40) | (0.34) | (2.15) | (-0.68) | (-0.95) | (-1.63) |
| Open | 0.288 | 0.196 | 0.219 * | -0.105 | 0.376 | 0.217 |
| | (1.21) | (1.16) | (2.09) | (-0.36) | (0.59) | (1.27) |
| Land | -0.080 *** | -0.130 ** | -0.541 | -1.554 | -2.605 | -0.381 |
| | (-4.01) | (-3.39) | (-1.18) | (-1.14) | (-0.70) | (-1.18) |
| Urban | -0.0260 | -1.237 | -0.316 | 0.103 | -0.490 | -0.519 |
| | (-0.08) | (-1.80) | (-0.91) | (0.20) | (-0.23) | (-1.11) |
| Edu | 3.130 | -1.218 | -1.458 | -4.981 | 6.561 | -1.293 |
| | (1.79) | (-0.35) | (-0.31) | (-1.10) | (0.51) | (-0.39) |
| Inv | 0.008 | 0.198 * | 0.153 | 0.329 * | -0.293 | 0.024 |
| | (0.18) | (2.00) | (1.52) | (2.03) | (-0.43) | (0.09) |
| 年份固定 | 是 | 是 | 是 | 是 | 是 | 是 |

| 变量 | 经济欠发达地区 | | 经济中等地区 | | 经济发达地区 | |
|---|---|---|---|---|---|---|
| | *Ltf* | *Rltf* | *Ltf* | *Rltf* | *Ltf* | *Rltf* |
| | (1) | (2) | (3) | (4) | (5) | (6) |
| 地区固定 | 是 | 是 | 是 | 是 | 是 | 是 |
| 常数项 | −0.402 | 0.725 | 0.032 | 3.530 | 11.470 | 5.488* |
| | (−1.41) | (0.85) | (0.04) | (1.41) | (1.27) | (2.14) |

注：括号中数据是系数的 t 值或 z 值；\*\*\*、\*\*、\* 分别表示 1%、5%、10% 的显著性水平。

# 10.5　影响机制与途径分析

本章进一步剖析地级市政府主体税种税收留成的减少引致地方财政收入减少从而形成财政压力，对土地财政影响的机制途径。我们分离出土地供应出让面积和土地供应出让的平均价格，使用当期增值税税收分成变化分别对它们进行实证回归，采用回归模型如下：

$$z_{it} = \alpha \cdot x_{it} + \beta X + \delta_i + \tau_t + \varepsilon_{it} \qquad (10-2)$$

其中，$z_{it}$ 表示地区 $i$ 在 $t$ 年度的土地供应出让面积和平均价格，$x_{it}$ 为地级市 $i$ 在 $t$ 年度的税收分成变化。

## 10.5.1　土地供应出让面积

使用总样本和分组样本分别进行回归，回归结果见表 10-5。

表 10-5　　　　增值税税收分成对土地出让面积的实证效应

| 变量 | 总样本 | 经济欠发达地区 | 经济中等地区 | 经济发达地区 | 西部地区 | 中部地区 | 东部地区 |
|---|---|---|---|---|---|---|---|
| | *Larea* | *Larea* | *Larea* | *Larea* | *Larea* | *Larea* | *Larea* |
| | (1) | (2) | (3) | (4) | (5) | (6) | (7) |
| *Dvat* | 0.056 | −0.011 | 0.008 | 0.272 | 0.022 | −0.007 | 0.212 |
| | (1.57) | (−0.90) | (0.53) | (1.58) | (1.63) | (−0.55) | (1.15) |
| *Lnrgdp* | 0.022 | 0.030* | 0.032 | 0.129 | 0.064 | 0.009 | −0.042 |
| | (1.27) | (2.35) | (1.91) | (1.25) | (1.82) | (0.57) | (−1.43) |
| *Open* | 0.0329 | 0.019 | 0.017 | 0.078* | 0.045 | −0.019 | −0.027 |
| | (1.69) | (1.17) | (0.83) | (2.29) | (1.72) | (−0.91) | (−0.54) |
| *Land* | −0.014 | −0.009*** | −0.298 | 0.271 | 0.072 | −0.002 | −0.045* |
| | (−0.85) | (−3.55) | (−1.19) | (1.38) | (0.78) | (−0.01) | (−2.28) |
| *Urban* | 0.100 | 0.048 | 0.025 | 0.200 | 0.295 | 0.055 | −0.006 |
| | (1.20) | (0.61) | (0.36) | (1.28) | (1.84) | (0.87) | (−0.05) |

续表

| 变量 | 总样本 | 经济欠发达地区 | 经济中等地区 | 经济发达地区 | 西部地区 | 中部地区 | 东部地区 |
|---|---|---|---|---|---|---|---|
| | Larea | Larea | Larea | Larea | Larea | Larea | Larea |
| | (1) | (2) | (3) | (4) | (5) | (6) | (7) |
| Edu | 0.350 | 0.629 | −0.289 | −0.758 | −0.495 | −0.526 | 2.299 * |
| | (0.76) | (1.84) | (−0.49) | (−0.99) | (−0.87) | (−0.69) | (2.16) |
| Price | −0.003 *** | −0.003 *** | −0.005 ** | −0.004 *** | −0.003 *** | −0.001 | −0.006 |
| | (−4.28) | (−3.98) | (−3.33) | (−3.62) | (−4.54) | (−0.81) | (−1.57) |
| Inv | −0.020 | 0.014 | 0.027 | −0.005 | 0.046 | −0.009 | −0.104 |
| | (−1.01) | (1.44) | (1.23) | (−0.10) | (1.82) | (−0.62) | (−0.92) |
| 地区固定 | 是 | 是 | 是 | 是 | 是 | 是 | 是 |
| 时间固定 | 是 | 是 | 是 | 是 | 是 | 是 | 是 |
| 常数项 | −0.086 | −0.147 | 0.300 | −1.331 | −0.573 * | 0.0160 | 0.415 |
| | (−0.81) | (−1.87) | (0.82) | (−1.45) | (−2.19) | (0.03) | (1.84) |
| N | 1424 | 449 | 492 | 475 | 501 | 422 | 501 |

注：括号中数据是系数的 t 值或 z 值；*** 、** 、* 分别表示 1%、5%、10% 的显著性水平。

从表 10 - 5 的回归结果可以看出，总样本的回归结果显示：财政压力与土地供应出让面积呈现正相关，回归系数为 0.056，回归结果显示，并未表现出显著的促进效应。从分样本的回归结果来看，经济欠发达地区与中部地区在土地供应面积上表现出负向效应，而经济中等地区和经济发达地区则不同程度地表现为正向不显著的效应；从分区域的回归结果来看，东部地区和西部地区面对财政压力，表现为正向促进的正相关关系。

## 10.5.2　土地供应出让平均价格

本部分控制住各地级市的行政规划面积及土地出让面积，考察当期增值税税收分成变化对土地供应出让平均价格的影响，回归结果见表 10 - 6。

表 10 - 6　　　　增值税税收分成对出让平均价格的实证效应

| 变量 | 总样本 | 经济欠发达地区 | 经济中等地区 | 经济发达地区 | 西部地区 | 中部地区 | 东部地区 |
|---|---|---|---|---|---|---|---|
| | Price | Price | Price | Price | Price | Price | Price |
| Dvat | 3.924 ** | 1.215 | 6.320 *** | 0.493 * | 7.163 *** | 1.825 ** | 4.156 * |
| | (2.76) | (0.91) | (6.38) | (−0.12) | (6.22) | (1.11) | (2.16) |
| Lnrgdp | −4.954 ** | 0.662 | −0.828 | −6.958 | −7.587 | −0.010 | −1.774 |
| | (−2.66) | (0.49) | (−0.63) | (−1.67) | (−1.32) | (−0.01) | (−1.37) |
| Open | −2.488 | 1.606 | 0.709 | −1.119 | −0.354 | −1.631 | −1.979 |
| | (−1.59) | (0.67) | (0.65) | (−0.48) | (−0.15) | (−0.52) | (−1.93) |
| Land | −3.424 *** | −0.946 * | 10.700 | −11.680 | −9.928 | −11.30 | −1.453 ** |
| | (−3.83) | (−2.42) | (1.27) | (−1.14) | (−0.96) | (−0.97) | (−3.29) |

| 变量 | 总样本 | 经济欠发达地区 | 经济中等地区 | 经济发达地区 | 西部地区 | 中部地区 | 东部地区 |
|---|---|---|---|---|---|---|---|
| | *Price* | *Price* | *Price* | *Price* | *Price* | *Price* | *Price* |
| *Urban* | -9.706* (-2.32) | -3.602 (-0.68) | -6.230 (-1.78) | -11.39 (-1.53) | -26.09** (-2.80) | -6.860* (-2.28) | 3.243 (1.07) |
| *Edu* | 194.000** (3.16) | 293.700** (3.29) | 86.190* (2.13) | 79.850 (1.20) | 234.300** (2.75) | 194.300*** (3.81) | 103.200 (1.47) |
| *Larea* | -11.370*** (-3.74) | -23.470*** (-4.99) | -5.860 (-1.65) | -15.930*** (-4.35) | -12.300* (-2.34) | -5.117 (-0.80) | -5.641** (-3.27) |
| *Inv* | -2.732 (-1.79) | 1.966* (2.12) | -1.773 (-1.34) | -1.908 (-0.56) | 0.530 (0.20) | 2.075* (2.08) | -1.141 (-1.25) |
| 地区固定 | 是 | 是 | 是 | 是 | 是 | 是 | 是 |
| 时间固定 | 是 | 是 | 是 | 是 | 是 | 是 | 是 |
| 常数项 | 53.21** (3.16) | -0.407 (-0.05) | -1.697 (-0.14) | 96.36* (2.26) | 92.72 (1.83) | 22.07 (1.04) | 19.29* (2.07) |
| 样本量 | 1424 | 449 | 492 | 475 | 501 | 422 | 501 |

注：括号中数据是系数的 t 值或 z 值；***、**、* 分别表示 1%、5%、10%的显著性水平。

结果表明，依据总样本的回归结果，增值税税收分成减少产生的财政压力显著地促进了土地供应出让平均价格的上升，作用系数为 3.92，即税收集权会使政府通过提高土地平均价格增加土地财政的收入。分样本回归结果与上述基准回归分组得出的结果基本一致。按照 2003 年 GDP 的水平划分的不同经济发展水平的分样本下的结果则存在一定的差异性，在控制了房价自身的上涨因素后，由于财政压力的影响，经济欠发达地区存在有效需求不足，地级市政府推动辖区内房价上升，经济中等地区系数为 6.32，且呈现出显著的正向相关，结果表明，经济发达地区、经济中等地区的地级市政府受到财政压力的影响显著地促进本地的土地供应出让的平均价格。从分区域的样本来看，东、中、西部的地级市面对财政压力时，供应出让平均价格调整弹性为 4.156、1.825 和 7.163，均表现为显著促进本地供应出让的平均价格。

# 10.6　结论与启示

## 10.6.1　主要结论

在财政压力、土地财政与地方政府土地供应策略的理论框架下，本章收集了省级政府对地级市政府税收收入分成数据，构建了以地级市政府税收分成减少作为衡量财政压力的变量，基于财政分权理论，研究财政压力对地级市政府的土地财政行为转变、地级市政府土地供应策略产生的影响效应。

（1）从基准回归结果来看，增值税税收分成每减少 1 个百分点，土地供应出让面积增加 0.392 个百分点，土地依赖度增加 0.287 个百分点。因此，我们认为，面对来自上级政府财政集权形成的压力，地级市政府对土地财政呈现出显著的依赖性。

（2）财政压力下经济欠发达和中等区域的地级市政府表现出对土地财政的显著依赖，经济水平欠发达的地区与经济中等地区的土地财政收入水平受财政压力的影响系数分别为 0.036 和 0.054，且显著水平较高，而经济发达地区在财政压力的作用下，并未表现出显著地受到影响；东、中、西部区域则呈现异质性，西部地区地级市政府对土地财政依赖的回归系数为 0.641，表现为显著依赖；东部地区和中部地区地级市政府面对增值税税收入留成减少带来的财政压力则有正向的促进效应，回归系数为正，从回归结果来看，表现为不显著依赖土地财政、增加土地财政收入以面对财政集权。因此，西部、中部区域通过增加土地财政收入以弥补财政收入减少带来的支出压力，东部区域则不明显。

（3）相较于增加土地的供应面积，地级市政府选择推高土地平均价格获取更多的土地财政收入。增值税税收分成减少引致的财政压力显著地促进了土地供应出让平均价格的上升，作用系数为 3.92，即税收集权会使政府通过提高土地平均价格增加土地财政的收入。从分样本回归结果来看，由于财政压力的影响，经济欠发达地区存在有效需求不足，地级市政府推动辖区内房价上升，经济中等地区系数为 6.32，且呈现出显著的正向相关；经济发达地区、经济中等地区的地级市政府受到财政压力的影响显著地促进本地的土地供应出让的平均价格。从分区域的样本来看，东、中、西部的地级市面对财政压力，供应出让平均价格调整弹性为 4.156、1.825 和 7.163，均表现为显著地促进本地供应出让的平均价格。

## 10.6.2  启示

（1）优化省、市、县三级政府间财政关系，实行差异化的税收分成制度。

加快推进市、县级财政事权与支出责任划分改革，完善涉农、涉企、科技等领域事权与支出责任划分改革，建立权责清晰的省以下地方间财政关系；按照各省、自治区、直辖市的经济发展情况，实行差别化的省、市、县税收收入分成，西部地区及欠发达地区可适当降低省级政府税收留成份额，税收分成比例向市、县级政府倾斜，缩减区域间和级次间财政资源差异，促进区域协调、均衡发展。建议适度加大赋予省级政府税权，给予地方政府适度税权，促进地方政府事权、财权有机结合，提高工作效率。

（2）完善地方政府官员的约束与激励机制，改革、调整地方政府官员的考核机制，引导地方官员以更多方式创新财政收入，改变财政收入结构，破解政府依赖土地财政收入谋发展的困局。引导地方政府改善营商环境，保护市场主体，拓展地方政府收入来源；省级政府应把注意力集中在新旧动能转换的关键领域和环节，促进供给侧结构性改革，培育地方政府新税源，以防止土地财政"绑架"地方政府。

（3）中央政府增加财政专项转移支付整合，整合分散在部门管理中的同类专项转移支付资金。以一般转移支付方式下达地方，赋予地方政府根据实际情况安排具体项目的权利。健全省对财政资源匮乏地区的转移支付制度，增加对财政资源匮乏地区的转移支付和提高基本公共服务支持能力，进一步细化财政资金直达政策，在资金挤占和挪用方面出台相应的政策措施以确保财政直达资金的有效使用，建立健全以新旧动能转换效果为导向的转移支付制度。

（4）调整优化地级市政府财政支出结构，提高财政资金使用效率。一方面，应进一步提高公共服务效率，同时打好"铁算盘"，加大对重点领域和关键环节的投入力度，同时，适时释放部分债务空间，加强对债务建设的绩效评价，发挥债务资金使用效益。另一方面，要开源节流，通过统筹收入、赤字和调用预算稳定调节基金等方式，保持较高支出强度，严格按照中央要求压减一般性支出。

## 10.7　本章小结

新形势下，我国地级市政府面临巨大的财政收支压力。根据财政分权理论，将地级市政府税收分成变化、土地财政收入依赖度、土地出让面积、均价等纳入分析框架。研究表明：面对财政压力，地级市政府对土地财政收入呈现出显著依赖性，西部较东、中部地区对土地的依赖程度更为明显；土地供应策略的路径选择上，地级市政府更多地采取提高土地供应平均价格融资的模式。根据结论提出：完善地方政府官员的约束与激励机制，改革、调整地方政府官员的考核与激励机制；优化省、市、县三级政府间财政关系；中央政府增加财政专项转移支付整合，整合分散在部门管理中的同类专项转移支付资金；调整优化地方级政府支出结构，提高财政资金使用效率。

# 第 11 章

# 研究结论与政策建议

本章对全书的研究过程和方法进行系统性回顾，并总结本书的主要研究结论，在此基础上，提出促进完善我国省以下税收分成及财政体制的对策建议，并总结地方财权划分对政府行为及经济增长产生的影响效应。我国经济正处于新常态下"经济增速换挡期、结构调整阵痛期、前期刺激政策消化期"的三期叠加期间。在当前全面深化改革背景下，协调政府与市场、社会三者间关系，为促进我国经济常态化发展，解决我国经济发展面临的问题。"十三五"期间，我国面临新的重要发展机遇和复杂的国际环境，对于加强省级政府对省以下各级政府的宏观调控能力要求也日益紧迫，应依据"操作规范简便、确保既得利益、增强调控能力、发挥导向作用"的原则来完善促进我国区域经济发展的地方财政管理体制与机制，提高地方各级政府财政资金的比重，增强省级政府的宏观调控能力；增加一般性转移支付比例，增加财政补贴，大力推动基本公共服务均等化；增加地方财政体制的财政激励机制，充分激发市与县的内部经济活力，加快区域经济发展。

## 11.1　研究结论

本书在财政分权框架下，遵循着地方政府行为变化与经济增长研究路径展开研究，对财政分权的第一代、第二代理论及地方财政理论的文献进行系统梳理。研究发现，财政分权、政府行为与经济增长之间的关系非常复杂，中外学者使用了诸多研究方法，得出了不尽相同甚至相互矛盾的结论。关于财权划分变化带来政府行为转变进而激励经济增长的研究结论诸多，本书首先对我国省以下财政体制财政收入分成安排作梳理，分析了我国自 1994 年以来省级政府对地级市政府税收收入分成成因、模式选择、形成机制及变化轨迹。衡量财政分权的指标是研究财政分权相关问题中的关键因素，本书采用了手工收集的省对地级市政府的税收分成变化作为衡量财政分权的一个替代性指标，从侧面反映省对下政府间财政分权的集权与分权变化，构建了 2003～2013 年的市级面板数据，根据省以下财政体制改革文件下发时，作为"营改增"之前两大地方税收收入主体来源的增值税和营业税，在省与地级市政府间分成发生变化这一"准自然实验"，通过设置参照组和对照组构建 DID 模型，分别研究地方财权划分对经济增长的影响效应。同时，本书利用我国 232 个地级市的经济增长和财政收入特征的面板数据模型，构建了空间和时间双向固定的空间杜宾模型和多水平空间模型，实证分析了在中国式财政分权体制下，地方政府为发展地区经济而与上级政府、周边同级政府间的策略互动特征。通过分析，得出了以下主要结论。

（1）通过对分税制改革以来的地方税收分成制度作全面的梳理，并从横向和纵向两个维度比较分析了当前我国地方税收分成体制现状。从横向分析得出：我国的地方税收分成制度存在着新旧体制交织；体制创新与区域经济发展水平呈正相关，中部、西部地区等省份在财政体制上呈现出较落后的状态，东部地区及发达省份的财政体制改革次数和创新性做法多，改革更为彻底和全面；省级政府制订税收分成制度对不同区域采取差别化管理。从纵向层面来看：税收分成模式改革激励地方财政增收，省级政府为了激励下级政府增加财政收入，在原有税收分成比例的基础上建立增收激励，包含增长总额分成、增长增幅分成返还及奖补等措施；税收分成比例对重点企业和重点行业政策存在差异，个别省份挑选了本省的重点发展的行业和重要的纳税企业作为省本级固定收入；财政体制制订更趋细腻化；对区域发展不平衡、资源禀赋不同的地区采取差异化的税收分成管理逐步成为趋势；原有的扁平化的管理逐步呈现特色。

（2）作为"营改增"前地方第一大税种，营业税对地市的财政自给率的影响途径并不一致，营业税税收集权对不同经济发展水平地区确实表现出不相同的效果，且具有明显的趋势。对于欠发达地区，营业税税收集权确实减少了其一般预算收入与一般预算支出，欠发达地区面对税收集权时，确实减少了地方政府的财政收入，使得地方的可用财源降低，为了应对这一状况，地方政府将更大程度地降低其财政支出，最终实现财政自给率的上升。但对于发达地区并非如此，发达地区拥有足够的经济条件应对营业税集权的影响，能够通过发展本地经济以充分稳定税负，实现财政收入的稳定增长，因此其财政支出也不需要过多地减少。不同经济发展的地区应对税收集权的方法不一，税收集权对地方财政状况的影响途径存在明显差异，税收集权实际上减少了欠发达地区的整体福利水平，该地区无法通过发展本地经济保持财政状况不变，而对于发达地区而言，其拥有充足的经济发展手段，因此税收集权并不会减少其地区福利水平，这些地区不需要减少财政支出，能够维持本地的原有财政状况，发达地区应对营业税税收集权更加积极有效。

（3）增值税税收分成的减少将导致地区规模以上工业企业产值和主营业务收入得到显著的提升，地方政府将通过扩大本地工业产业规模来应对税收降低的可能，以稳定增值税税收的增长。相较于外资企业和港澳台规模以上工业企业，内资企业更受地方政府的发展青睐，地级市政府更倾向于通过制订向内资企业倾斜的政策支持内资规模以上工业企业的发展。而就地方政府发展规模以上工业企业方式而言，"引入效应"是地级市政府普遍采用的发展方式，地级市政府面对财源减少时，会通过土地出让、金融优惠以及各类财政税收优惠政策以吸引企业进入，通过积极引进新的企业进入当地扩大税基，通过不断扩大的数量来保证产值规模的扩大，而并非对已有企业进行政策支持，扩大已有企业的产业规模。

（4）空间杜宾模型的研究结果表明：地方政府受中央和省级政府的制度约束，为实现经济增长会刻意降低税收征管效率，表面妥协于中央和省级政府，实则通过制度创新，尤其是土地财政手段来促进辖区经济增长；财政分权体制下，以外商直接投资率为代表的市级政府间横向竞争显著促进地区经济增长；相邻地区的经济产出和财政收入特征会显著地影响本地经济增长，具体而言，地理相邻的地区经济增长率每提高1个百分点会带动本地经济增长率提高0.368%，经济发展水平相近的地区税收分成度、外商直接投资率和转移支付享有率则会抑制本地经济增长。本书构建了空间多水平模型，实证检验结果表明：群组内的税收分成对经济增长的影响系数为 $-0.089$，远小于群组间的 $-0.210$，证明财政分权框架下的省际区域间横向竞争强于同省份市级间横向竞争；对外开放度在组群内表现为抑制经济增长，而在组群间则促进经济增长；在中国式财政分权体制下，群组内的政府更多地偏好采用土地财政来促进经济增长，群组间的政府则偏好于吸引外商直接投资来促进经济增长，并且群组内经济增长率的空间交互效应远大于群组间的相互促进效应；群组间经济相邻的样本税收分成度、外商直接投资率和土地财政依赖度均抑制本地经济增长，而群组内则表现为不同程度的相互促进。

（5）增值税税收分成对不同地区的影响：增值税税收分成对不同地区有不同效应，科技支出对中部地区发明专利有明显的促进作用。分样本的东、中、西部地级市税收集权对科技型企业数量和产值规模的分析结果表明：一是对科技型企业数量的影响。尽管东、中、西部地区在当期、滞后一期、滞后二期的表现不同，但总体来说，增值税税收分成的减少有利于科技型企业的发展；公司的科技支出对科技型企业的发展有促进效应，但对东部地区恰好相反。二是对主营业务的影响。对总的地级市而言，增值税税收分成的减少对科技型企业规模有促进作用，但对于西部地区没有显著作用；公司的科技支出对总的地级市而言是有促进作用的，但对东、中、西部各地区的作用是不显著的。三是分规模对产值规模和科技型企业数量的影响。对科技型企业数量的影响：增值税税收分成的减少对小规模科技型企业的数量在当期是有促进效应，在滞后一期有抑制效应。增值税税收分成的减少对中规模科技型企业的数量在滞后二期出现抑制效应。增值税税收分成的减少对于大规模科技型企业的数量在滞后二期出现促进效应。公司的科技支出对不同规模的科技型企业都出现抑制效应。四是对产值规模的影响分析。增值税税收分成减少对中小规模科技型企业的产值规模没有显著的影响，增值税税收分成减少的滞后二期对大规模科技型企业的产值规模有显著的促进作用。公司的科技支出对中大规模科技型企业的产值规模有抑制作用。

（6）基于 2008~2018 年制造业上市公司面板数据研究总体税收负担、流转税税收负担以及所得税税收负担三种税收负担对企业经营绩效的影响，结论如下。

总体税负率会对企业经营绩效产生不利影响，税收负担每上升1个百分点，会导致经营绩效下降0.236个百分点，所以总体税负率的微小变化会导致企业经营绩效比较大的变化；控制住资产规模的影响后，企业可以通过提高单位资产的营业收入和控制单位资产的营业成本来提高经营绩效。同时，税收负担又包含在企业的营业成本中，所以若要提升经营绩效，就需要对现有的制造业税制进行合理改革。资产负债率增加1倍，总资产收益率增加0.097倍，说明良好的资本结构可以提升企业经营绩效。此外，扩大企业的资产规模可以降低资产负债率，但是可能会对企业绩效产生不利影响。

企业总体税负率对高能耗与低能耗制造业企业的经营绩效均有一定抑制作用，而企业总体税负率对高能耗制造业经营绩效的抑制作用要大于低能耗制造业。可以看到，税收在调节能耗产业结构方面起到了一定程度的杠杆作用，这有利于淘汰高能耗企业，也会促使更多的高能耗企业转型为低能耗企业，所以这种调节作用还应该进一步提高。

所得税税负率对企业经营绩效有抑制作用。所得税税负率每上升1个百分点，总资产收益率会下降0.181个百分点，所得税税负率微小的变化也会引起经营绩效较大程度的改变，所以所得税税负率对制造业企业经营绩效的影响非常大。这主要是因为企业所得税以经营所得作为征税对象，企业很难将其转嫁，承担了较大的税收负担。

企业所得税税负率对高新技术与非高新技术制造业经营绩效均有一定的抑制作用。但是，企业所得税税负率对非高新技术制造业经营绩效的抑制作用要强于高新技术制造业。可以看到，税收在调整技术产业结构方面起到了一定程度的杠杆作用，这有利于淘汰技术落后的企业，也会促使更多的非高新技术企业转型为高新技术企业。这种调节作用目前还不是特别的明显，还应该进一步提高。

（7）地级市税收分成的减少即税收集权在当期显著促进企业税收努力的上升。在不同区域地级市以及对于不同类型的企业，税收分成对企业税收努力的影响有很大的区别。东部地区的税收集权对税收努力有显著的负向影响，而西部地区和中部地区则是正向影响，且中部地区的影响更加明显。重工业和轻工业企业的影响效应没有太大差别，均呈现显著的促进效应。大型企业对税收集权的反应并不显著，而中型和小型企业则是显著正向效应。

（8）财政压力对地级市政府的土地财政行为转变、地级市政府土地供应策略产生的影响效应的研究结论为：第一，从基准回归结果来看，增值税税收分成每减少 1 个百分点，土地供应出让面积增加 0.392 个百分点，土地依赖度增加 0.287 个百分点。因此，我们认为，面对来自上级政府财政集权形成的压力，地级市政府对土地财政呈现出显著的依赖性。第二，财政压力下经济欠发达和中等区域的地级市政府表现出对土地财政的显著依赖，经济水平欠发达的地区与经济中等地区的土地财政收入水平受财政压力的影响系数分别为 0.036 和 0.054，且显著水平较高，而经济发达地区在财政压力的作用下，并未表现出显著地受到影响。东、中、西部区域则呈现异质性，西部地区地级市政府对土地财政依赖的回归系数为 0.641，表现为显著依赖；东部地区和中部地区地级市政府面对增值税税收收入留成减少带来的财政压力则有正向的促进效应，回归系数为正，从回归结果来看，表现为不显著依赖土地财政、增加土地财政收入以面对财政集权。第三，相较于增加土地的供应面积，地级市政府选择推高土地平均价格获取更多的土地财政收入。增值税税收分成减少引致的财政压力显著地促进了土地供应出让平均价格的上升，作用系数为 3.92，即税收集权会使政府通过提高土地平均价格来增加土地财政的收入。从分样本回归结果来看，由于财政压力的影响，经济欠发达地区存在有效需求不足，地级市政府推动辖区内房价上升；经济中等地区系数为 6.32，且呈现出显著的正向相关；经济发达地区、经济中等地区的地级市政府受到财政压力的影响显著地促进本地的土地供应出让的平均价格。从分区域的样本来看，东、中、西部的地级市面对财政压力，供应出让平均价格调整弹性为 4.156、1.825 和 7.163，均表现为显著地促进本地供应出让的平均价格。

## 11.2 政策建议

我国的五级政府架构和垂直管理的财政体制既存在纵向财力不均衡缺陷又存在着财力分配关系不顺等问题，从横向来看，省际与省域发展、资源禀赋、税基结构仍存在明显差异。笔者认为，省以下财政体制框架必须从横向、纵向进行多维度设计，结合本书实证分析的结果，本书的核心观点是：差别化的税收分成仍然是目前地方财政体制中税收分成的唯一选择，并提出如下完善地方财政体制及激励政府行为转变促进经济增长的政策建议。

### 11.2.1 构建多位一体的地方税收分成体制

#### 11.2.1.1 地方税收分成制度的顶层设计

国家应出台省以下财政体制改革指导、监督、风险管理等意见：（1）国家出台省以下财政体制统一性的指导文件。虽然我国各省份财政状况、经济发展环境和资源禀赋情况各异，全国不可能统一施行同一套省以下财政体制管理体系，但目前我国仍缺乏一个全面、专业、详尽的省以下财政管理体制的指导性文件，针对我国当前的省以下财政体制普遍状况，提出有针对性的解决办法。应由中央政府设计和出台一个统一且规范化的省以下分税制财政体制方案或实施意见，作为各省份根据本省省情制订省以下财政体制的基本依据，规范省以下收入划分。（2）加强省以下监督管理与协调。各省份跟踪与监督省以下政府财政体制形成真空，省级政府权利小，而中央对省以下财政管理体制的协调能力并未充分发挥，使得省以下的权利未受到有效控制和约束。清理各级政府间税收返还、专项补助、原体制补助、体制上解、专项上解、增量集中比率、税收返还基数等体制措施非常困难，我国审计部门应对地方转移支付资金分配情况、资金使用和投资收益及基层政府净转移支付额进行监督和评估。（3）加强地方政府风险管控、地方财政风险防范，解决地方财政困境。

#### 11.2.1.2 创新税收分成模式与激励机制

税收分成模式与激励机制需要进一步创新：（1）摒弃落后的分成方式。目前，部分省份仍沿用1994年分税制以前的省以下财政管理办法，即按照企业隶属关系划分省级政府与地市、县间财政收入的情况，按企业隶属关系划分收入与当前的经济发展不相匹配，也不利于企业的发展。（2）税收分成激励形式多样化。省以下财力分配方式可以采取更多的激励形式，如增收激励机制、以奖代补、增收返还及增长幅度超出部分返还等多种形式，以鼓励市、县级政府"良性增收"。（3）地方税收分成更应差异和细致分化。我国各省份经济发展状况普遍存在着不均衡的情况，虽然各省份通过对地市、县转移支付能够解决一部分市、县的财政困境，但若各省份在制定本级省对下财政体制的税收分成制度安排时能够按照各地市、县级政府的财力不同实施差别化的收入分成安排，则能够更加有效地促进地市、县均衡发展。按照各省、自治区、直辖市的经济发展情况，实行差别化的省、市、县税收收入分成，西部地区及欠发达地区可适当降低省级政府税收留成份额，税收分成比例向市、县级政府倾斜，缩减区域间和级次间财政资源差异，促进区域协调、均衡发展。限制省以下政府对生产要素和经济资源流动的"自利性"是省以下财政体制改革的主要方面。当前，各省份都分布有不同的开发区，如重点开发区、革命老区、民族地区等资源分布不均衡的地区，应通过省以下税收收入分成差异化以更好调控资源使之有效流动。

### 11.2.1.3 协调纵向财政关系机制

（1）中央应适当下发部分税权至省级。中央应适当下发部分税权至省级，可赋予地方相应的税收管理权限。建议适度加大赋予省级政府税权，省级政府获取了富余的税收收入后再逐步向下分配，可作为地方政府的事权与财权相匹配的配套措施。给予地方适度税收权力可使得地方政府将事权与财权有机地结合起来，提高工作效率。从国内外比较来看，关乎全局利益的税收法律订立权集中在中央政府，可赋予省级政府自主地开停征仅关乎地方利益的税种，通过行政报批等手段，中央政府对其最终决定拥有一些限制权，中央政府在让地方自由发展的基础上又能对地方进行有效管控，对其进行适当的监督调控。对于税源仅归辖区所有、中央不参与税源分配的情况，可以直接让地方政府自主决定。把全国普遍征收的地方性大税种的立法权集中于中央以保证政策的统一；而税额小、税源分散、地方特征明显的个别地方小税种的立法权可以下放给省级地方人大，地方政府拥有必要税种选择权、税基及税率调整权。中央拥有中央税、共享税的立法权，税种开征和停征权，税目税率的调整权和减免税权等以更好地维护国家整体利益。而对于一般地方税税种，在中央统一立法的基础上，赋予省级人民政府税目税率调整权、减免税权，并允许省级任命政府制定实施细则或具体实施办法。

（2）省对地级市政府税收分成可适当集权。根据本书的实证结果来看，省对地级市政府税收分成可以适当集权。第一，对于税源广阔的发达地区，财政可选择适当集权，以激发基层政府更有效发挥政府效用。对于发达地区及税源较充分、税基较大、地理位置优越的地区，适合区间内的税收集权可以促进区域经济发展。地级市政府在面对省级政府一定程度上表现为纵向妥协，对于财政分权，地方政府拥有的是不完全税权，政治上高度集中，财政上相对分权，因此，在中国式框架下，下级政府无法与上级政府展开税收竞争，其唯有选择纵向妥协；而对于地方财政的集权，更多地选择通过招商引资、制度创新、培育新型企业、增加规模以上工业企业数量等方法以维持原有财力不变，增加税收分成总量，但也可能通过降低税收征管效率和发展土地财政以维持本辖区的福利水平。第二，对于欠发达地区，过度集权可能使地方政府"入不敷出"，无法正常运转。对于省域内财力不均衡地区，可通过省内转移支付调节地区间发展不均衡问题。对于较落后的、税源较少、地理环境恶劣、经济欠发达的地区，地方税收分成仍然选择较为宽松的税收分成和差异化的税收分成制度。税收集权对地方财政状况的影响途径存在明显差异，税收集权实际上减少了欠发达地区的整体福利水平，欠发达地区无法通过发展本地经济维持原有的财政状况。

### 11.2.1.4 适当引入地级市政府横向税收竞争

适当加大不同省份的市级政府间的税收竞争。对于地方政府的税收竞争来说，地市间主要是通过与省外的地市间展开税收竞争，可以有效吸引外商直接投资，而对于经济发展水平相近的地区，税收分成度、外商直接投资率和转移支付则会抑制本地经济增长。应适当引入不同省份辖区内地级城市间的横向税收竞争，通过在不同省际间地级城市展开税收竞争，吸引外商直接投资以促进地级城市的经济增长。适当抑制省域内经济发展水平相近的地级城市间的税收竞争，省域内地级城市间的横向税收竞争表现为外商直接投资率和转移支付享有率下降从而限制本地区的经济增长。

## 11.2.2 推进财政体制改革，提高财政管理效率

### 11.2.2.1 推进地方各级政府的转移支付制度改革

首先，加快地方各级政府财政体制的转移支付制度改革，应从实际出发，

选择适合我国的转移支付制度。发达国家建立并完善本国的转移支付制度，均以自身实际情况为依据，我国在进行转移支付制度的改革和完善时也应紧密结合我国现实情况。其次，转移支付制度的制订应结合现阶段的发展目标，缩小区域间的财力差距，实现基本公共服务水平的均等化。专项转移支付是上级政府政策目标的具体体现，且专项转移支付资金主要流向教育、医疗、社会保障等非生产性领域，随着发展阶段的不同，政府重点支持的领域和项目随之变化。基于实现基本公共服务水平均等化的基本目标，应进一步加大一般转移支付。最后，转移支付资金分配应当选择科学合理的方法，基于因素法的规范性和科学性，应采用目前多数发达国家使用的因素法，以客观因素为依据，通过数学公式和相关统计方法进行科学统计，将经济因素（如产业结构、居民收入水平以及地区经济发展形势等）、社会因素（如风俗习惯、人口流动、医疗卫生状况以及社会稳定情况等）、自然因素和其他因素（如资源、气候以及水文等）纳入分析的指标体系，构建我国科学合理的地方政府的转移支付制度。

建议整合专项转移支付资金。目前，中央政府的财政专项转移支付规模越来越大，项目管理越来越细化，导致"给钱的管不了，能管的给不了钱"的情况，这种情况带来了项目管理混乱、资金使用效率低等问题。建议中央政府增加财政专项转移支付整合，并整合分散在部门管理中的同类专项转移支付资金。按照客观因素进行分配，以一般转移支付方式下达地方，由地方根据实际情况安排具体项目。健全省对财政资源匮乏地区的转移支付制度，增加对财政资源匮乏地区的转移支付和提高基本公共服务支持能力，进一步细化财政资金直达政策，在资金挤占和挪用方面出台相应的政策措施以确保财政直达资金的有效使用，建立健全以新旧动能转换效果为导向的转移支付制度。

### 11.2.2.2　地方政府层级扁平化

明确一级事权、一级财权、一级政权、一级税基、一级预算、一级产权、一级举债权，为构建公共财政提供制度保障。完整的各级财政体制必须是一级政权组织包含一级事权、财权、预算、税基及举债权"六位一体"，这是构造公共财政框架的改革方向，必须得到制度性保障，才能使得地方政府不再过多地关注地方财源建设，并将主要任务集中于市场经济体制的深入和推进，尽可能排除约束市场经济体制发展的障碍。唯有依靠市场经济体制的不断发展，地方财政才能可持续运转。从强化地方"辖区财政责任"入手，确保地方财政平稳运行。财政体制上的层级化体现在对本级财政负责，是导致财政越往下越脆弱的体制根源，应继续推进省直管县、乡财县管等财政管理方式改革。由于我国是实行一级政府一级财政，对于目前省以下财政体制存在的问题，在原有"省直管县""乡财县管"的基础上进一步推进政府层级扁平化，将原有的中央、省、市、县、乡五级，逐步缩减至三级即中央、省、市（县）三级政府架构，形成三级财力分配格局，压缩行政级别，减轻城乡差距。

### 11.2.2.3 加快县域财政体制改革

充分提高县域经济发展的整体水平，省级政府应将省直管县的范围扩大到其他非省直管县（市），前提是不影响核心城市整体发展。该举措可缓解各个城市发展的负担，也为情况不佳的县区的加速发展提供了条件。省级政府可对省级财政直接管理的县实施划分财政收支、转移支付补贴和政府债券配额的"直通车"政策，目的是增加财政转移支付，增加省级政府对辖区居民公共服务的负担比例，提升县乡财政保障能力，促进县域经济快速发展。中央政府分区域指示和省级负责的各种农村振兴、产业支持和区域发展等专项资金，提升省级对财政直接管理县的管控强度，消除基层发展财政资源不够带来的挑战，增强县域吸引各项配置要素的能力。

### 11.2.2.4 发挥地方财政体制激励作用，促进区域经济高质量增长

地方财政体制是我国的一项基本制度，用以修正政府间和地区间利益关系。为发挥财政体制的指导和激励的作用，省级政府应把注意力集中在新旧动能转换的关键领域和关键环节，建立健全以新旧动能转换效果为依据的转移支付制度，激励高科技与新技术企业实现税收收入快速增长，激励在每个正常营业周期里关键工业园区每亩地纳税数额的领先者，激励收入结构更加优化等六种机制。发挥财税政策的调节杠杆作用，激发先进企业不断加快前进步伐、落后者不断进步，建立明确的高质量发展方向。同时，应实行提高增值税收入的分成比例，适度返还省级在体制改革中增值税收入的增量部分，激励地方做强实体经济，推动制造业加快转型升级。

### 11.2.3 平衡财力与划分政府权责边界

#### 11.2.3.1 夯实财力基础完善地方财力平衡机制

适当扩大税基，优化区域内财力分配，规范主体税种收入分享比例，发挥区域经济协调经济功能。合理界定省对下分税标准和财权边界，明确划分省与地级市政府的财权范围，以更好发挥平衡地方财力机制。省级政府建立稳定基金以更好发挥调节平衡机制，增强基层保障能力。规范转移性支付，减少城乡之间和地区之间的差距。各省份自定的转移支付制度缺少中央政府的指导，中央政府应出台省以下转移支付制度的基本原则，包括转移支付模式类型、支出核定因素选取、支出标准中位数等应该由省级政府在中央政策性文件指导下制订具体实施方案。省级政府可选择适当集权增加财力集中度，进一步扩大因素法转移支付可作为配套选择。

#### 11.2.3.2 划分地方政府事权和支出责任的总体要求

从国家层面出发，建议进一步加快对地方政府事权和支出责任的划分，建立权责相匹配的地方财政体制，建立现代化的地方财政制度。中央财政应进一步具体划分中央、省、市、县级财政支出责任，在收入划分、财力分配等方面作出相应调整，建立明确的事权与支出责任划分地方财政管理体系。首先，进一步推进政府事权和支出责任划分相关法律制度化，用法律手段确定地方政府事权和支出责任。应加快立法速度，用制定法律的方式来确定政府间事权和支出责任划分，避免因政府间事权和支出责任划分缺乏权威性和确定性带来的不利影响。其次，应促进政府间事权和支出责任划分的明确化、合理化。明晰的政府事权和支出责任划分可以使得各级政府对自身的职责范围有充分的了解和认识，可以有效避免责任相互推脱，从而大幅度提高行政效率和百姓满意度。五级政府容易出现事权和支出责任上的混合交叉，财权集中中央，而事权却集中地方，尤其是基层政府承担着较多的支出责任，使得基层政府自有财力难以支撑庞大的支出。合理化体现在覆盖全国的公共品或服务，应由中央政府来承担起责任；收益范围具有显著区域性的，应由地方政府承担相应责任，此外，应具体划分中央和地方政府共担的公共品或服务权责。最后，进一步深化省与市、县财政事权与支出责任划分的改革。八个类别的十七项基本公共服务被列为省、市、县的共同财政事务，并且取消过去按照东部、中部、西部区域实行的旧补贴方式，改为依照人均财政资源和人均支出水平，准确制定省对市、县的分档次分担方式，缓解基层人民生活支出压力，确保民生政策得到更为有效的落实。

### 11.2.3.3 合理划分省以下各级政府权责边界

2016 年 8 月 16 日，国务院下发了《关于推进中央与地方财政事权和支出责任划分改革的指导意见》，明确提出要加快省以下财政事权和支出责任划分，省级政府要根据省以下财政事权划分、财政体制及基层政府财力状况，在政府层级架构调整的基础上，依据事权的决策权、执行权、监督权与支出责任等要素，在政府间进行合理界定。对于地方政府，省级财政主要负责省内社会管理、市场监督、区域法治建设、省级道路交通、水利枢纽等工程支出，以及社会保障项目和公共卫生等；地级市财政的事权范围包括区域内社会治理、公共事业发展等具体支出事宜，主要包括本级行政与司法部门经费、地级市支持和安排的基建投资、城市维护建设经费以及农社保项目，以改善区域公共设施、直接服务群众的各种琐碎繁杂的辖区具体事务。应加快推进市、县级财政事权与支出责任划分改革，完善涉农、涉企、科技等领域事权与支出责任划分改革，建立权责清晰的省以下地方间财政关系。

## 11.2.4 平衡地方财政收支体系

### 11.2.4.1 大力推进税收征管系统信息化

大力推进基层税务部门的税收征管水平和效率。通过对信息数据和分析技术的运用，使得信息化的优势在税收征管中得到充分发挥。应将各级政府平台以及第三方网络平台的涉税信息综合起来利用，不断完善税收基础信息的登记，使信息管理体系更加完备和健全。还应当设立相关财产估值机构，综合考虑纳税人经营规模、行业风险程度以及涉税风险大小，实行分类管理，可由符合资质条件的社会服务机构或者其他团体、组织承担部分税收业务；地方税务机关则将重点放在税收管理和稽查方面，提高征管效率、削减征管成本。

### 11.2.4.2 加快确立和培育地方主体税种

减税降费形成的财政压力能够倒逼加快推进税制改革，优化税制结构，逐步提高直接税比重，建立起完善的地方税体系。应继续推进房地产税改革。目前我国的财权主要集中于中央，地方财力薄弱，而事权则主要由地方来承担，由于我国地方主体税种不突出以及"营改增"全面实施后，地方政府愈发缺乏具有稳定收入来源的主体税种，致使地方政府几乎没有能力来承担任务繁重的事权。通过国外经验借鉴，我国应加大力度推进房地产税等地方税种改革并将它们培育成地方主体税种。根据区域的经济发展状况可灵活确立便于本地区征管的主体税种，鼓励各地地方政府在充分调研本地区实际的情况下实行差别化选择。依照国家治理机构、地区差别以及主体功能区目标等因素，合理规划地方税收规模，税收规模的确定应以一定时期地方政府提供地方公共品或服务所需的基本财力为依据。

"营改增"后我国地方税面临着主体税种缺失，对共享税收依存度较高制约着地方政府财政汲取能力。现行地方税征收管理体制存在的问题妨碍了政府行为的规范，降低了地方政府行政能力。我国地方税体系建设应遵循"加快转变政府职能、促进现代国家治理体系构建原则，财权与事权相匹配、支出与责任相适应原则，遵循宏观税负稳定原则，贯彻有利于税制结构优化、调动中央和地方两个积极性原则，执行整体设计、稳步推进原则"。我国税权划分可实行立法权、停征权归中央，赋予地方一定的调整权和解释权模式，同时理顺税收执法权限、整合税收司法权。税收收入划分模式近期以共享税为主，逐步培养地方主体税种；长期以成熟的地方主体税种为主，共享税为辅，通过逐步扩大地方专税收入占比，形成大共享税分成与地方税收入占比大体相当的格局。未来，地方税体系由省、地市二级地方税构建而成，保证省级和地级市政府有稳定的收入来源。构建科学的地方税体系必须理顺省与市、县三级政府间税收关系，确保基层政府"财源"。优化税制，地方政府确立的主体税种必须符合经济发展和税收便利原则。因此，如果要确立每级政府的财权，仅仅依靠现阶段的各税种是不现实的。对比我国现阶段发展可以看出，目前流转税已经成为各省级的主体税种，根据受益原则，财产是一个人享受地方提供公共品的受益参考物，个人或家庭应该根据财产和个人能力缴纳税收。可以说，财产税作为市、县财政的主体税种是符合税收基本原则的。

### 11.2.4.3 加快培育税源扩大工业企业产值规模

在我国继续实施减税降费、减轻企业负担的大背景下，建议地市级政府进一步优化财政支出结构，提高财政资金使用效率。我国地级市政府正面临着税收收入减少带来的"财政压力"，地方政府应加快培育税源，增加对创新性小微企业的扶持力度，积极发展本地高新技术产业、战略性新兴产业及智能产业，打造产业集群，发展壮大新动能。地方政府应为企业营造良好的投资与经营环境，引进工业企业扩大本地工业企业总产值规模维持本级财政收入的同时，要尽量避免"生态环境陷阱"，在企业类型的选择上，防止盲目引入高消耗、高污染的企业，而应吸引绿色及低碳工业企业加盟本地以实现绿色发展。地方政府还应加快区域内的科技创新培育，促进科技成果转化。

### 11.2.4.4 引导地方政府创新财政收入

完善地方政府官员的约束与激励机制，改革、调整地方政府官员的考核机制，引导地方官员以更多方式创新财政收入，改变财政收入结构，破解政府依赖土地财政收入谋发展的困局。引导地方政府改善营商环境，保护市场主体，拓展地方政府收入来源。省级政府应把注意力集中在新旧动能转换的关键领域和环节，促进供给侧结构性改革，培育地方政府新税源，以防止土地财政"绑架"地方政府。

### 11.2.4.5 优化政府财政支出结构

调整优化地级市政府财政支出结构，提高财政资金使用效率。目前，地方政府面对的财政压力从财政部门传导到各个政府部门，形成地方政府各部门间共识，共同调整结构、节省开支，同时适时释放部分债务空间。应进一步提高公共服务效率，打好"铁算盘"，加大对重点领域和关键环节的投入力度，同时适时释放部分债务空间，加强对债务建设的绩效评价，发挥债务资金使用效益。另外，要开源节流，通过统筹收入、赤字和调用预算稳定调节基金等方式，保持较高支出强度，严格按照中央要求压减一般性支出。

### 11.2.4.6 优化省与市县的财政分配关系

经济新常态下，我国的经济体制改革已逐步进入攻坚期、深水区，改革进程中带来的阵痛已逐步传递到社会的各个方面，稳定的社会环境可以促进政府全面深化改革各项举措的顺利实施。同时，稳定的社会环境有助于发展空间的增加和经济增长减速所带来的相关风险的释放。我国应进一步推行行政审批制度的改革以及对社会机构的全程监督，使得制度的制订和颁布更加透明化、公开化，营造更为宽松、便捷、公平、公正的社会环境，为促进政府进一步深化经济体制改革提供坚实的后盾。

加强区域协调发展，为强化省对市、县发展协调化的全面筹划和调节控制能力，应进一步调整省级以下财政收支的划分，增强省级政府对财政资源匮乏地区的转移支付力度，竭力缩小不同地域间的财政资源差距，推动基本公共服务均等化。按照各省及自治区、直辖市的经济发展情况，调整确定省与市、县的收入分配，适当提高省级财政调节和控制能力，进而可以减少区域间和级次间财政资源差异的悬殊，使得地方政府在增加财政收入总额的同时确保质量。

### 11.2.4.7　促进税收努力水平合理化

地级市税收分成的减少即税收集权在当期显著促进企业税收努力的上升。在不同区域地级市以及对于不同类型的企业，税收分成对企业税收努力的影响有很大的区别。应当作为目标追求的，是一个既同经济社会发展水平相适应，又与政府职能格局相匹配的适当的税收努力水平。依赖转移支付实现地方政府支付平衡终究不是长久之计，"授人以鱼不如授人以渔"，若要地方政府自发将税收努力程度维持在一个合理化的水平，以平衡地方政府收支和缓解地方财政压力，需要多途并举构建长效激励机制，促使地方政府主动保持合理化的税收努力水平。

## 11.2.5　继续实施减税降费政策以降低企业税收负担

在我国继续实施减税降费的大背景下，建议继续实行积极的财政政策。目前，我国地市级政府面临着增值税集权压力，在财政压力下，短期因素和中长期因素需要兼顾，不能以短期财政压力为由，阻挡中长期的大趋势。短期减税降费政策的实施，可以换来中长期更快的经济增长，从而增加政府的未来可支配财力。我国在减税降费的同时，还应进一步优化公共服务，提高公共服务效率，这也可以为减税降费提供更大的财力空间。同时，也要打好"铁算盘"，加大对重点领域和关键环节的投入力度，包括支持深化供给侧结构性改革，促进形成强大的国内市场，支持打好三大攻坚战，推动区域均衡发展，加强基本民生保障，等等。

为刺激经济增长，调整产业结构，应降低企业税收负担：（1）要降低制造业企业总体税收负担，尤其是降低企业所得税税收负担。可以对企业所得税实行分类累进税率，对制造业行业实行较低税率，同时对其他高利润行业实行较高税率，这样既能减轻制造业企业税负，同时兼顾了企业所得税税收总额。（2）要降低制造业企业流转税税收负担，尤其降低增值税税收负担。可以将当前增值税基本税率由13%降为10%，同时将9%合并到6%，只设置10%与6%两档税率，虽然降低增值税税率不是直接作用于制造业等行业的"成本降低"，但是它通过降低整个链条的增值税税负，降低了消费端的总价格，有利于刺激消费，从而为供应端提供更大的市场空间和一定程度的盈利能力。（3）合理利用税收政策对制造业产业结构进行调整。一是对不同类型制造业实行差别税率，降低高新技术制造业所得税税率的同时，着重降低信息技术、新材料、生物医药等重点发展领域制造业企业所得税税率，促进制造业产业结构调整，有力推进制造业转型升级。二是制定税收优惠政策促进低能耗制造业企业发展，依据企业的技术水平和能耗水平设置差别优惠税率。如可以对低能耗的高新技术企业实施10%企业所得税税率，而对重点发展的低能耗非高新技术企业实行20%的企业所得税税率，使得企业降低生产能耗以满足适用优惠税率的条件，从而实现制造业企业降能耗、促发展的目标。三是对于高能耗落后企业实行较高的所得税税率，对其进行淘汰。四是加大对高新技术产业的税收优惠，可以对尚未进入盈利期的高新技术企业予以免征增值税，增加购进科研设备的进项税额抵扣系数，如可按150%抵扣。

## 11.2.6　进一步加强市场与政府协作

市场与政府协作必须在经济适度增长、经济发展遵循经济规律的情况下进行。目前，省级以下财政管理体制的重大调整和综合创新的总改革思路是首先集中再平衡，加强激励、促进发展。进一步将各级财政分配关系梳理清楚，使省级财政资源配置达到最优化，激发并稳固财政调控作用和保障作用。进一步加快省、市、县间财政关系的建设，做到明确权责、财力均衡、区域协调，为建成新时代、现代化国家提供强有力的支持。

### 11.2.6.1　优化市场决定价格机制

优化市场决定价格机制应从广度和深度两个层面入手，积极、平稳、妥善地推动市场化变革，要尽量避免政府直接配置资源，确保资源的配置应以市场规定、市场价格和市场竞争为依据，从而达到利益最大化并能最大限度地提高效率。逐步缩小政府定价区间，增扩市场定价范围，所有能通过市场形成价格的都交由市场，政府应避免不当干预。我国政府陆陆续续开放和调整了十多项商品和服务的价格，石油、天然气、水、交通运输和电力通信等关键领域的价格变革正遵循一定的顺序逐步得到推进；铁路、私立医院、货物运输和银行利率等的价格变革取得了飞跃式突进，充分体现经济规律的活力，适当的价格调整机制有助于确保经济的高效率和高质量运作。

### 11.2.6.2 改善政府宏观调控体系

健全政府宏观调控体系，维护市场公平公正发展，应改善政府的宏观调控体系，维持宏观经济平稳发展，做强、做优公共服务，确保市场公平公正的竞争，强化市场监管体制与机制，在市场失灵时做出必要干预是我国政府的职责所在。营造公平公正且按序发展的竞争环境，良好的竞争环境能使得市场经济活力得到有效的激发，能保留优良、淘汰粗劣。我国政府应有机联合供应管理与需求管理，进一步加强结构性减税，尤其针对小微企业，进一步释放减税红利，将为"三农"服务的商业银行的准备金率进行一定程度的向下调整，推动供给侧结构性改革，促进经济的快速有效发展。鼓励不同的所有制经济之间相互渗入，加速国有企业混合所有制的变革。

## 11.2.7 设立财政生态文明建设奖励补贴机制

设立财政生态文明建设奖励补贴机制，使生态环境得到改善和实现绿色发展。在我国继续实施减税、减费，奔着为企业减重降负的目的，地市级政府应逐步大力地使本级财政支出结构得到优化，使财政资金的运用更有效率。我国地级市政府正面临税收收入减少引发的财政压力，因此，地方政府应该在深入分析和探讨的前提下培养扶植税源，加大对创新型小微企业的资金及政策支持。地方政府应大力为企业创造优良的投资与营商氛围，持续引进来工业企业，充分扩大本地工业企业总量及产值，维持本级财政收入，在企业类型的选择上，应避免不加考虑地随意引进消耗大、污染强的企业，而应引进绿色企业及低碳工业企业。地方政府还应加快地区科创事业的发展，提升科技成果转化，从根源上处理财政资源缺乏的困境。

　　加强市、县级的环境保护责任，应依照每个地方化学需氧量、二氧化硫、氨氮和氮氧化物等四种关键污染物每年排放总量，建立面向设区市政府主要污染物排放征收的调整基金，该调整基金的征收将按照符合实际情况的基准在东部、中部和西部地区实施。

# 参 考 文 献

［1］邝志刚．省以下财政管理体制改革构想［J］.中国财政，2005（12）：12－14.

［2］曹广忠，袁飞，陶然．土地财政、产业结构演变与税收超常规增长——中国"税收增长之谜"的一个分析视角［J］.中国工业经济，2007（12）：13－21.

［3］陈刚，李树，余劲松．援助之手还是攫取之手？——关于中国式分权的一个假说及其验证［J］.南方经济，2009（7）：3－15.

［4］陈宏．日本财政现状、战略与挑战［J］.资本市场，2011（1）：77－79.

［5］陈侯坚．美国政府事权与财政支出责任划分及其启示［J］.经贸实践，2017（24）：46.

［6］陈抗，AryeL. Hillman，顾清扬．财政集权与地方政府行为变化——从援助之手到攫取之手［J］.经济学（季刊），2002（4）：111－130.

［7］陈硕．分税制改革、地方财政自主权与公共品供给［J］.经济学（季刊），2010（7）：1427－1446.

［8］陈颂东．中国的分税制与地方财政自给能力［J］.华中科技大学学报（社会科学版），2009（3）：92－96.

［9］陈欣欣．地方政府间事权与支出责任划分研究［D］.华中师范大学，2017.

［10］陈真玲．生态效率、城镇化与空间溢出——基于空间面板杜宾模型的研究［J］.管理评论，2016，28（11）：66－74.

［11］陈志勇，陈莉莉．财税体制变迁、"土地财政"与经济增长［J］．财贸经济，2011（12）：24 – 29.

［12］单新萍，卢洪友．税收分权与经济增长——基于省际面板数据的实证分析［J］．当代财经，2011（5）：41 – 47.

［13］单新萍．中国税收分权的激励效应实证研究［D］．武汉大学，2012.

［14］邓可斌，丁菊红．转型中的分权与公共品供给：基于中国经验的实证研究［J］．财经研究，2009（3）：80 – 90.

［15］邓子基，唐文倩．我国财税改革与"顶层设计"——省以下分税制财政管理体制的深化改革［J］．财政研究，2012（2）：2 – 6.

［16］丁菊红，邓可斌．政府偏好、公共品供给与转型中的财政分权［J］．经济研究，2008（7）：78 – 89.

［17］段国旭．省以下财政体制导向研究：基于经济资源合理配置与流动视角［J］．财贸经济，2009（6）：51 – 57.

［18］范允奇，王文举．中国式财政分权下的地方财政支出偏好分析［J］．经济与管理研究，2010（7）：40 – 47.

［19］范子英．土地财政的根源：财政压力还是投资冲动［J］．中国工业经济，2015（6）：18 – 31.

［20］方红生，张军．财政集权的激励效应再评估：攫取之手还是援助之手？［J］．管理世界，2014（2）：21 – 31.

［21］方红生，张军．攫取之手、援助之手与中国税收超 GDP 增长［J］．经济研究，2013（3）：108 – 121.

［22］方红生，张军．中国财政政策非线性稳定效应：理论和证据［J］．管理世界，2010（2）：10 – 24.

［23］方红生，张军．中国地方政府竞争、预算软约束与扩张偏向的财政行为［J］．经济研究，2009（12）：4 – 16.

［24］方红生，张军．中国地方政府扩张偏向的财政行为：观察与解释［J］．经济学（季刊），2009（3）：1065 – 1082.

［25］傅勇，张晏．中国式分权与财政支出结构偏向：为增长而竞争的代

价 [J]. 管理世界, 2007 (3): 4 – 12.

[26] 傅勇. 财政分权、政府治理与非经济性公共物品供给 [J]. 经济研究, 2010 (8): 4 – 15.

[27] 宫汝凯. 财政不平衡和房价上涨: 中国的证据 [J]. 金融研究, 2015 (4): 66 – 81.

[28] 龚锋, 卢洪友. 公共支出结构、偏好匹配与财政分权 [J]. 管理世界, 2009 (1): 10 – 21.

[29] 郭杰, 李涛. 中国地方政府间税收竞争研究——基于中国省级面板数据的经验证据 [J]. 管理世界, 2009 (11): 54 – 73.

[30] 郭庆旺, 贾俊雪. 财政分权、政府组织结构与地方政府支出规模 [J]. 经济研究, 2010 (11): 59 – 72.

[31] 郭庆旺, 贾俊雪. 地方政府行为、投资冲动与宏观经济稳定 [J]. 管理世界, 2006 (5): 19 – 25.

[32] 韩增华. 刍议分税制改革与中国地方政府债务风险之关系 [J]. 现代财经, 2011 (4): 23 – 29.

[33] 呼显岗, 常云昆. 完善省以下分税制财政体制需要的几项配套改革 [J]. 财政研究, 2005 (6): 16 – 18.

[34] 胡志勇, 卢以恒. 中国税收分权与地方政府规模的实证分析 [J]. 财政研究, 2015 (6): 46 – 50.

[35] 黄凰. 我国省以下财政体制完善的分权化取向及原则 [J]. 地方财政研究, 2010 (8): 15 – 18.

[36] 黄景驰, 蔡红英. 英国财政事权及支出责任机制研究 [J]. 河南大学学报 (社会科学版), 2016 (1): 45 – 53.

[37] 黄思明, 王乔. 税收集权、工业企业规模与发展偏好 [J]. 财政研究, 2018 (5): 79 – 87.

[38] 黄思明. 中国式地方税收分成制度的比较研究 [J]. 江西师范大学学报 (哲学社会科学版), 2017, 50 (5): 65 – 73.

[39] 黄颖婷. 英美地方政府治理比较研究 [D]. 南京航空航天大学, 2017.

[40] 贾俊雪，郭庆旺，宁静. 财政分权、政府治理结构与县级财政解困 [J]. 管理世界，2011（1）：30－39.

[41] 贾康，白景明. 县乡财政解困与财政体制创新 [J]. 经济研究，2002（2）：3－9.

[42] 贾康，白景明. 中国地方财政体制安排的基本思路 [J]. 财政研究，2003（8）：2－5.

[43] 贾康，阎坤. 改进省以下财政体制的中长期考虑与建议 [J]. 中国财政，2005（12）：8－11.

[44] 贾康，阎坤. 完善省以下财政体制改革的中长期思考 [J]. 管理世界，2005（8）：33－37.

[45] 贾智莲，卢洪友. 财政分权与教育及民生类公共品供给的有效性——基于中国省级面板数据的实证分析 [J]. 数量经济技术经济研究，2010（6）：139－150.

[46] 江克忠. 财政分权与地方政府行政管理支出——基于中国省级面板数据的实证研究 [J]. 公共管理学报，2011（3）：44－52.

[47] 李丹，刘小川. 县级财政解困的改革及其效果分析——以安徽省为例 [J]. 现代财经，2013（7）：33－41.

[48] 李帆，马万里. 中国式财政分权的收入分配效应研究——以政府人力资本投资为例 [J]. 现代财经，2013（7）：61－68.

[49] 李郇，洪国志，黄亮雄. 中国土地财政增长之谜——分税制改革、土地财政增长的策略性 [J]. 经济学（季刊），2013，12（4）：1141－1160.

[50] 李家宏. 效率与公平：在省以下财政体制设计中协调平衡 [J]. 地方财政研究，2005（5）：43－45.

[51] 李建军，杨天乐. 英国地方政府支出责任和地方税：经验与启示 [J]. 财政监督，2017（9）：12－18.

[52] 李建军，余秋莹. 日本地方政府支出责任与地方税：经验与启示 [J]. 地方财政研究，2017（1）：101－108.

[53] 李杰云. 完善省以下财政体制需要解决的若干问题 [J]. 中国财政，2006（2）：56－57.

［54］李敬，陈澍，万广华，付陈梅．中国区域经济增长的空间关联及其解释——基于网络分析方法［J］.经济研究，2014（11）：4-16.

［55］李冉．规范和完善政府间转移支付制度研究［D］.河南大学，2008.

［56］李涛．财政分权背景下的土地财政：制度变迁、收益分配和绩效评价［J］.经济学动态，2012（10）：27-33.

［57］李婉，江南．中国式财政分权与地方政府财政支出规模的膨胀——实证检验"利维坦"模型在中国的有效性［J］.当代财经，2010（6）：26-31.

［58］李婉．财政分权与地方政府支出结构偏向——基于中国省级面板数据的研究［J］.上海财经大学学报，2007（5）：75-82.

［59］李万慧．命令模式——中国省以下财政管理体制的理性选择［J］.地方财政研究，2008（2）：26-29.

［60］李万慧．省以下财政管理体制改革方向及政策测度［J］.改革，2006（11）：38-43.

［61］李英利．财政压力、土地财政与区域房价的时空演化——基于GTWR模型的实证研究［J］.财政研究，2020（5）：78-89.

［62］李永刚，高波，任保全．分税制改革、土地财政与公共品供给［J］.山西财经大学学报，2013（11）：13-24.

［63］李永友，沈坤荣．辖区间竞争、策略性财政政策与FDI增长绩效的区域特征［J］.经济研究，2008，（5）：58-69.

［64］李勇彬．中央与地方税收收入划分问题研究［D］.中央财经大学，2017.

［65］李友志．完善省以下财政体制的实践与探索［J］.中国财政，2005（12）：14-16.

［66］李真男．政府支出结构与税收分配比例的经济增长效应研究——财政分权体制下政府最大化社会福利机制推演［J］.财经研究，2009（9）：14-25.

［67］梁若冰．财政分权下的晋升激励、部门利益与土地违法［J］.经济学（季刊），2010（1）：283-306.

［68］林阳衍，刘晔，席鹏辉．我国省以下财政体制一定要走向分权

吗——以福建省为例［J］.当代财经，2014（3）：29-37.

［69］林毅夫，刘志强.中国的财政分权与经济增长［J］.北京大学学报（哲学社会科学版），2000（4）：5-17.

［70］刘放，杨筝，杨曦.制度环境、税收激励与企业创新投入［J］.管理评论，2016，28（2）：61-73.

［71］刘伦，胡玲.乡镇财政自给能力分析［J］.中央财经大学学报，2004（4）：6-10.

［72］刘墨琴.省以下财政转移支付制度研究［D］.安徽财经大学，2016.

［73］刘穷志.税收竞争、资本外流与投资环境改善——经济增长与收入公平分配并行路径研究［J］.经济研究，2017，52（3）：61-75.

［74］刘润泽.省以下财政转移支付制度改革研究［D］.山东财经大学，2015.

［75］刘小勇，丁焕峰.邻里竞争、财政分权与政府财政支出偏向研究——基于三层分权框架的角度［J］.当代财经，2015（7）：35-44.

［76］刘小勇.省及省以下财政分权与省际经济增长［J］.经济科学，2008（1）：41-54.

［77］刘艳霞，尹旭，张达芬.英、日地方税体系与经验借鉴［J］.武汉金融，2016（10）：53-56.

［78］龙小宁，朱艳丽，蔡伟贤，李少民.基于空间计量模型的中国县级政府间税收竞争的实证分析，经济研究，2014（8）：41-53.

［79］龙志和，李伟杰.空间面板数据模型 Bootstrap Moran's I 检验［J］.统计研究，2014（9）：97-101.

［80］楼继伟.中国政府间财政关系再思考［M］.北京：中国财政经济出版社，2013：219.

［81］卢洪友，王蓉，余锦亮."营改增"改革、地方政府行为与区域环境质量——基于财政压力的视角［J］.财经问题研究，2019（11）：74-81.

［82］卢俊峰.推进河南省"省以下"财政体制改革的对策研究［D］.郑州大学，2011.

［83］鲁元平，杨灿明．财政分权、地方政府支出偏好与居民幸福感——基于分税制后的中国经验证据［J］．中南财经政法大学学报，2013（4）：12－20.

［84］鲁元平，张克中，欧阳洁．土地财政阻碍了区域技术创新吗？——基于267个地级市面板数据的实证检验［J］．金融研究，2018（5）：101－119.

［85］吕冰洋，聂辉华．弹性分成：分税制的契约与影响［J］．经济理论与经济管理，2014（7）：43－50.

［86］吕冰洋．政府间税收分权的配置选择和财政影响［J］．经济研究，2009（6）：16－27.

［87］吕炜，孙克竞．省以下财政体制改革框架分析［J］．地方财政研究，2008（4）：15－19.

［88］罗长林，邹恒甫．激励、控制与行政分权：一个合约理论视角［J］．经济学动态，2014（12）：10－20.

［89］罗长林．合作、竞争与推诿——中央、省级和地方间财政事权配置研究［J］．经济研究，2018，53（11）：32－48.

［90］马海涛，师玉朋．三级分权、支出偏好与雾霾治理的机理——基于中国式财政分权的博弈分析［J］．当代财经，2016（8）：24－32.

［91］马静．财政分权与中国财政体制改革［M］，上海三联书店，2008：21－23.

［92］马骏．中国财政国家转型：走向税收国家［J］．吉林大学社会科学报，2011（1）：18－30.

［93］马万里．中国地方政府隐性债务扩张的行为逻辑——兼论规范地方政府举债行为的路径转换与对策建议［J］．财政研究，2019（8）：60－71，128.

［94］马万里．中国式财政分权对城乡收入差距的影响研究［D］．山东大学，2014.

［95］毛捷，汪德华，白重恩．民族地区转移支付、公共支出差异与经济发展［J］．经济研究，2011（2）：75－87.

［96］梅冬州，崔小勇，吴娱．房价变动、土地财政与中国经济波动［J］．经济研究，2018，53（1）：35－49.

［97］穆亚杰．我国省以下财政转移支付制度研究［D］．首都经济贸易大

学，2018.

[98] 聂颖，郭艳娇，韩汭洁．财政分权、地方政府竞争和教育财政支出相关关系研究 [J]．地方财政研究，2011（11）：50－54.

[99] 潘文卿．中国的区域关联与经济增长的空间溢出效应 [J]．经济研究，2012（1）：54－65.

[100] 庞凤喜，潘孝珍．财政分权与地方政府社会保障支出——基于省级面板数据的分析 [J]．财贸经济，2012（2）：29－35.

[101] 平新乔，白洁．中国财政分权与地方公共品的供给 [J]．财贸经济，2006（2）：49－55.

[102] 乔宝云，范剑勇，冯兴元．中国的财政分权与小学义务教育 [J]．中国社会科学，2005（6）：37－46.

[103] 乔宝云，刘乐峥，尹训东，过深．地方财政激励制度的比较分析 [J]．经济研究，2014（10）：37－46.

[104] 秦凤翔，王恩奉．完善省以下财政体制研究 [J]．经济研究参考，2004（8）：31－38.

[105] 邵朝对，苏丹妮，邓宏图．房价、土地财政与城市集聚特征：中国式城市发展之路 [J]．管理世界，2016（2）：19－31，187.

[106] 沈坤荣，付文林．税收竞争、地区博弈及其增长绩效 [J]．经济研究，2006（6）：16－26.

[107] 舒成．基层财政收支灰色预测模型及应用 [J]．统计与决策，2010（3）：49－50.

[108] 舒成．中国地方财政分权体制对地级公共品供给影响的实证分析 [J]．统计与决策，2010（11）：132－134.

[109] 舒成．中国地方财政分权体制下的地方公共品供给——理论与实证 [D]．江西财经大学，2010.

[110] 宋文昌．财政分权、财政支出结构与公共服务不均等的实证分析 [J]．财政研究，2009（3）：56－60.

[111] 苏晓红，王文剑．中国的财政分权与地方政府规模 [J]．财政研究，2008（1）：44－46.

［112］粟尉廷．进一步完善我国分税制改革的思路［D］.财政部财政科学研究所，2011.

［113］孙开，张磊．分权程度省际差异、财政压力与基本公共服务支出偏向——以地方政府间权责安排为视角［J］.财贸经济，2019，40（8）：18－32.

［114］孙开．省以下财政体制改革的深化与政策着力点［J］.财贸经济，2011（9）：5－10.

［115］孙群力．财政分权对政府规模影响的实证研究［J］.财政研究，2008（7）：33－36.

［116］孙群力．财政分权与政府规模：中国的经验分析［J］.统计与决策，2006（3）：96－98.

［117］孙群力．地区差距、财政分权与中国地方政府规模［J］.财贸经济，2009（7）：56－61.

［118］汤玉刚，陈强，满利苹．资本化、财政激励与地方公共服务提供——基于我国35个大中城市的实证分析［J］.经济学（季刊），2016（1）：217－240.

［119］汤玉刚，苑程浩．不完全税权、政府竞争与税收增长［J］.经济学（季刊），2011（1）：33－50.

［120］汤玉刚．财政竞争、土地要素资本化与经济改革——以国企改制过程为例［J］.财贸经济，2011（4）：31－38.

［121］唐飞鹏．省际财政竞争、政府治理能力与企业迁移［J］.世界经济，2016，39（10）：53－77.

［122］陶然，陆曦，苏福兵，汪晖．地区竞争格局演变下的中国转轨：财政激励和发展模式反思［J］.经济研究，2009（7）：21－33.

［123］陶然，苏福兵，陆曦，朱昱铭．经济增长能够带来晋升吗？——对晋升锦标竞赛理论的逻辑挑战与省级实证重估［J］.管理世界，2010（12）：13－26.

［124］陶然，袁飞，曹广忠．区域竞争、土地出让与地方财政效应：基于1999～2003年中国地级城市面板数据的分析［J］.世界经济，2007（10）：15－27.

[125] 汪冲. 资本集聚、税收互动与纵向税收竞争 [J]. 经济学（季刊），2012（1）：19-38.

[126] 汪宏伟. 省以下财政体制问题研究—以陕西为例 [D]. 西北大学，2009.

[127] 王峰. 国外分税制的比较与评析 [J]. 经济研究参考，2009（7）：20-28.

[128] 王浩. 完善我国分税制的主要建议 [D]. 东北财经大学，2012.

[129] 王梅婷，张清勇. 财政分权、晋升激励与差异化土地出让——基于地级市面板数据的实证研究 [J]. 中央财经大学学报，2017（1）：70-80.

[130] 王文剑，覃成林. 地方政府行为与财政分权增长效应的地区性差异—基于经验分析的判断、假说及检验 [J]. 管理世界，2008（1）：9-21.

[131] 王文剑. 中国的财政分权与地方政府规模及其结构——基于经验的假说与解释 [J]. 世界经济文汇，2010（5）：105-119.

[132] 王小龙，方金金. 财政"省直管县"改革与基层政府税收竞争 [J]. 经济研究，2015，50（11）：79-93.

[133] 王新军，赖敏晖. 财政分权、地方公共支出结构与区域经济增长——基于1979~2006年省际面板数据的分析 [J]. 山东大学学报（哲学社会科学版），2010（5）：24-33.

[134] 王雍君. 地方政府财政自给能力的比较分析 [J]. 中央财经大学学报，2000（5）：21-25.

[135] 王宇澄. 基于空间面板模型的我国地方政府环境规制竞争研究 [J]. 管理评论，2015，27（8）：23-32.

[136] 王志刚，龚六堂. 财政分权和地方政府非税收入：基于省级财政数据 [J]. 世界经济文汇，2009（10）：17-37.

[137] 吴群，李永乐. 财政分权、地方政府竞争与土地财政 [J]. 财贸经济，2010（7）：51-59.

[138] 吴旭东，王秀文. 地方政府财政自给能力的实证分析 [J]. 财经问题研究，2013（12）：69-74.

[139] 武康平，闫勇. 土地财政：一种"无奈"选择更是一种"冲动"

行为——基于地级城市面板数据分析 [J]. 财政研究，2012（10）：56－60.

［140］席鹏辉，梁若冰，谢贞发. 税收分成调整、财政压力与工业污染 [J]. 世界经济，2017，40（10）：170－192.

［141］席鹏辉，梁若冰. 省以下财政分权、地方政府行为与非税收入——来自闽、浙、赣三省的实证证据 [J]. 山西财经大学学报，2014（7）：15－24.

［142］席鹏辉，梁若冰. 省以下财政分权对县级公共产品供给水平影响研究：以福建省为例 [J]. 现代财经（天津财经大学学报），2014（6）：27－37.

［143］席鹏辉，刘晔. 财政分权对财政支出效率影响的实证检验 [J]. 统计与决策，2014（12）：139－143.

［144］项怀诚. 中国财政管理 [M]. 北京：中国财政经济出版社，2001：18－30.

［145］谢贞发，范子英. 中国式分税制、中央税收征管权集中与税收竞争 [J]. 经济研究，2015（4）：92－106.

［146］谢贞发，席鹏辉，黄思明. 中国式税收分成激励的产业效应——基于省以下增值税、营业税分成改革实践的研究 [J]. 财贸经济，2016（6）：18－33.

［147］忻晨. 地方政府间财政转移支付制度研究 [D]. 复旦大学，2009.

［148］邢祖礼，邓朝春. 财政分权与农村义务教育研究——基于财政自给度视角 [J]. 中国经济问题，2012（4）：62－68.

［149］熊若愚. 美国与德国政府间税收收入划分模式简介 [J]. 税务研究，2017（1）：74－78.

［150］严敏. 财政分权对地方政府规模的影响效应 [D]. 复旦大学，2014.

［151］阎坤. "完善省以下财政体制改革研讨会" 会议综述 [J]. 财政研究，2004（8）：56－59.

［152］杨得前. 经济发展、财政自给与税收努力：基于省际面板数据的经验分析 [J]. 税务研究，2014（6）：70－78.

［153］杨德强. 省以下财政体制改革研究 [D]. 财政部财政科学研究所，2011.

［154］杨志勇．省以下财政体制建设：实践与观点述评［J］．中国财政，2008（13）：23－25.

［155］殷德生．最优财政分权与经济增长［J］．世界经济，2004（11）：62－71.

［156］尹娇．中国地方税体系主体税种选择研究［D］．江西财经大学，2017.

［157］于长革．根治基层财政困难关键在于完善省以下财政体制［J］．西部财会，2013（5）：4－6.

［158］袁飞，陶然，徐志刚，刘明兴．财政集权过程中的转移支付和财政供养人口规模膨胀［J］．经济研究，2008（5）：70－80.

［159］曾明，华磊，刘耀彬．地方财政自给与转移支付的公共服务均等化效应——基于中国31个省级行政区的面板门槛分析［J］．财贸研究，2014（3）：82－91.

［160］曾明，华磊，彭小建．财政自给、转移支付与经济增长间的门槛效应——基于省级面板数据的分析［J］．现代财经（天津财经大学学报），2014（6）：15－26.

［161］张军．分权与增长：中国的故事［J］．经济学（季刊），2008（1）：21－52.

［162］张莉，徐现祥，王贤彬．地方政府官员合谋与土地违法［J］．世界经济，2011（3）：72－88.

［163］张立承，省以下财政体制研究［M］．北京：经济科学出版社，2011：18－20.

［164］张馨．公共财政论纲［M］．北京：经济科学出版社，1999：54－58.

［165］张馨．再论第三财政——"双元财政"视角的分析［J］．财政研究，2013（7）：33－36.

［166］张训常，苏巧玲，刘晔．政资不分：财政压力对国有企业生存发展的影响［J］．财贸经济，2019，40（11）：129－143.

［167］张闫龙．财政分权与省以下政府间关系的演变——对20世纪80年代A省财政体制改革中政府间关系变迁的个案研究［J］．社会学研究，2006

（3）：39－63.

［168］张彦英．美国政府间税收划分：现状、效应及启示［J］．财政经济评论，2017（1）：114－125.

［169］张晏，龚六堂．分税制改革、财政分权与中国经济增长［J］．经济学（季刊），2005（1）：75－108.

［170］张宇．财政分权与政府财政支出结构偏异——中国政府为何偏好生产性支出［J］．南开经济研究，2013（3）：35－50.

［171］张仲芳．财政分权、卫生改革与地方政府卫生支出效率——基于省际面板数据的测算与实证［J］．财贸经济，2013（9）：28－42.

［172］章润兰．我国政府间事权划分问题研究［D］．东北财经大学，2015.

［173］赵大全，何春玲．关于省以下财政体制改革的若干思考［J］．财会研究，2010（4）：6－9.

［174］赵合云．省以下财政体制权责不对称的经济学分析［J］．中央财经大学学报，2006（3）：1－5.

［175］赵晋琳，叶香．中外税收负担比较研究［J］．财经科学，2009（5）：103－110.

［176］赵永亮，赵德余，辛广海．财政分权下地方政府三大"支出偏好"与经济绩效研究［J］．中央财经大学学报，2011（2）：1－6.

［177］浙江省财政厅课题组，钱巨炎，魏跃华．完善省以下财政体制 增强基层政府公共服务能力［J］．财会研究，2009（8）：6－12.

［178］郑磊．财政分权、政府竞争与公共支出结构——政府教育支出比重的影响因素分析［J］．经济科学，2008（1）：28－40.

［179］郑新业，王晗，赵益卓．省直管县能促进经济增长吗？——双重差分方法［J］．管理世界，2011（8）：34－43.

［180］周黎安，晋升博弈中政府官员的激励与合作——兼论我国地方保护主义和重复建设问题长期存在的原因［J］．经济研究，2004（6）：33－40.

［181］周黎安，吴敏．省以下多级政府间的税收分成：特征事实与解释［J］．金融研究，2015（10）：64－80.

［182］周黎安. 中国地方官员的晋升锦标赛模式研究 ［J］. 经济研究，2007（7）：36－50.

［183］周亚虹，宗庆庆，陈曦明. 财政分权体制下地市级政府教育支出的标尺竞争 ［J］. 经济研究，2013（11）：127－139.

［184］朱恒鹏. 地区间竞争、财政自给率和公有制企业民营化 ［J］. 经济研究，2004（10）：24－34.

［185］朱红琼. 区域财政研究 ［M］. 北京：中国财政经济出版社，2005.

［186］祝继高，岳衡，饶品贵. 地方政府财政压力与银行信贷资源配置效率——基于我国城市商业银行的研究证据 ［J］. 金融研究，2020（1）：88－109.

［187］踪家峰，李蕾，郑敏闽. 中国地方政府间标尺竞争——基于空间计量经济学的分析 ［J］. 经济评论，2009（4）：5－12.

［188］邹秀清. 中国土地财政区域差异的测度及成因分析——基于287个地级市的面板数据 ［J］. 经济地理，2016，36（1）：18－26.

［189］左权，殷醒民. 土地一级市场垄断与地方公共品供给 ［J］. 经济学（季刊），2013（2）：693－717.

［190］左翔，殷醒民，潘孝挺. 财政收入集权增加了基层政府公共服务支出吗？以河南省减免农业税为例 ［J］. 经济学（季刊），2011，10（4）：1349－1374.

［191］A. Gore. Creating a Government that Works Better and Costs Less ［C］. U. S. Superintendent of Documents，From Red Tape to Result，S／N 040-000-00592-7，1993.

［192］Akai N.，M. Sakata. Fiscal Decentralization Contributes to Economic Growth：Evidence from State-Level Cross-Section Data for the United States ［J］. Journal of Urban Economics，2002，52：93－108.

［193］Akai N.，Nishimura Y.，and M. Sakata. Complementarity，Fiscal Decentralization and Economic Growth ［J］. Economic of Governance，2007，8（4）：339－362.

［194］Allers M. A.，J. P. Elhorst. Tax Mimicking and Yardstick Competition among Local Governments in the Netherlands ［J］. International Tax and Public Finance, 2005, 12 (4) 493 - 513.

[195] Ammons, David N. , Charles Coe, and Michael Lombardo. Performance Comarison Projects in Local Government: Participants' perspectives [J]. Public Administration Review, 2001, 61 (1): 456.

[196] Baldwin R.. Agglomeration and Endogenous Capital [J]. European Economic Review, 1999, 43 (2): 253 - 280.

[197] Barro, Robert J.. Economic Growth in a Cross Section of Countries [J]. Quarterly Journal of Economics, 1991, 106 (2): 407 - 443.

[198] Barro R. J. , H. J. Grossman. Money, Employment and Inflation [M]. London: Cambridge University Press, 1976.

[199] Barro R. J. , J. W. Lee. International Data for Education Attainment: Updates and Implications [J]. Oxford Economics Papers, 2001, 53 (3): 541 - 563.

[200] Besley, Timothy, Case, Anne. Incumbent Behavior: Vote-Seeking, Tax-Setting, and Yardstick Competition [J]. American Economic Review, American Economic Association, 1995, 85 (1): 25 - 45.

[201] Brueckner J. K.. Fiscal Federalism and Capital Accumulation [J]. Journal of Public Economic Theory, 1999, 1 (2): 205 - 224.

[202] Brueckner J. K.. Fiscal Federalism and Economic Growth [J]. Journal of Public Economics, 2006, 90 (10 - 11): 2107 - 2020.

[203] Buchanan, James, Liberty. Market and State [M]. Harvesrer Press, 1986.

[204] Cai H. , D. , Treistnan. State Corroding Federalism [J]. Journal of Public Economics, 2004, 88 (3): 819 - 843.

[205] Cai H. , D. Treisman. Does Competition for Capital Discipline Governments? Decentralization, Globalization and Public Policy? [J]. American Economic Review, 2005, 95 (3): 817 - 830.

[206] Chow G. C.. Capital Formation and Economic Growth in China [J]. Quarterly Journal of Economics, 1993, 108 (3): 809 - 843.

[207] Coplin, William D. , Astri E. Merget, and Caroryn Bourdreaux. The Professional Researcher as Change Agent in the Government-Performance Movement [J]. Public Administration Review, 2002, 62 (6): 341 – 344.

[208] Dixit Avinash, M. Olson. Does Voluntary Participation Undermine the Coase Theorem? [J]. Journal of Public Economics, 2000, 76 (3): 309 – 335.

[209] Dong sung Kong. Performanced-Based Budgeting: The U. S. Experience [J]. Public Organization Review: A Global Journal, 2005 (5) .

[210] Elhorst J. Paul. Spatial Econometrics: From Cross-Sectional Data to Spatial Panels [M]. Springer-Verlag Berlin Heidelberg, 2014: 99 – 102.

[211] Enikolopov R. , E. , Zhuravskaya. Decentralization and Political, 2007.

[212] Feldman M. , I. Feller, J. Bercovitz, and R. Burton. University Technology Transfer and the System of Innovation, in Feldman, M. , and N. Massard (ed s. ), Institutions and Systems in the Geography of Innovation: Economics of Science, Technology, and Innovation ? [M]. Boston, M. A. : Kluwer Academic Publishers, 2002.

[213] Grain M. , Brain, J. . Roark: The Impact of Performance-Based Budgeting on State Fiscal Performance [J] . Economics of Government, 2004 (5): 167 – 186.

[214] Hatfield J. W. . Federalism, Taxation and Economic Growth, Stanford Graduate School of Business [J]. Working Paper, 1929.

[215] Hatfield J. W. , K. Kosec. Federal Competition and Economic Growth [J]. Journal of Public Economics, 2013, 97: 144 – 159.

[216] Hayek F. . The Use of Knowledge in Society [J]. American Economic Review, 1945, 35 (4): 519 – 530.

[217] Hoxby C. M. . Does Competition among Public Schools Benefit Students and Taxpayers [J]. American Economic Review, 2000, 90: 1209 – 1238.

[218] Hoyt B. . Disease and Development: Evidence from Hook Worm Eradication in the American South [J]. The Quarterly Journal of Economics, 2007, 122

(1): 73 – 117.

[219] Hsieh C. T. , P. J. Klenow. Misallocation and Manufacturing TFP in China and India [J]. Quarterly Journal of Economics, 2009, 74 (4): 1403 – 1448.

[220] Jack Diamond. From Program to Performance Budgeting: The Challenge for Emerging Market Economics [M]. IMF Working Paper, 2003.

[221] Jackson P. M.. The Management of Performance in The Public Scetor [J]. Public Money and Management, 1988.

[222] Jefferson G. H. , Rawski T. and Y. Zhang. Productivity Growth and Convergence across China's Industrial Economy [J]. Journal of Chinese Economics and Business Studies, 2008, 6 (2): 121 – 140.

[223] Jin H. , Y. Qian and B. R. Weingast. Regional Decentralization and Fiscal Incentives: Federalism, Chinese Style [J]. Journal of Public Economics, 2005, 89: 1719 – 1942.

[224] Jin J. , H. Zou. Fiscal Decentralization, Revenue and Expenditure Assignments, and Growth in China [J]. Journal of Asian Economics, 2005, 16 (6): 1047 – 1064.

[225] Keen M. J.. Vertical Tax Externalities in the Theory of Fiscal Federalism [J]. IMF Staff Papers, 1998, 45 (3): 462 – 471.

[226] Keen M. J. , Kotsogiannis C. Does Federalism Lead to Excessively High Taxes? [J]. American Economic Review, 2002, 92 (1): 264 – 275.

[227] Lauth T. P.. Performance Evaluation in the Georgia Budgetary Process [J]. Public Budgeting & Finance, 1985, 5 (1): 67 – 82.

[228] Lyytikainen T.. Tax Competition among Local Governments: Evidence from a Property Tax Reform in Finland [J]. Journal of Public Economics, 2012, 96 (3): 584 – 595.

[229] Maarten Allers, J. Elhorst. Tax Mimicking and Yardstick Competition Among Local Governments in the Netherlands [J]. International Tax and Public Finance, Springer, 2005, 12 (4): 493 – 513.

[230] Mankiw G, D. Romer and D. Weil. A Contribution to the Empirics of E-

conomic Growth [J]. Quarterly Journal of Economic, 1992, 107 (2): 407 - 437.

[231] Miller G. J.. Productivity and the Budget Process [M]. In Holzer, Public Productivity, New York: Dekker, 1992.

[232] Millers J. E, Katherine G. Perfomance-Budgeting System: Willoughby, Distinction Budgeters Views of Branches [J]. State Public Administration Review, 1998, 58 (1).

[233] Musgrave R. A.. The Theory of Public Finance—A Study in Public Economy [M]. New York: MCGraw-Hill, 1959.

[234] Musgrave R. A.. Devolution, Grants, and Fiscal Competition [J]. Journal of Economic Perspectives, 1997, 11 (4): 65 - 72.

[235] Musgrave. Income Tax Progression [J]. Political Economy, 1959 (6).

[236] Nathan N, Nancy Q. The Potato's Contribution to Population and Urbanization: Evidence from a Historical Experiment [J]. The Quarterly Journal of Economics, 2011, 126 (2): 1 - 58.

[237] Oates W. E.. Fiscal Federalism [M]. Harcourt Brace Jovanovich, 1972.

[238] Oates. Tax Policy in the Real World [M]. Cambridge University Press, 1972.

[239] Oates W. E.. An Essay on Fiscal Federalism [J]. Journal of Economic Literature, 1999, 37 (3): 1120 - 1149.

[240] Oates. Tax Policy in the Real World [M]. Cambridge University Press, 1972.

[241] Oates W. E.. Fiscal Decentralization and Economic Development [J]. National Tax Journal, 1993, 46 (2): 237 - 243.

[242] Olson M.. The Principle of Fiscal Equivalence: The Division of Responsibilities among Different Levels of Government [J]. American Economic Review, 1969, 59 (2): 479 - 487.

[243] Panizza U.. Political and Macroeconomic Institutions: A Study of Fiscal Centralization and the Links Between Income Distribution and Long-run Growth

[D]. John Hopkins University. Ph. D. Dissertation. 1998.

[244] Xie Danyang, H. F. Zou, and H. Davoodi. Fiscal Decentralization and Economic Growth in the United States [J]. Cema Working Papers, 1999, 45 (2): 228 – 239.

[245] Qian Y. , G. Roland. Federalism and the Soft Budget Constraint [J]. American Economic Review, 1998, 88 (12): 1143 – 1162.

[246] Qian X. , R. Smytha. Growth Accounting for the Chinese Provinces 1990 – 2000: Incorporating Human Capital Accumulation [J]. Journal of Chinese Economics and Business Studies, 2006, 4 (1): 21 – 37.

[247] Qian Y. , B. R. Weingast. China's Transition to Markets: Market Preserving Federalism, Chinese Style [J]. Journal of Policy Reform, 1996, 1: 149 – 185.

[248] Qian Y. , B. R. Weingast. Federalism as a Commitment to Preserving Market Incentives [J]. Journal of Economic Perspectives, 1997, 11: 83 – 92.

[249] Qian Y. , Roland G. , and C. Xu. Coordination and Experimentation in M-form and U-form Organizations [J]. Journal of Political Economy, 2006, 114: 366 – 402.

[250] Qian Y. and C. Xu. Why China's Economic Reforms Differ: The M-Form Hierarchy and Entry/Expansion of the Non-State Sector [J]. Economics of Transition, 1993 (1): 135 – 170.

[251] Radin, Beryl A. . The Government Performance and Results Act and the Tradition of Federal Management Reform: Square Pegs in Round Holes [J]. Journal of Public Administration Research and Theory, 2000, 10 (1) .

[252] Samuelson, P. A. . The Pure Theory of Public Expenditure [J]. Review of Economics and Institution, 1971: 197.

[253] Soto M. . System GMM Estimation with a Small Sample [J]. UFAE and IAE Working Paper, 2010, 7 (8): 80 – 90.

[254] Tibeout C. M. . A Pure Theory of Local Expenditures [J]. Journal of Political Economy, 1956, 64 (5): 416 – 424.

［255］ Xu Chenggang. The Fundamental Institutions of China's Reforms and Development ［J］. Journal of Economic Literature, 2011, 49 (4): 1076 – 1151.

［256］ Zhang T. , and H. Zou. Fiscal Decentralization, Public Spending, and Economic Growth in China ［J］. Journal of Public Economics, 1998, 67: 221 – 240.

［257］ Zhang T. , and H. Zou. The Growth Impact of Intersectoral and Intergovernmental Allocation of Public Expenditure: With Applications to China and India ［J］. China Economic Review, 2001, 12 (1): 58 – 81.

［258］ Zou H. . Dynamic Effects of Federal Grants on Local Spending ［J］. Journal of Urban Economics, 1994, 36: 98 – 115.

［269］ Zou H. . Taxes, Federal Grants, Local Public Spending, and Growth ［J］. Journal of Urban Economics, 1996, 39: 303 – 317.